JN411236

자영업이 살아야
한국경제가 산다

소득주도성장론의 새로운 해법을 찾아서

SELF-EMPLOYMENT

자영업이 살아야 한국경제가 산다

NEW SOLUTION

권순우 · 최규완

프롤로그

자영업은 한국경제의 그림자

자영업의 수난시대다. 어느 시절이고 자영업이 어렵지 않은 때가 있었겠냐마는 지금 이 시기보다 어려움이 더한 적은 없었을 것이다. 자영업은 지금 빈사상태다. 더욱 우려스러운 것은 이대로라면 앞으로도 수난은 더하면 더했지 나아지지 않을 것이라는 점이다. 이 책을 통해서 앞으로 밝혀 나가겠지만 지금 자영업이 겪고 있는 어려움은 일시적인 현상이 아니라 지난 수십 년간에 걸쳐 누적돼 온 한국경제의 구조적인 문제에 기인하는 것이기 때문이다.

대한민국은 자영업의 나라다. 전 세계에서 자영업 종사자 비중이 높기로 몇 손가락 안에 든다. 선진국 경제라고 할 만한 나라 중에서는 자영업 비중이 가장 높다. 자영업자와 자영업자에 딸려 있는 무급가족종사자가 700만 명에 가깝고 여기에 자영업에 종사하는 임금노동자를 합치면 자영업 관련 종사자 수는 줄잡아 1,000만 명이 넘는다. 경제 전체 취업자의 40%에 달하는 규모다. 취업자 열 명 중 네 명은 자영업 분야에서 일을 하고 있는 셈이다. 그런 자영업이 빈사상태이니 대한민국 경제가 좋을 리 없다.

자영업이 본디 이렇게 힘들었던 것은 아니다. 1980년대까지만 해도 자영업은 그리 아쉬운 직업이 아니었다. 넉넉한 것은 아니지만 그래도 먹고 살기에 크게 부족함이 없었다. 고도성장하는 경제의 성장과실을 적절하게 나누어 가지기도 했다. 자영업자 대부분이 종사하고 있는 서비스업 부문의 생산성과 소득은 제조업과 비슷하거나 오히려 더 높았다.

그런데 1990년대 이후 상황이 달라지기 시작했다. 자영업의 상황이 갈수록 어려워져 갔다. 자영업자가 벌어들이는 사업소득은 임금노동자의 임금소득이 증가하는 속도를 따라가지 못했다. 수출이 잘 되고 경제가 성장해도 그 과실이 자영업에 제대로 전달되지 않았다. 2018년 기준 자영업 가구의 사업소득은 임금노동자 가구 임금소득의 76% 수준에 불과하다. 더욱 우려스러운 것은 자영업자의 사업소득과 임금노동자의 임금소득 간의 격차가 계속 벌어지고 있다는 것이다.

자영업자의 어려움이 한국경제 양극화의 진원지다. 임금노동자의 임금소득이 아니라 자영업자의 사업소득이 늘어나야 양극화는 개선된다. 그런데 현실은 정반대로 가고 있다. 대한민국 사회 전체가 온통 최저임금 등 임금노동자의 임금 문제에 관심을 빼앗기고 있는 사이 정작 자영업 상황은 오히려 더 어려워져 쪼그라들고 있다. 2장에서 자세히 다루겠지만 최저임금을 정책수단으로 하는 소득주도성장 정책의 최대 피해자는 자영업자다.

양극화 문제의 핵심은 자영업에 있는데 엉뚱한 곳에서 답을 찾으려 하고 있다. 도대체 어떻게 이렇게 합리적이지도 논리적이지도 않은 일이 벌어지고 있는 것일까? 도대체 왜 자영업이 이렇게 고단한 신세가 되고 있는 것일까? 본디 그렇게 어렵지 않았던 자영업 상황이 왜 이리도 곤궁하게 되었을까? 이런 꼬리를 무는 의문들에 대한 답을 찾고자 하는 것이 이 책을 쓰게 된 첫 번째 동기다.

앞으로 자세히 살펴보겠지만 대한민국에서 자영업은 1980년대 후반 등장한 '87년 체제' 아래서 자영업 과잉 현상이 잉태되었고, 수출주도형 '성장'과 '물가안정'이라는 정부정책에 발목 잡혀 경제성장의 과실을 제대로 분배받지 못했으며, 드디어는 '최저임금 급등'에 결정타를 맞으며 빈사상태에 빠지고 말았다.

지나 놓고 보면 어떻게 자영업이 이토록 일관되게 일방적으로 피해를 입는 존재가 되었을까 의아스럽기까지 하다. 어찌 보면 뒤를 봐주는 세력이 없는 자영업의 숙명이지 않았나 싶다. 자본의 힘을 가진 기업이나 노동조합의 세력을 가진 임금노동자들에 비하면 자영업은 가진 것이 없다. 자영업은 말 그대로 홀로 경영하는 업이다. 홀로 있는 독립적인 존재이다 보니 세력을 형성한다는 것은 원천적으로 한계가 있다. 어느 자본주의 경제든 자본Capital과 노동Labor은 항상 대립한다. 정도의 차이만 있을 뿐 자본의 힘을 가진 경영자와 노동조합의 세력을 가진 임금노동자 사이는 항상 갈등과 다툼의 연속이다. 그런데 자본과 노동의 다툼 사이에 끼여 자영업은 피해자가 되었다. 2장에서 다루겠지만 자본과 노동의 고래싸움에 세력 없는 새우 등이 터져 생긴 게 자영업 수난의 역사다.

그러니 고래싸움을 해결하지 않고서는 자영업 문제는 해결되지 않는다. 그런데 고래싸움이 전혀 생산적이지 않다. 서로 싸움은 하는데 생산적인 싸움이 아니라 소모적인 싸움이다. 한국경제가 뿌리부터 흔들리고 있는 줄 모르고 싸움에 여념이 없다. 자영업자들의 눈에는 신선놀음에 도낏자루 썩는 줄 모르는 것으로밖에 보이지 않는다. 고래 양쪽 모두 개혁이 필요하다. 마침 자영업을 위해서 뿐만 아니라 한국경제 전체를 위해서도 자본과 노동 양대 부문의 개혁이 절실히 필요한 상황이니 일석이조다. 자영업 살리기의 최우선 과제로 4장에서 고래들의 '개혁' 과제를 제시한 이유다.

이치대로라면 정부나 정치권이 사회적 약자인 자영업계의

대변자 역할을 하는 것이 마땅했지만 그 어느 정부도 그렇게 하지 않았다. 경제가 어려울 때마다 자영업 지원책을 백화점식으로 나열하는 다분히 정치적이고 임기응변식인 행보를 보이는 정도에 그쳤고, 그 이면에서는 오히려 자영업 수난을 초래한 정책들을 만들어 시행하는 이중적 모습을 보였다. 지금까지 자영업은 자신도 모르는 사이 대한민국의 모든 세력으로부터 왕따(!) 취급을 받는 소외된 존재였다.

왕따 신세는 외롭다. 아무도 도와주지 않으면 스스로 헤쳐나갈 수밖에 없다. 어떻게 해야 할까? 그 해법에 대한 고민이 이 책을 쓰게 된 두 번째 동기다. 자영업이 수난에서 벗어나려면 왕따 신세를 면하는 것이 급선무다. 그러려면 고래싸움에 등이 터지지 않도록 이 싸움에 개입해야 한다. 고래싸움에 개입하려면 그만한 힘이 있어야 한다. 힘이 있으려면 뭉쳐야 한다. 그런데 자영업이란 것이 홀로 경영하는 업이다 보니 본질적으로 모래알이다. 뭉치기 어렵다. 그래도 뭉쳐야 산다. 자본의 힘이나 임금노동자의 세력만큼은 못되더라도 스스로의 이익을 지키기 위해 서로 협력하는 정도의 응집력은 발휘할 수 있어야 한다.

이 책에서 자영업이 살아남기 위한 우선적 방책으로 5장에서 '자영업 협력체계 구축하기'를 제시한 것도 고래싸움에 등 터지지 않고 살아남기 위해서는 사업적으로나 정치적으로 자영업 내에 협력체계를 만들어내는 것이 그만큼 중요하기 때문이다.

자영업의 세계에 '협력'이라는 단어만큼 생소한 것이 '혁신'이라는 단어다. 일상적으로 마주치는 평범하기 그지없는 자영업에서 혁신의 모습을 떠올리기는 쉽지 않다. 그런데 혁신과는 거리가 멀어도 한참 멀 것 같던 자영업에 혁신의 바람이 몰아치고 있다. 혁신의 바람은 4차 산업혁명과 함께 불어오고 있다. 산업혁명 하면 제조업을 떠올리기 십상이지만 4차 산업혁명은 다르다. 4차 산업혁명의 한 축은 IT Information Technology 기반의 생산혁명이고 다른 한 축은 플랫폼 Platform 기반의 서비스혁명이다. 플랫폼경제 Platform Economy 환경에 가장 영향을 많이 받는 업종이 서비스업이다. 예를 들어 유통, 운송, 음식, 숙박, 교육 등의 업종이다. 그런데 이들은 모두 자영업 비중이 높은 전형적인 자영업 업종들이다. 자영업은 4차 산업혁명 시대 플랫폼경제와 아주 밀접히 연관돼 있는 것이다.

듣기에도 생소한 플랫폼경제가 빠르게 확산되면서 자영업을 둘러싼 환경에 과거 어느때도 볼 수 없었던 변화와 혁신의 소용돌이가 몰아치고 있다. 4차 산업혁명의 혁신 환경은 자영업에 위기와 기회를 동시에 주는 동전의 양면이다. 온라인 Online 에서 모든 것이 이루어지는 플랫폼경제의 확산에 오프라인 Offline 자영업의 수익창출 부분이 빠르게 잠식당할 위험에 노출되고 있다. 반면에 4차 산업혁명 시대 초연결기술의 진화는 오프라인에서 고객을 상대하기 위한 인프라의 필요성을 낮춰줌으로써 스몰 비즈니스를 하는 자영업자를 위한 기술혁신의 토대를 마련해 준다. 4차 산업혁명의 기술들에는 자영업 비즈니스 생태계에 위기와 기회가 될 변화를 동시에 가져올 잠재력이 내재돼 있다. 자영업은 플랫폼경제의 활용자가 될 수도 있고 피해자가 될 수도 있다. 플랫폼경제가 주는 혁신의 기회에 잘 올라타면 혁신의 과실을 얻을 것이요 그렇지 못하면 또 고단한 신세에 머물 것이다.

지금 대한민국의 자영업은 과거에는 생각해보지도 않던 '협력'과 '혁신'이라는 생소하기 짝이 없는 문제를 다루어야 하는 난감한 상황에 직면해있다. 두 가지 문제 모두 자영업계가 다루기에 벅찬 과제다. 낯선 이슈들이라 참고할 만한 것도 찾기 어렵다. 이 책의 5장과 6장에서 자영업에 생소한 이 두 가지 이슈를 다루어 보고자 한다.

이 책의 목적은 크게 두 가지다. 첫째는 자영업의 현실을 객관적으로 파악하는 것이고, 둘째는 객관적으로 파악한 사실을 바탕으로 자영업이 수난의 질곡에서 벗어날 수 있는 해법을 제시하는 것이다. 이런 목적을 달성하기 위해 우선적으로 필요한 것은 무엇보다 객관성을 유지하는 일이다. 자영업 문제는 정치적으로 민감한 이슈다. 1,000만 명이 넘는 자영업 관련 종사자 수를 감안하면 이 문제가 정치적으로 민감한 것은 당연하다. 그래서 자영업 문제를 다룰 때는 객관성이 결여되고 진영논리에 휘둘리기 쉽다.

이 책에서는 이를 경계하고 객관성 유지를 위해 분석에 사용하는 통계 자료는 부득이한 경우를 제외하고는 공신력 있는 공적 기관의 통계로 한정했다. 국가별 통계 비교는 OECD의 공식 통계 자료(OECD.Stat) 등에 기반하고 특정 국가의 통계 자료가 필요할 경우 정부가 발간하는 통계를 사용하는 것을 원칙으로 했다. 국내 통계 자료는 통계청에서 관리하는 국가통계포털(KOSIS)과 MDIS(MicroData Integrated Service), 한국은행 경제통계시스템(ECOS) 등에 주로 기반했다.

이 책을 쓰면서 진영논리에 거리를 두고 객관성을 유지하기 위해 부단히 노력한 만큼 책을 읽는 독자도 객관적 시각으로 봐주시기를 당부드린다. 아무쪼록 이 책이 자영업이 수난시대를 극복하고 미래의 기회를 찾아 나서는 데 유용한 방향타 역할을 할 수 있기를 바라 마지않는다.

권순우, 최규완

차례

3장 자영업이 살아야 한국경제가 산다

II부 자영업 살리기 해법

4장 경제개혁이 자영업을 살린다

5장 자영업, 협력 체계를 구축하라

6장 자영업, 플랫폼경제에 올라타라

7장 자영업 경쟁력 높이기

1부

자영업이 살아야 한국경제가 산다

1장

자영업의 나라 대한민국

- 한국의 자영업 종사 인구 비중은 선진국 경제라고 할 만한 나라 중에서는 가장 높다.

- 자영업은 소득이나 수익성에서 결코 매력적이지 않음에도 불구하고 인기(?)가 많다. 끊임없이 창업이 일어나고 결과적으로 폐업도 많은 과잉경쟁 시장이다.

- 영세하고 생산성이 낮은 생계형 자영업의 현실이 개선되기 위해서는 고용원 있는 자영업이 성장할 수 있는 환경적 토대가 마련되어야 한다.

- 혁신과는 거리가 멀어도 한참 멀 것 같던 자영업의 세계에 혁신의 바람이 불고 있다. 혁신의 중심에는 플랫폼경제가 자리 잡고 있다. 음식, 숙박, 운송, 소매, 교육 등 전형적인 자영업 업종에서 플랫폼 서비스 혁신이 확산되고 있다.

대한민국에서 자영업은 인기(?)가 높은 직업이다. 자영업에 종사하는 인구 비율이 전세계에서 가장 높은 국가군에 속한다. 왜 자영업에 종사하는 사람이 이렇게 많을까? 정말로 매력이 있어서 그런 것일까? 자영업에 종사하게 된 것이 자발적인 선택이었을까 아니면 선택의 여지없이 어쩔 수 없이 내몰리게 된 결과일까? 자영업 비중이 높아지게 된 데는 한국만이 가지고 있는 특별한 사정이라도 있는 것인가? 자영업 문제를 올바로 이해하기 위해서는 이런 근본적인 질문에 대해 먼저 답을 찾아야 한다.

1970년 대한민국 경제 전체의 취업자 수는 1,368만 명이었는데 이 중 34.2%에 해당하는 465만 명이 자영업자였다. 여기에 자영업자를 도우면서 임금을 받지 않고 일하는 무급가족종사자까지 합친 비임금노동자 비중은 70%에 육박했다. 취업자 3명 중 2명은 자영업자이거나 자영업자 가족으로 무상으로 일하는 노동자였다. 이후 자영업자 비중은 지속적으로 낮아져 40년 가까이 지난 2018년에는 21% 수준까지 떨어졌다. 무급가족종사자도 많이 줄어들어 비임금노동자 비중은 25% 수준으로 크게 낮아졌다.

하지만 이렇게 낮아진 수치도 다른 나라들과 비교하면 여전히 높은 수준이다. OECD 가입국가의 평균적인 비임금노동자 비중은 13% 대로 한국에 비해 크게 낮다. OECD 가입 국가 중 자영업 종사자 비중이 한국보다 높은 나라는 콜롬비아, 그리스, 터키, 멕시코, 칠레 정도다. 이들 모두 산업발전 수준이 한국에 비해 크게 뒤지는 나라들이다. 선진국 경제라고 할 만한 나라 중에서는 한국의 자영업 종사자 비중이 가장 높다.

자영업의 주류는 영세 서비스업

한국은 왜 이렇게 자영업 종사자 비중이 높을까? 그 답을 찾기 위해 자영업 종사자 비중이 높은 주요 산업을 중심으로 자영업 현황을 살펴보도록 하자. 여러 업종 중에서도 특히 도소매업, 음식숙박업, 운수업, 교육서비스업, 개인서비스업 등 5대 서비스산업에서

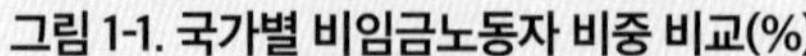

그림 1-1. 국가별 비임금노동자 비중 비교(%)

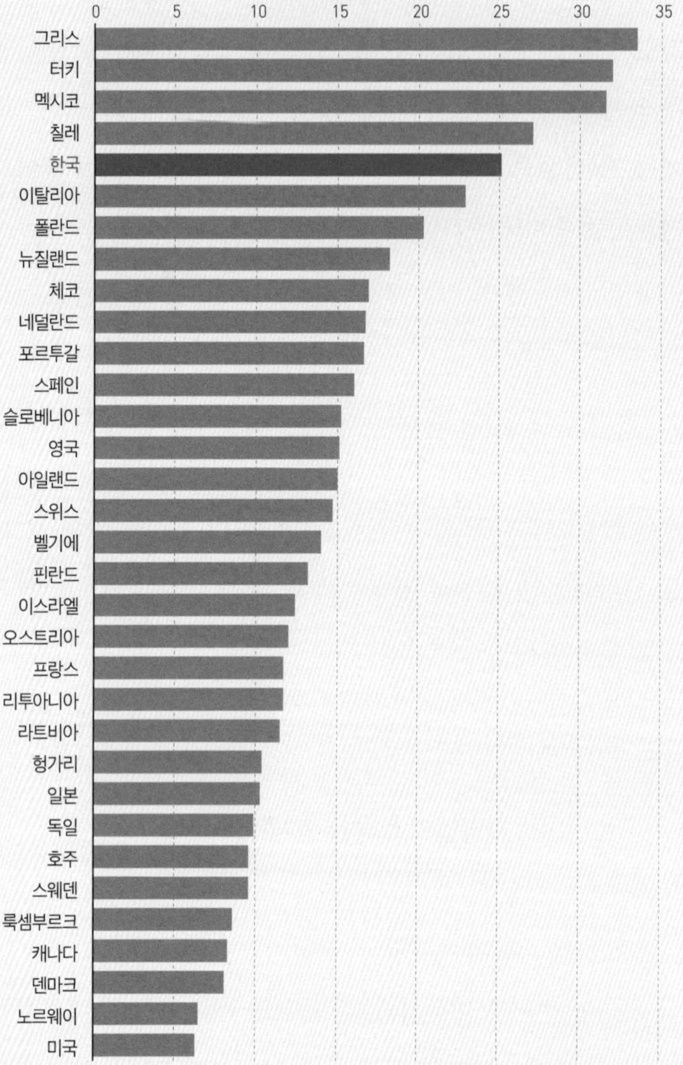

0 5 10 15 20 25 30 35

그리스
터키
멕시코
칠레
한국
이탈리아
폴란드
뉴질랜드
체코
네덜란드
포르투갈
스페인
슬로베니아
영국
아일랜드
스위스
벨기에
핀란드
이스라엘
오스트리아
프랑스
리투아니아
라트비아
헝가리
일본
독일
호주
스웨덴
룩셈부르크
캐나다
덴마크
노르웨이
미국

자료원: OECD, OECD.Stat (2018년)

자영업 종사자 비중이 다른 나라들에 비해 현저하게 높게 나타나는 것을 볼 수 있다. 운수업의 경우 자영업 종사자 비중이 40%를 넘고 도소매업, 음식숙박업, 기타 개인서비스업 등은 30%를 넘나든다. 교육서비스업의 경우 자영업 종사자 비중이 18% 수준이지만 다른 나라들과 비교하면 현저히 높은 수준이다. 이들 5대 서비스업종의 평균 자영업 종사자 비중은 30%에 달한다. 여기에 무급가족종사자를 더한 비임금노동자를 기준으로 하면 그 비중이 35%를 넘어선다.

이들 업종의 또 다른 공통점은 종사 인구가 많다는 것이다. 도소매업 종사자는 400만명에 육박하고 음식숙박업과 교육서비스업 종사자는 200만명 내외, 운수업 종사자는 130만명 내외에 달한다.

표 1-1. 주요 업종별 자영업 종사자(천명) 및 자영업자 비중(%)

2018년		비임금 노동자수	(비중)	자영업자수	(비중)
전산업		6,739	(25.1)	5,638	(21.0)
제조업		499	(11.1)	422	(9.4)
5대서비스업	도소매업	1,439	(38.6)	1,168	(31.4)
	운수창고업	604	(42.9)	596	(42.4)
	음식숙박업	882	(39.3)	657	(29.3)
	교육서비스업	352	(19.0)	335	(18.2)
	개인서비스업[1]	488	(39.4)	437	(35.3)
5대 서비스업 합계		3,763	(36.0)	3,193	(30.5)

주 1) 개인서비스업의 정식 분류명칭은 협회 및 단체, 수리 및 기타 개인서비스업

자료원: 통계청, 지역별 고용조사, MDIS

이들 5대 업종에 종사하는 총인원이 1,000만 명이 넘는다. 전체 취업자의 40%를 상회하는 규모다. 한국의 전체 취업자 10명 중 4명은 이들 5대 업종에 종사하는 것이다.

그런데 이들 5대 업종의 자영업 종사자 비중이 유난히 높아 30%를 넘는다. 업종에 종사하는 인구도 많은데 자영업 종사자 비중까지 높다는 것은 곧 경제 전체의 자영업 종사자 수가 많다는 것을 의미한다. 5대 서비스업종에 종사하는 자영업자 수가 300만 명을 넘는다.

이런 현상은 한국만의 독특한 현상이다. 다른 나라들의 경우 앞서 살펴본 5대 업종에 종사하는 인구 수가 많은 것은 한국과 크게 다르지 않지만 이들 업종의 자영업 종사자 비중은 한국보다 현저히 낮다. OECD 국가들의 평균적인 비임금노동자 비중은 도소매업, 운수창고업, 음식숙박업은 10%대 초반 수준이고, 교육서비스업은 4% 수준에 그친다. 개인서비스업종의 비임금노동자 비중만이 30% 수준으로 높지만 물론 한국에 비해서는 낮은 수준이다. 한국에서 이들 5대 업종의 비임금노동자 비중이 OECD 국가 평균 수준으로 낮아지면 경제전체의 비임금노동자 비중이 15%대로 떨어져 OECD 가입국가의 평균수준에 근접할 수 있게 된다. 이는 한국의 자영업 종사자 비중이 높은 원인이 이들 5대 업종에 있다는 것을 의미하는 것이다.

그렇다면 왜 유독 한국에서 이들 업종의 자영업 종사자 비중이 높은 것일까?

자영업자는 『임금노동자가 아닌 독립적인 경영자이면서 법인이 아닌 개인사업자 형태로 사업을 영위하는 자』로 정의된다.[1] 따라서 경제 내에 어떤 이유로 임금노동자의 성장이 제약되거나 법인체보다 개인사업자 형태를 선호하는 유인이 있을 경우 자영업자 비중은 높아지게 된다. 경제발전 초기 한국과 같이 원시자본 축적 Primitive Accumulation of Capital이 전무하다시피 한 경제에서 자영업자가 많은 것은 불가피했다. 산업자본이 제대로 형성되어 있지 않은 상황에서 종업원을 고용하는 법인체로서 경영활동을 하는 사업체는 절대적으로 부족했다. 따라서 한국경제는 경제발전 초기부터 자영업 종사자 비중이 높을 수밖에 없었다. 이후 경제발전 과정이 진행되면서 법인사업체들이 증가함에 따라서 자영업 종사자 비중도 자연스럽게 감소하는 양상을 보였다.

특히 경제가 제조업을 중심으로 발전하면서 제조업과 제조업 관련 부문에서 법인사업체가 크게 늘어났고 이에 따라 제조업이나 제조업을 지원하는 성격을 가진 서비스업종의 경우 자영업 종사자 비중은 크게 낮아졌다. 제조업, 금융업, 정보통신업, 사업지원 서비스업 등의 자영업 종사자 비중은 10%를 밑돌아 임금노동자 위주

---

1 자영업자는 사업체의 형식(법인사업자가 아닌 개인사업자)을 기준으로 정의되는 데 비해 소상공인은 사업체 형식과 관계없이 사업체의 크기(매출액, 고용원 수)가 정의의 기준이다. 소상공인은 소기업 중 상시근로자 수가 5명 미만(광업, 제조업, 건설업, 운수업은 10명 미만)인 사업자로 정의된다.

의 노동시장이 형성되었다.

앞에서 언급한 5대 서비스업종의 경우도 경제발전 과정에서 자영업 종사자 비중이 전반적으로 낮아지기는 했지만 그 폭이 크지 않아 여전히 높은 수준을 유지하고 있다. 이들 업종에서 왜 여전히 자영업 종사자가 많은 지를 파악하기 위해서는 업종 내에 어떤 이슈가 있는지 들여다볼 필요가 있다.[2]

영세 자영업의 전형 소매업

우리나라 소매업 취업자 수는 2018년 현재 230만 명 수준으로 단일 업종으로는 가장 많은 일자리를 제공하고 있다. 하지만 전체 취업인구가 계속 증가하고 있음에도 불구하고 소매업 취업인구는 2000년대 중반 이래 오히려 소폭 줄어들었다. 2000년대 중반 이후 경제 전체의 취업자수가 300만명 이상 늘어난 것을 감안할 때 소매업 부문의 취업인구가 늘어나지 않고 줄어든 것은 이례적이다.

이처럼 소매업 취업인구가 더 이상 늘지 않고 비중이 낮아지고 있는 것은 2000년대 이후 소매업 부문에서 일어난 소매 업태의 구조적 변화에서 원인을 찾을 수 있다. 소매업은 업태의 성격에 따라

2 5대 서비스 업종 외에 부동산업(30.0%), 예술, 스포츠 및 여가관련 서비스업(32.3%) 등도 종사자 수는 상대적으로 적지만 자영업자 비중이 높은 업종이다.

백화점, 대형마트, 슈퍼마켓, 편의점, 전문소매점, 무점포판매 등으로 나눌 수 있는데 소매업태는 2000년대 이후 급격한 구조적 변화를 겪었다. 대형마트가 빠르게 확산된 반면 그 과정에서 백화점과 전문소매점 등 기존의 전통 소매업 사업체가 타격을 입고 위축되었다. 전문소매점이라 함은 특정상품을 전문적으로 판매하는 소매점으로 흔히 보이는 식료품 가게, 휴대폰 매장, 옷 가게, 화장품 가게 등 재래점포를 말한다. 전문소매점은 주로 자영업자들이 운영한다. 고용원을 두지 않고 자영업자 혼자 운영하거나 무급 가족종사자와 함께 운영하는 전형적인 영세 자영업자들이 많다.

2010년대 들어서는 편의점과 무점포판매의 급증으로 이미 크게 위축된 전문소매업이 다시 한번 큰 타격을 받았다. 2010년 만해도 소매업 전체에서 차지하는 매출비중이 50%를 넘던 전문소매업은 채 10년이 지나지 않은 2018년 매출비중이 40% 밑으로 10%p 넘게 떨어졌다. 가히 급전직하라고 할 수 있다.

2000년대 이후 20년 간 진행된 소매업태 구조의 지각변동 과정에서 자영업자들이 주로 운영하는 전문소매업이 가장 큰 타격을 받고 위축되었다. 경제 전체에서 고용원을 두지 않고 홀로 사업체를 운영하는 자영업자 수는 2007년 450만 명 수준이던 것이 2018년에는 400만 명 밑으로 까지 감소해 50만 명 정도가 줄었는데 특히 도소매업에서 31만 명이 줄어들었다. 이들 중 상당수가 전문소매점을 운영하넌 자영업자들이다.

그림 1-2. 소매업 업태별 매출 비중(%)

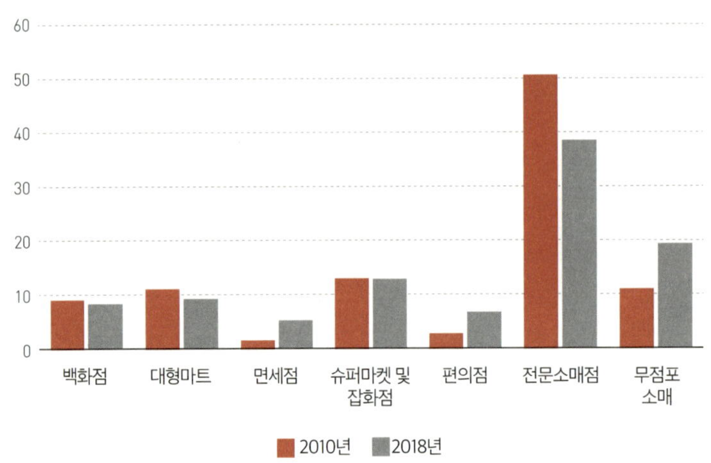

주: 승용차 및 연료소매점은 제외

자료원: 통계청, 서비스업동향조사

이처럼 소매업에서 전문소매점을 중심으로 자영업 종사자가 줄어들었음에도 불구하고 소매업의 자영업자 비중은 여전히 40%에 육박한다. 전문소매점을 중심으로 한 영세한 사업체가 여전히 상당하기 때문이다. 전체 소매업 사업체 중 80%가 전문소매점이며 전체 소매점 종사자 중 62%가 전문소매점에서 일을 한다. 전문소매점의 사업체 당 종사자 수는 2.1명에 불과하다. 사실 상 자영업자와 무급 가족종사자가 운영하는 전형적인 영세 자영업의 모습이다.

소매업의 영세성은 전문소매점에 국한하는 것이 아니다. 다른 소매업태 역시 영세성은 대동소이하다. 업태별로 사업체 당 종사자 수를 보면 편의점 4.0명, 슈퍼마켓 8.9명으로 전문소매점에 비해서는 덜하지만 영세성 면에서는 크게 다르지 않다. 일본의 경우와 비교해 보면 한국 소매업의 영세성은 확연히 드러난다. 일본의 업태별 사업체 당 종사자 수를 보면 전문소매점 4.9명, 편의점 15.3명, 슈퍼마켓 50.7명으로 한국에 비해 규모가 크다. 소매점 전체로 보면 사업체 당 종사자 수가 한국은 2.6명인데 비해 일본은 7.5명으로 3배 정도 규모가 크다.

표 1-2. 한국과 일본의 소매업태별 사업체 당 종사자 수(명)

	소매업 전체	백화점	대형마트	슈퍼마켓	편의점	전문소매점	무점포 소매
한국	2.6	129.8	141.9	8.9	4.0	2.1	8.2
일본	7.5	342.0	188.2	50.7	15.3	4.9	8.1

주1) 한국은 2017년, 일본은 2014년 기준
주2) 한국 통계분류와의 유사성을 위해 일본 대형마트는 종합슈퍼, 슈퍼마켓은 식료품슈퍼를 기준으로 함
자료원: 통계청, 서비스업 조사; 일본 경제산업성, 平成26年商業統計表 業態別統計編(小売業)

한국은 소매업 사업체 중 4인 이하 영세사업체 비중이 90%를 넘고 이곳에서 일하는 종사자가 전체 소매업 종사자의 60%가 넘어 절반 이상의 소매업 종사자가 영세 자영업의 범주를 벗어나지 못하고 있다. 반면 일본의 경우 4인 이하 영세사업체 비중이 60% 수준으로 상대적으로 낮고 이곳에서 일하는 종사자는 전체 소매업 종사자의 20%를 밑돈다. 영세성 면에서 한국과 일본의 소매업은 큰 차이를 보이는 것이다.

일본 소매업의 영세성이 덜한 것은 당연히 중대형 사업체 비중이 한국에 비해 높기 때문인데 특히 주목할 것은 중형 사업체 비중이다. 일본의 경우 종사자 수 10~49인의 중형 사업체에서 일하는 사업체와 종사자 비중이 16.9%와 41.2%로 상당히 높다. 한국의 경우 동 비중이 각각 2.0%와 13.7%에 불과한 것과 대조적이다. 여기에 대형 사업체 및 종사자 비중 역시 한국에 비해 일본이 높아 영세성 격차를 더 확대하는 요인으로 작용했다.

표 1-3. 한국과 일본 소매업의 종사자 규모별 비중(%)

종사자 규모	사업체수 비중		종사자수 비중	
	한국	일본	한국	일본
1~4명	91.1	62.6	61.1	18.5
5~9명	6.6	18.8	15.2	16.3
10~19명	1.4	11.4	6.8	20.5
20~49명	0.6	5.5	6.9	20.7
50명 이상	0.2	1.8	10.0	24.0

자료원: 통계청, 서비스업 조사(2017년); 일본 경제산업성, 平成26年商業統計表 業態別統計編(小売業)

결국 소매업 부문에서 자영업 비중이 낮아지기 위해서는 사업체의 중대형화가 필요하다는 결론에 도달한다. 하지만 2000년대 중반 이후 소매업태의 중대형화는 거의 정지 상태다. 소매업 사업체 당 종사자 수는 2006년 2.4명에서 2017년 2.6명으로 소폭 증가했을 뿐이다. 대형 사업체인 백화점과 대형마트의 종사자 규모는 오히려 줄어들었고 슈퍼마켓과 편의점 및 전문소매점의 종사자 규모는 소폭 증가했으나 큰 의미를 부여할 정도는 아니다.

표 1-4. 소매업태별 사업체 당 종사자 수(명)

	소매업 전체	백화점	대형마트	슈퍼마켓	편의점	전문소매점	무점포 소매
2006년	2.4	227.5	154.6	7.4	3.8	2.0	13.3
2017년	2.6	129.8	141.9	8.9	4.0	2.1	8.2

자료원: 통계청, 서비스업 조사

소매업의 영세성이 문제가 되는 것은 영세한 사업체들의 생산성이 낮기 때문이다. 종사자 당 매출액을 생산성 척도로 할 때 종사자 규모 4인 이하 영세사업체의 종사자 당 매출액이 현저히 낮은 것으로 나타난다. 특히 전문소매점의 경우 4인 이하 영세 사업체의 매출액 생산성이 극히 낮은 반면 5인 이상 사업체부터는 생산성이 크게 개선되는 극단적으로 대조적인 모습을 보인다. 편의점의 경우 종사자 10인 이상의 규모는 되어야 생산성 개선이 눈에 띄게 나타났고 슈퍼마켓의 경우는 규모가 클수록 생산성 개선 효과가 일관되게 나타났다. 상대적으로 영세한 이들 소매업태에서 규모확대의 매출액 생산성 개선 효과가 뚜렷하게 발견된다는 점에서 이들의 중형 사업체화가 필요하다는 결론에 도달한다.

이들 영세 소매 업태들의 중형화를 가능하게 하는 현실적인 방향은 업종 내에서 고용원이 있는 자영업자가 늘어나는 것이다. 자

표 1-5. 소매업 업태별 종사자당 매출액(백만원)

	소매업 전체	슈퍼마켓	편의점	전문소매점	무점포 소매업
1~4명	139	259	151	139	196
5~9명	289	311	123	386	230
10~19명	339	341	605	433	183
20~49명	274	461	507	388	116
50명 이상	444	471	-	287	275
전체	215	370	148	192	202

자료원: 통계청, 서비스업 조사(2017년)

영업자는 고용원이 있는 자영업자와 고용원 없는 자영업자로 대별된다. 고용원 없는 자영업자는 대체로 무급가족종사자와 함께 일을 하며 꾸려 나가는 전형적인 생계형 자영업자들이다. 4인 이하 사업체의 상당부분이 이들 고용원 없는 자영업자들이다. 이에 비해 고용원이 있는 자영업자는 고용원을 두고 일하는 사업형 자영업자로 이들 중에는 5인 이상 사업체들도 상당수 존재한다. 소매업 부문의 전반적 소득수준이 향상되기 위해서는 생산성이 극히 낮은 생계형 자영업 비중이 줄어들고 상대적으로 생산성이 높은 고용원 있는 자영업자 비중이 높아져야 한다.

고용원 있는 자영업자는 2010년대 이후 증가하고는 있으나 추세적으로 확실하게 자리잡지는 못하고 있다. 특히 최저임금의 급격한 상승으로 고용원에 대한 임금부담이 커진 영향이 본격화되면서 2019년에는 오히려 고용원 있는 자영업자가 큰 폭으로 줄어드는 현상까지 발생했다. 영세자영업의 전형적인 모습을 보이고 있는 소매업 부문의 열악한 자영업 현실이 개선되기 위해서는 고용원 있는 자영업이 성장할 수 있는 환경적 토대가 마련되어야 한다.

제 살 깎아 먹기 경쟁하는 음식업

음식업은 운수업과 함께 비임금노동자 비중이 가장 높은 업종이다. 2018년 현재 음식업에 종사하는 자영업자 수는 무급가족종사자까지 합쳐 80만명에 달한다. 전체 음식업 종사자의 40%에 해당하는 규모다.

음식업의 가장 큰 특징은 사업자의 유출입이 가장 빈번한 업종이라는 점이다. 신규로 창업하는 사업자도 많고 폐업하는 사업자도 많다. 창업률이 높다는 것은 그만큼 진입장벽이 낮다는 것을 의미한다. 음식업을 창업하는데 대부분의 경우 창업신고를 하는 것과 위생교육을 받는 것 외에 별다른 법적 진입규제가 없을 뿐만 아니라 음식업이라는 것이 평소에 친숙하게 소비하는 대상이라는 점에서 음식업 창업을 특별한 기술이 없어도 된다고 상대적으로 수월하게 생각하는 경향이 있기 때문인 것으로 보인다. 하지만 쉽게 창업하는 만큼 사업에 실패하고 폐업하는 비율 또한 가장 높다. 그러다 보니 자영업자가 사업을 지속하는 근속기간도 다른 업종의 절반 수준에 불과하다.

표 1-6. 주요 업종별 창업률 및 폐업률(%)[3]

	전산업	소매업	음식점 및 주점업	운수 및 창고업	교육 서비스업	기타 개인 서비스업
창업률	15.2	16.2	20.8	9.2	18.1	17.9
폐업률	10.8	13.8	17.8	5.8	14.3	11.9

자료원: 통계청, 기업생멸행정통계(2016년)

음식업의 또 다른 특징은 낮은 생산성이다. 음식업은 사업이 영세한데다 진입장벽이 낮아 과잉경쟁이 심하고 그 결과 생산성은 타업종에 비해 두드러지게 낮다. 음식숙박업의 취업자 1인당 부가가치 생산액은 연간 19백만 원으로 전체 산업 평균 1인당 부가가치 생산액 65백만 원의 30% 수준에 불과하다. 생산성이 이렇게 낮다 보니 음식숙박업 종사자의 임금 수준도 가장 낮다. 상용노동자 기준 음식숙박업 종사자의 평균 임금은 21백만 원으로 전체 산업 평균 41백만 원의 절반 수준에 불과하다.

음식숙박업의 임금수준이 낮기는 하지만 생산성이 워낙 낮다 보니 낮은 임금 수준도 부가가치 생산액보다 높은 수준이다. 이렇다 보니 음식숙박업 사업자의 경영환경은 매우 열악하다. 생산성

3 창업률은 당해년도 신생기업수/활동기업수, 폐업률은 당해년도 소멸기업수/활동기업수

표 1-7. 주요 업종별 부가가치생산성 및 연간 임금 수준(백만원)

	1인당 부가가치	1인당 임금총액
전산업	64.5	40.5
제조업	111.9	47.2
도소매업	37.0	38.6
운수업	40.6	40.3
음식숙박업	19.1	21.1
정보통신업	94.7	51.3
교육 서비스업	49.2	40.8
기타 개인 서비스업	19.3	28.8

자료원: 통계청, 경제활동인구조사; 한국은행 국민계정; 고용노동부, 사업체 노동력조사(2018년)

이 낮아 창출한 부가가치는 적은데 생산성 수준보다 높은 임금을 지급하고 나면 사업자에게 돌아가는 영업잉여 몫은 얼마 되지 않는다. 영업잉여는 사업자가 경영활동을 통해 얻은 부가가치 총액에서 투자자본의 감가상각과 임금지급 등 제 비용을 공제하고 남은 금액을 말한다. 즉 생산해낸 부가가치에서 여러 비용을 제하고 최종적으로 사업자의 몫으로 남는 부분이다. 영업잉여율이 높아야 사업자의 소득이 올라갈 수 있는데 2018년 기준으로 음식업의 영업잉여율은 4.4%에 불과하다. 생산해 낸 부가가치 중 4.4% 만이 음식업 사업자의 몫이다. 전체 산업 평균 영업잉여율이 20%를 넘는 것에 비해 현저히 낮은 수준이다. 음식업의 이런 상황은 많은 음식업 사업자들이 최저임금 수준의 소득 조차 보장받지 못하는 결과를 낳는다.

음식숙박업 종사자의 인적 구성을 보면 느리기는 하지만 일관된 변화가 진행되고 있음을 알 수 있다. 음식숙박업 내 고용원이 있는 자영업자 수는 지속적으로 증가하고 있는 반면 고용원이 없는 독립 자영업자 수는 계속 줄어들고 있다. 1인 자영업자 또는 무급가족종사자가 줄어든다는 점에서 그나마 영세성을 다소나마 탈피하는 과정이 진행되고 있는 것이다. 하지만 이러한 구성 변화는 곧 음식숙박업이 최저임금 등 임금 수준의 영향을 과거보다 더 받는다는 것을 의미하는 것이기도 하다. 최저임금의 급격한 상승은 고용원 있는 자영업자 비중이 낮았던 과거에 비해 음식숙박업 사업자에 더 큰 충격으로 다가오는 것이다.

음식업은 여성 자영업자 비중이 교육서비스업 다음으로 높다. 음식업 내 자영업자 중 여성비율은 50%가 넘는다. 무급가족종사자까지 포함하면 60% 수준에 육박한다. 고령층 여성 자영업자와

표 1-8. 음식숙박업 비임금노동자 변동 추이(천명)

	비임금노동자			
	전체	고용원있는 자영업자	고용원없는 자영업자	무급가족종사자
2007 년(A)	917	171	481	265
2018 년(B)	882	353	304	225
B-A	-35	182	-177	-40

자료원: 통계청, 지역별 고용조사; MDIS

여성 무급가족종사자가 많은 것이 원인이다. 음식업 여성 자영업자 중 50세 이상이 차지하는 비중은 60%를 넘는다. 여성 고령층 자영업자가 어느 산업보다 높은 비중을 차지하고 있는 것이다. 기형적일 정도로 음식업의 고령층 여성 자영업자 비중이 높은 것은 여성의 학력수준이 상대적으로 낮고 여성의 고용시장 참여가 쉽지 않았던 2000년대 이전의 열악한 여성 고용시장의 유산이다. 여성의 학력수준이 크게 올라가고 고용시장 참여도 개선되고는 있음에도 불구하고 고령화 속도가 더 빨라 여전히 음식업 내 여성 및 50세 이상 자영업자 비중은 계속 높아지고 있다.

표 1-9. 음식업 자영업 내 여성종사자 비율(%)

	여성자영업자 비율		여성자영업자 중 50세 이상 비율	
	음식업	전산업	음식업	전산업
2014년	45.5	29.4	61.7	52.0
2018년	50.4	28.9	63.8	54.6

자료원: 통계청, 경제활동인구조사; MDIS

음식업 내 자영업자와 관련된 이러한 변화들을 종합해볼 때 음식업은 자영업과 관련해 다음의 이슈에 대해 주목할 필요가 있다. 첫째, 음식업은 고령 및 여성 자영업자들이 많고 이들의 사업환경과 소득수준이 상당히 열악하다는 점이다. 영세한 여성 자영업자가 운영하는 사업체가 줄어들고 있기는 하지만 여전히 음식업의 주류를 형성하고 있어 자영업이 낙후성을 벗어나지 못하고 있다. 시간이 흐르면서 여성 자영업자들의 연령대가 높아져 노동시장에서 은퇴할 경우 자연스럽게 자영업 비중이 줄어들겠지만 평균수명이 길어지는 등 고령화가 심화되고 있어 은퇴시기 역시 뒤로 미루어질 것으로 보인다. 또한 이들이 은퇴한다 하더라도 대부분 은퇴준비가 제대로 되어있지 않다는 점은 또 다른 문제로 남는다.

둘째, 낮은 진입장벽으로 인해 창업률과 폐업률이 모두 높고 생산성이 현저히 낮다는 점이다. 음식업도 성공을 위해 차별적인 기술과 경영능력이 요구되는 엄연한 사업임에도 불구하고 다른 사업에 비해 쉽게 접근하는 경향이 있다. 하지만 창업률 만큼이나 폐업률이 높다는 것이 음식업이 결코 쉬운 사업이 아니라는 것을 증명해준다. 더욱이 음식업은 상대적으로 창업 시 소요자금이 많이 필요하고 폐업 시 인테리어 시설이나 주방 시설 등 회수불가능한 매몰비용Sunk Cost이 상당한 업종이다. 그렇지 않아도 폐업률이 높은데 창업 소요자금도 많이 필요하다 보니 사업 리스크가 상당하다. 그럼에도 불구하고 앞서 살펴본 바와 같이 생산성은 극히 낮고 사업자에게 돌아가는 수익은 부족해 다른 업종들에 비해 수익성 지표도 뒤처진다. 리스크는 높은데 수익성이 낮다는 점에서 투자처로서는 비효율적인 데도 불구하고 여전히 창업률은 가장 높은 경쟁과잉의 상황이 계속되고 있는 것이 음식업 시장의 안타까운 현실이다.

음식업 내 자영업과 관련해 중요한 또 하나의 이슈는 프랜차이즈Franchise 문제다. 음식업은 프랜차이즈 사업구조가 광범위하게 활용되고 있는 업종이다. 음식업 내 프랜차이즈 사업체 및 종사자 비중은 20% 내외로 어느 다른 업종보다도 프랜차이즈 비중이 높다. 프랜차이즈 사업은 본질적으로 자영업자인 가맹점Franchisee과 사업자인 가맹본부Franchisor 간에 협력과 갈등이 공존하는 구조다. 상호 협력적이어야 성공할 수 있는 반면 이해관계가 대립적이서 언제든 갈등이 표면화할 수 있다. 따라서 가맹점과 가맹본부 간에 이해관계 조정과 갈등구조 관리를 공정하게 할 수 있는 프랜차이즈 제도를 정립하는 것이 무엇보다 중요하다. 한국의 프랜차이즈 제도는 공정한 이해관계 조정과 갈등 관리를 위한 제도적 정비가 미흡해 특히 음식업이나 소매업 등에서 수시로 갈등이 불거져 나오고 있다. 공정하고 효율적인 프랜차이즈 제도의 정비가 긴요한데 이와 관련해서는 5장에서 다시 다루도록 한다.

혁신의 소용돌이 속으로 빠져드는 운수업

운수업은 자영업자 비중이 가장 높은 업종이다. 전체 취업자 140만 명 중 40%나 되는 60만 명이 자영업자로 추산된다. 운수업의 자영업자 비중이 유난히 높은 것은 개인택시 사업자와 개인 화물운송사업자가 많기 때문이다.

한국은 개인택시운전자 비중이 높은 나라다. 개인택시운전자가 16만 명으로 전체 택시기사의 60% 수준에 달한다. 개인택시 면허는 1965년 혼란했던 택시영업 환경을 개선하기 위해 도입된 이래 높은 인기를 누리면서 빠르게 증가했다. 하지만 이후 택시 과잉 우려에도 불구하고 개인택시 면허가 계속 늘어났고 결국 2000년대 이후에는 택시 과잉 현상이 현실화되었다. 택시는 많아졌는데 택시 이용객은 오히려 줄어들어 갔다. 택시 1대당 1일 이용승객은 1995년 66명이던 것이 20년이 지난 2016년에는 39명으로 절반 가까이 줄어들었다. 당연히 택시 1대가 벌어들이는 수입도 줄어들 수밖에 없었다. 이용 승객이 절반 가까이 줄었으니 택시운전자의 수입이 줄어들지 않으려면 택시요금이 2배 정도 오르면 된다. 이 기간 동안에 택시요금은 2.4배 올랐다. 그래서 택시운전자의 수입은 줄지 않고 다소나마 늘었다. 하지만 그것으로는 부족했다. 택시운전자의 수입은 1995년 대비 1.4배 늘었을 뿐이지만 이 20년 동안 국민 전체적으로 1인당 가계총처분가능소득(PGDI)은 2.9배 올랐다. 택시운전자의 소득이 늘어나긴 했지만 소득증가율은 국민 평균 수준에 비해 절반 밖에 되지 않았다. 이는 택시운전자의 절대소득은 늘었지만 상대소득은 오히려 크게 줄었다는 것을 의미하는 것이다.

이런 정도의 상대소득 감소가 이루어진 업종도 찾아보기 힘들 것이다. 워낙 택시운전자의 상대소득 감소 정도가 심해서 양극화 문제를 해소하는 차원에서 택시요금 상승 압력은 항상 팽배했다. 하지만 택시요금의 충분한 인상은 번번히 실패했다. 국민 다수가 이용하는 택시서비스의 사용료를 충분히 올리는 것은 정치적으로 부담스러운 것이었다. 국민 다수가 많이 이용하는 상품이나 서비스 가격은 생활물가나 서민물가라는 이름을 붙여 가격상승을 억제하는 정책관리가 일관되게 시행돼 왔다. 서민을 위한다는 정책이 실제로는 서민인 택시운전자를 어렵게 만든 결과를 낳은 것이다.

엄밀하게 따지면 서민물가 관리의 혜택은 국민 다수에게 돌아가는 것인 반면 서민물가 관리에 따른 손해는 고스란히 해당 상품이나 서비스를 공급하는 종사자에 돌아가는 것이다. 문제는 서민물가 관리품목에 해당하는 상품이나 서비스를 공급하는 종사자 중에 택시운전자처럼 서민 자영업자들이 많다는 점이다. 자장면, 치킨, 이미용, 세탁소 등도 택시 서비스와 유사한 경우다. 이들은 주로 서민 자영업자들이 공급하는 상품이나 서비스다. 하지만 국민 다수가 많이 이용한다는 것 때문에 생활물가나 서민물가로 관리되면서 가격 상승 억제 압박을 받아왔다. 더욱이 이들이 대부분 시장에서 경쟁이 치열한 상품이나 서비스들이기 때문에 그렇지 않아도 가격인상이 쉽지 않은 상황에 정책적인 압박까지 더해져 가격인상은 더 어려웠다. 국민 다수의 이익을 위해 서민 자영업자들의 희생이 있었던 것에 다름 아니다. 서민을 위하는 정책은 서민이 공급하는 상품이나 서비스의 가격 상승을 억제하는 것이 아니라 반대로 상승을 지지하는 것이다. 서민이 공급하는 재화나 서비스 가격이 오르면 국민 전체로부터 서민으로 소득이 이전되는 효과가 있기 때문이다.

1990년대 까지만 해도 개인택시는 인기가 높았다. 택시 한 대로 자녀 교육시키고 노후 준비까지도 보장이 가능하다 할 정도로 수입이 괜찮았기 때문이다. 개인택시 면허에 상당한 프리미엄이 붙었던 이유다. 하지만 앞서 지적한 택시 과잉과 승객감소로 상황이 많이 바뀌어 택시 운전자의 상대소득은 크게 감소했다.[4] 더욱이 상황이 개선될 조짐은 보이지 않고 오히려 악화되고 있다. 대리기사 서비스가 확산되며 택시서비스 수요가 더욱 줄어들고 있는데다 차량공유서비스 등 새로운 형태의 개인운송 서비스가 속속 등장하면서 기존 택시서비스에 대한 수요는 더욱 줄어들 위기에 처해 있기 때문이다.

개인 화물운송업자의 상황도 택시운전자 상황 못지 않게 어렵다. 화물운송업 중에서 개인 화물운송업에 종사하는 사업자는 대부분 자영업자들이다. 치열한 과잉경쟁 상황에서 개인 화물운송사업자의 사업실적은 장기간 부진에서 헤어나오지 못하고 있다. 화물운송업계의 대표적 자영업자인 용달 화물자동차 운송업, 개별

4 택시 1대 당 하루 승객 수 추이는 66.3명(1995년) → 60.4명(2000년) → 40.6명(2010년) → 39.1명(2016년)으로 추세적으로 줄고 있다. (자료원: 전국 택시운송사업조합 연합회)

화물자동차 운송업, 늘찬배달업[5] 등의 경우 종사자 수는 늘어나는 반면에 매출부진이 장기간 지속되면서 어려운 상황에 놓여 있다.

표 1-10. 화물운송업 종사자 수 및 매출액

항목	년도	용달 화물 자동차 운송업	늘찬 배달업	개별 화물 자동차 운송업	일반 화물 자동차 운송업	택배업
종사자수 (명)	2008년	82,489	15,453	66,835	200,126	26,648
	2018년	124,054	17,477	75,832	192,874	41,376
1인당 매출액 (백만 원)	2008년	28.1	34.4	42.0	80.4	69.6
	2018년	28.5	30.3	50.9	118.2	131.4

자료원: 통계청, 운수업조사

이렇게 상황이 열악한 운수업의 세계에 혁신의 소용돌이까지 몰아치고 있다. 지금까지 운수업은 기술이나 사회의 변화에 크게 영향을 받지 않는 업종으로 인식돼 왔다. 운수업이라는 것이 운송수단을 가지고 사람이나 물건을 수송하는 단순한 비즈니스 모델이기 때문에 그러했을 것이다. 하지만 지금 운수업은 어느 업종보다도 급격한 변화의 중심에 서 있다. 운수업을 변화의 소용돌이 속으로 몰아넣고 있는 것은 온라인 플랫폼경제다. 택시업계에서는 콜택시 앱과 대리운전 앱 등 온라인 플랫폼이 이미 광범위하게 활용되고 있다. 공유경제 활용의 가장 대표적인 사례도 운수업 분야다.

5 늘찬배달업은 도시 내에서 소화물을 수집 및 배달하는 산업활동으로, 대표적으로 서류나 꽃 등을 배달하는 퀵서비스가 이 업종에 속한다.

차량공유서비스는 혁신적인 공유경제의 상징으로 자리잡고 있다. 화물운송업계에서도 다양한 형태의 화물운송 앱이 개발돼 사용 중이다.

온라인 플랫폼과 공유경제의 확산 과정이 기존 운수업계의 강한 저항을 받고 있지만 시대적 흐름을 역행하기는 힘들어 보인다. 운수업계에서 진행되고 있는 혁신의 실험이 앞으로 어떻게 진화할지 예단하기는 쉽지 않다. 특히 차량공유서비스는 기존 운송업계로서는 공정하지 않은 경쟁자의 등장으로 인식될 수 있는 만큼 바라건대 혁신의 실험이 서비스의 질적 경쟁을 유발함으로써 전반적인 서비스 질을 높여 지속적으로 줄어들던 개인운송 서비스 시장을 다시 키울 수 있는 방향으로 진화하는 것만이 혁신 실험에 정당성을 부여할 수 있을 것이다.

화물운송업계의 온라인 중개 플랫폼 역시 기존 중개구조를 더욱 고착화시키는 역효과의 비판에서 자유롭지 못하다. 하지만 또 다른 혁신의 시도들이 끊임없이 이어질 때 결국에는 기존의 불합리한 구조를 개선하는 새로운 시스템이 등장하기를 기대해 볼 수 있을 것이다.

지금 운수업은 과거 어느 시기에도 볼 수 없었던 변화의 실험이 이루어지고 있는 업종이 되었고 급격한 변화의 과정에서 자영업자들은 생존의 갈림길에 서 있다. 이러한 변화는 운수업에 종사하는 자영업자들에게 위기인 동시에 기회이기도 하다. 이와 관련해서는 6장에서 다시 다루도록 한다.

젊은 자영업의 세계 교육서비스업

교육서비스업에 종사하는 취업자 수는 190만 명에 달하고 이 중 자영업자는 30만 명을 넘어 자영업자 비중이 20%에 육박한다. 앞에서 다룬 업종들에 비해 자영업자 비중이 낮은 것으로 보이지만 교육서비스업의 특성을 감안하면 높은 비중이라 할 수 있다. 공적 기능이 강한 교육서비스업에서 자영업자 비중이 이렇게 높은 것은 다른 나라에서는 찾아보기 어렵다. OECD 가입국가들의 교육서비스업 평균 자영업자 비중이 4%가 채 되지 않는 것을 보면 한국 교육서비스업의 자영업자 비중이 상당히 높다는 것을 알 수 있다. 한국 교육서비스업에 자영업자가 이렇게 많은 것은 사교육서비스 시장이 발달한데 기인한다. 보습학원 및 예체능학원 등 사교육서비스업 종사자는 교육서비스업 전체 종사자의 절반에 가까운 80만 명에 육박한다.

교육서비스업의 가장 큰 특징은 다른 자영업 업종과 달리 3~40대 젊은 층 비중이 상당히 높다는 것이다. 교육서비스 종사자 중 3~40대가 차지하는 비중은 60%에 육박한다. 앞서 살펴본 소매업, 음식업, 운수업의 경우 3~40대 종사자 비중이 40% 전후인 것과는 대조적인 연령구조다. 보습학원이나 예체능학원 등 사교육 학원사업자의 경우로 국한해 보면 3~40대 사업자 비중이 70%를 넘을 정도다. 교육서비스업 그 중에서도 사교육서비스업은 상대적으로 젊은 층의 자영업군이 형성되어 있다.

교육서비스업의 또 다른 특징은 여성 종사자 비율이 70%에 육박할 정도로 높다는 것이다. 기타개인서비스업 다음으로 높은 비율이다. 자영업 비중이 높은 업종들이 운수업을 제외하고는 공통적으로 여성취업자 비중이 높지만 그 중에서도 교육서비스업은 더욱 높은 수준이다.

취업자 학력수준 면에서 상대적으로 고학력이라는 것도 교육서비스업의 특징이다. 교육서비스업 종사자 중 대학 졸업 이상의 학력을 보유한 비중이 80%를 상회해 다른 어떤 업종보다 종사자들의 학력 수준이 월등히 높다. 이는 교육서비스 종사자의 자격 기준이 일반적으로 대학 졸업자 이상으로 제한되어 있는 특수성에

표 1-11. 주요 자영업 관련 산업의 종사자 특성 비교(%)

	전산업	소매업	음식업	운수업	교육 서비스업	기타 개인 서비스업
3~40대 종사자 비중	45.1	42.5	33.9	39.4	55.6	35.1
여성 종사자 비중	42.9	55.9	64.6	10.4	67.3	74.9
대졸이상 종사자 비중	46.9	38.2	24.8	29.7	83.4	23.6

자료원: 통계청, 지역별 고용조사; MDIS (2018년)

기인한다.

이런 특징들을 요약하면 고학력 3~40대 여성이 교육서비스업 종사자의 주류라고 할 수 있다. 사교육서비스업이나 공교육서비스업이나 모두 공통된 특징이다. 이는 1990년대 이후 급격한 여성의 고학력화에도 불구하고 결혼 및 출산 육아에 따른 경력단절이라는 사회적 장벽에 대한 돌파구로서 사교육서비스 시장이 중요한 역할을 하고 있다는 것을 의미한다.

한국의 여성고용률이 여전히 낮고 특히 3~40대 여성의 고용률이 낮다는 점에서 젊은 여성인력의 취업 영역으로서 사교육서비스 시장이 갖는 의미는 크다. 사교육서비스 시장의 확대는 교육의 관점에서 볼 때는 부정적일 수 있지만 여성 고용의 관점에서 볼 때는 중요한 역할을 담당한다. 고학력 여성 비중은 계속 높아지는 반면 여성 경력단절의 문화가 개선되지 않는 상황에서 사교육서비스 시장은 자영업 일자리 창출 뿐 만이 아니라 여성의 사회진출이라는 사회적 문제를 해결해 주는 역할까지 수행하고 있는 것이다.

사교육서비스업 역시 음식업과 함께 프랜차이즈 형태의 사업구조가 발달한 업종이다. 사교육서비스 시장 내에서 차지하는 프랜차이즈 사업 비중이 10% 수준으로 업종으로 따지면 음식업 다음으로 높다. 차별화된 강의 컨텐트가 핵심경쟁력인 업종 특성 상 전문적 컨텐트 개발에 유리한 프랜차이즈 형태의 사업구조가 발달한 것으로 보인다. 앞서 음식업에서 논의한 대로 프랜차이즈 사업구조는 자영업자인 가맹점과 사업자인 가맹본부 간에 협력과 갈등 구조를 관리하는 것이 중요하다. 다른 업종에 비해 상대적으로 갈등이 덜 하다는 평가도 있기는 하지만 사교육서비스업에서도 건강한 프랜차이즈 시스템의 정착이 중요한 것은 다른 업종과 다를 바 없다.

풀뿌리 자영업 개인서비스업

자영업은 어느 부문 할 것 없이 다 어렵지만 그 중에서도 가장 열악한 부문이 기타 개인서비스업으로 분류되어 있는 업종이다. 이미용 및 세탁 등 생활서비스, 대리운전 등 대리서비스, 반려동물 관련 서비스, 예식 및 장례관련 서비스, 간병서비스 등 개인의 일상생활을 영위하는데 아주 밀접히 관련이 있는 서비스를 제공하는 자영업들이다.

기타 개인서비스업은 자영업 종사자 비중이 가장 높은 업종이다. 자영업자와 함께 일하는 무급 가족종사자를 포함한 비임금노동자 비중이 50%를 넘고 종사자 수로는 30만 명이 넘는다.

이들 업종은 앞서 설명한 음식숙박업과 함께 사업자에게 돌아가는 영업잉여 몫이 마이너스를 기록할 정도로 경영상태가 열악한 부문이다. 즉 사업을 영위하면 할수록 손해를 보는 구조다. 손해를 보는 정도도 7%에 이를 정도로 크다. 생산성은 낮은데 인건비로 지출하는 비중이 워낙 높은 것이 원인이다.

표 1-12. 자영업관련 주요업종의 영업잉여 및 인건비 비중(%)

	영업잉여	인건비
전산업	23.4	55.3
제조업	30.9	47.2
소매업(자동차 제외)	16.9	58.3
숙박 및 음식점업	-1.8	76.1
운수 및 창고업	6.8	59.9
교육 서비스업	5.3	81.9
기타 개인 서비스업	-6.8	84.2

주: 부가가치 생산액 대비 비중

자료: 한국은행, 기업경영분석(2017년)

한 업종 전체에서 영업잉여가 마이너스인 상황은 업종 내 사업자 중 상당수가 자신이 제공한 노동의 대가조차 제대로 보장받지 못한다는 것을 의미한다. 시장기능이 잘 작동하는 상황이라면 경영을 해서 손해를 보는 사업의 경우 폐업을 하는 사업자는 늘어나고 새로 진입하는 사업자는 줄어들 것이다. 그렇게 되면 그 사업에서 공급하는 상품이나 서비스 가격이 오르게 되어 결국 이익이 발생하는 형태로 전환된다.

하지만 기타 개인서비스업에서는 이런 시장기능이 제대로 작동하지 않는다. 영업잉여가 평균적으로 마이너스임에도 불구하고 신규 진입하는 사업자들은 여기에도 넘친다. 앞서 살펴본 것과 같이 음식업 만큼은 아니지만 기타 개인서비스업도 창업률이 높다. 그러다 보니 가격조정의 시장기능이 제대로 작동하지 않고 마이너스 영업잉여 상황이 고착화되고 있다. 이 정도로 열악한 업종인 데도 불구하고 새로운 사업자의 진입이 이루어지고 있는 것은 그 만큼 경제 내에 다른 선택의 여지가 없는 잠재적 자영업자들이 많다는 것을 의미하는 것이다.

마이너스 영업잉여에서 벗어나는 방법은 생산성 향상을 통한 부가가치 증대와 인건비 감축을 통한 비용 절감 두 가지다. 공급과잉인 개인서비스업에서 생산성 향상이란 공급하는 상품이나 서비스의 질적 개선을 바탕으로 가격을 올려 받는 것을 의미한다. 최저임금의 급등으로 인건비 감축은 더욱 어려워지고 있다. 결국 개인서비스업과 같은 경쟁과잉의 취약 서비스업종이 살 길은 서비스의 질적 개선을 어떻게 도모할 것인가에 대한 고민으로 귀결된다. 이와 관련해서는 5장 이후에서 다시 다루도록 한다.

지금까지 자영업 비중이 높은 업종들의 상황을 중점적으로 살펴보았는데 업종마다 자영업 종사자가 많은 이유와 배경은 각자 달랐지만 공통적인 특징은 열악한 상황임에도 불구하고 허가제인 운수업을 제외하고는 신규 사업자의 진입이 끊임없이 이루어지고 있다는 것이다. 소득이나 수익성 면에서 결코 매력적이지 않음에도 불구하고 끊임없이 창업이 일어나고 결과적으로 폐업도 많은 과잉경쟁 현상이 지속되고 있다. 도대체 왜 그런 것일까? 그 배경에는 자영업 수난의 역사가 자리잡고 있다. 이에 대해 2장에서 자세히 살펴보도록 하자.

2장

자영업은 왕따(!)였다

- 자영업은 지난 수십 년 동안 성장논리와 분배논리에 쓸려 다니며 왕따(!) 신세를 면치 못했다.
- 자영업은 '87년 체제'에서 과잉경쟁이 잉태되었고 '서민물가'에 발목 잡혀 경제성장의 과실을 제대로 분배받지 못했으며 '최저임금' 급등에 결정타를 맞으며 빈사상태에 빠지고 말았다.
- 자영업자 비중이 전 세계 최고 수준이고, 기업과 산업의 양극화가 심한 경제구조를 가진 한국과 같은 나라에서 임금인상을 제1의 정책수단으로 하는 소득주도성장정책의 성공은 불가능해 보인다.
- 소득주도성장정책은 진단은 옳았으나 처방 순서가 잘못됐다. 소득주도성장정책의 올바른 순서는 임금노동자의 임금 수준을 올리는 데서 시작하는 것이 아니라 자영업 부문의 소득을 올리는 데서 시작하는 것이다.

앞서 살펴본 대로 대한민국의 자영업 인구 비중은 세계적으로 최고 수준이다. 자영업 인구가 많다 보니 자영업 시장에서의 경쟁은 상상을 초월할 정도로 치열하다. 과잉경쟁 상황이 벌어지고 있는 것이다. 과잉경쟁은 곧 낮은 수익성으로 연결된다. 낮은 수익성은 저소득을 의미한다. 자영업 종사자는 많은데 이들의 소득수준은 낮다. 한국경제의 아킬레스건이다. 왜 이렇게 되었을까? 어떤 연유로 자영업 인구가 이렇게 많고 소득은 낮은 것일까? 앞으로 살펴보겠지만 결론은 한마디로 자영업이 지난 수 십년 동안 왕따(!) 신세였기 때문이다.

'87년체제'가 자영업 과잉의 근원

자영업 시장 과잉경쟁의 근본 원인은 국내 자영업 시장 크기에 비해 자영업 종사자 수가 많은 데 있다. 그렇다면 크지도 않은 내수시장에 왜 이렇게 많은 자영업 종사자가 있을까? 자영업 종사자 비중이 높은 연원을 따라가다 보면 1990년대로 거슬러 올라간다.

1960년대 초 한국경제에서 자영업 종사자 비중은 40%에 가까웠다. 자영업 종사자에 자영업자를 보조하는 무급가족종사자까지 포함한 비임금노동자 비중은 70%에 육박했다. 무급가족종사자는 자영업자의 가족으로서 임금을 받지 않고 일하는 사람으로 실질적으로는 자영업자에 다름 아니다. 취업자 3명 중 1명 만이 임금노동자였던 셈이다. 당시만 해도 변변한 기업들이 없던 상황이라 임금노동자 일자리가 턱없이 부족했다. 임금노동자 일자리가 부족하다는 것은 곧 비임금노동자인 자영업자가 많다는 것을 의미한다. 1960년대 취업자 구성은 임금노동자, 자영업자, 무급가족종사자가 정확히 삼등분하고 있던 구조였다.

하지만 1960년대 이후 자영업 종사자와 무급가족종사자 비중은 빠르게 감소했다. 그리고 30년 정도가 지난 1991년의 취업자 구성은 임금노동자 63%, 자영업자 27%, 무급가족종사자 10.6%로 상전벽해를 했다. 30년 동안 임금노동자 비중이 30%p 정도 늘어난 반면 자영업자 비중은 10%p 정도 줄어들었고 무급가족종사

그림 2-1. 자영업자, 무급가족종사자 및 임금노동자 비중 추이(%)

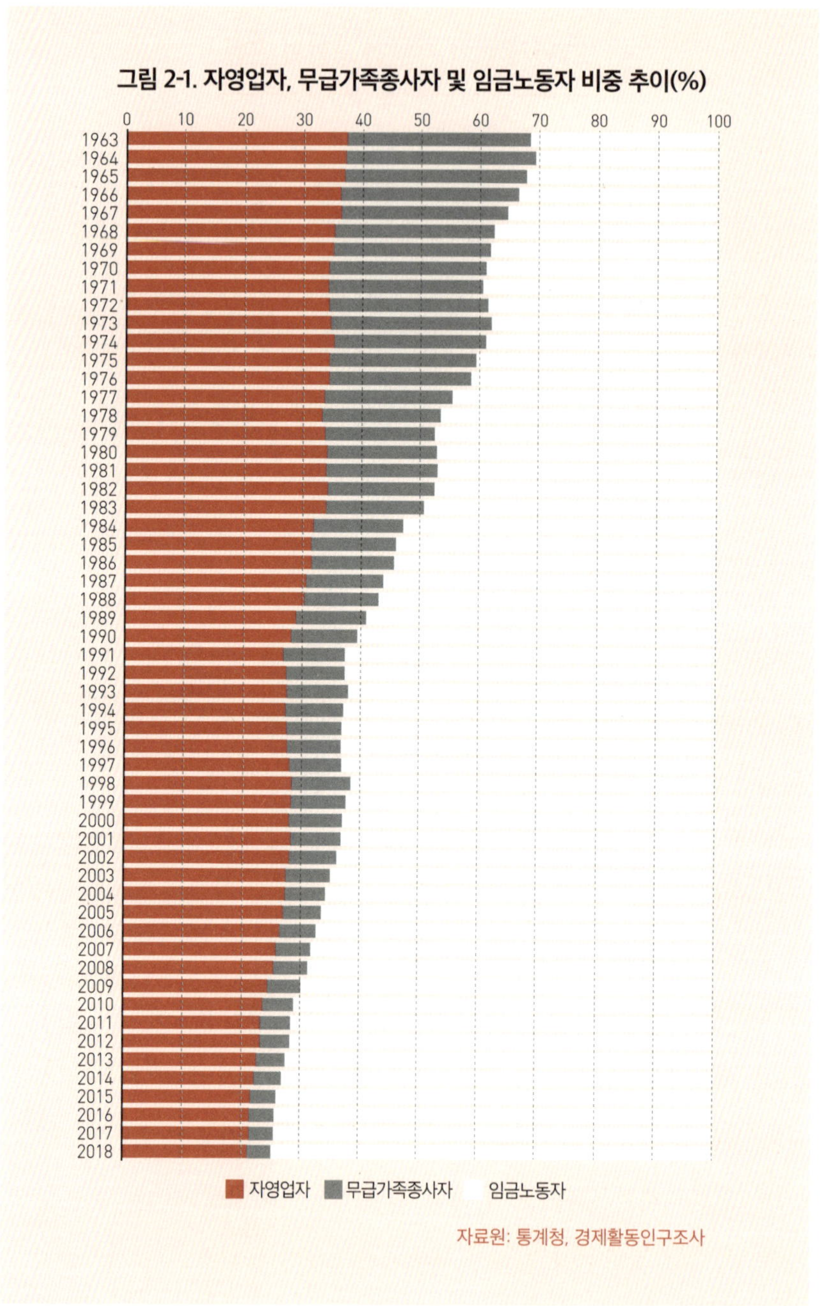

자료원: 통계청, 경제활동인구조사

자 비중은 20%p 정도나 감소했다. 경제 고도성장에 발맞춰 산업과 기업이 성장을 했고 그에 따라 임금노동자가 급격하게 증가하면서 나타난 현상이다.

그런데 추세적으로 빠르게 감소하던 자영업자 비중이 1990년대 들어 갑자기 하락세를 멈추는 이상현상이 발생했다. 이상현상은 단기간에 그치지 않고 10여년간 지속됐다. 2000년대 중반까지 자영업자 비중은 1990년대 초반 수준에 머물러 있었다. 2000년대 중반 이후 자영업 종사자 비중이 다시 하락하는 모습을 보였지만 그 흐름이 과거만큼 강하지 못하고 완만했다. 왜 이런 현상이 발생한 걸까? 1990년 이전과 이후에 뭐가 달라졌길래 이런 변화가 있었던 걸까?

자영업 종사자 비중이 낮아진다는 것은 임금노동자 비중이 높아진다는 것을 의미한다. 임금노동자 비중이 높아지기 위해서는 임금노동자가 늘어나야 한다. 실제로 1980년대 말 까지는 임금노동자가 빠르게 늘어났다. 특히 제조업 부문에서 임금노동자가 폭발적으로 증가했다. 제조업은 종사자의 90% 정도가 임금노동자로 자영업 비중이 낮은 업종이다. 그런데 폭발적으로 증가하던 제조업 종사자가 1990년대 초반 갑자기 증가세를 멈추어 버렸다. 일시적으로 멈춘 것이 아니라 이후 20여 년 동안 거의 동결 상태가 되어버렸다. 제조업 취업자 수 추이를 보면 놀랄 만한 현상을 발견하게 된다. 1991년 516만 명이던 제조업 취업자 수가 30년 가까이 지난 2018년에는 451만 명으로 오히려 65만 명이 줄어들었다. 30년 동안 제조업의 생산과 매출 규모가 엄청나게 성장했다는 점을 감안하면 쉽게 납득하기 어려운 현상이다.

그림 2-2. 제조업 취업자 수 및 비중 추이

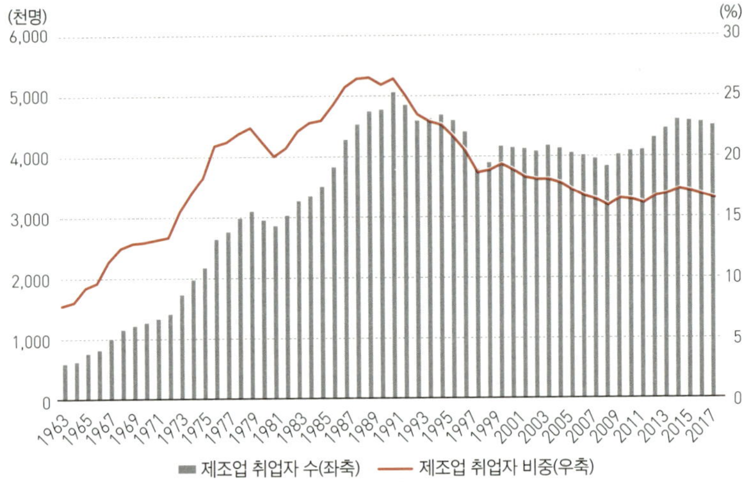

(천명) 6,000 5,000 4,000 3,000 2,000 1,000 0
(%) 30 25 20 15 10 5 0
1963 1965 1967 1969 1971 1973 1975 1977 1979 1981 1983 1985 1987 1989 1991 1993 1995 1997 1999 2001 2003 2005 2007 2009 2011 2013 2015 2017
제조업 취업자 수(좌축) 제조업 취업자 비중(우축)

자료원: 통계청, 경제활동인구조사

제조업 종사자 증가세가 갑자기 멈춘 것도 전에 없던 현상이려니와 그 상태가 30년 가까이 이어간 것은 더 이해하기 어려웠다. 물론 1990년대 이후의 경제성장이 그 이전의 경제성장세만 못하기 때문이라는 이유를 들 수도 있겠으나 그것만 가지고 설명하기에는 한계가 있다. 1990년대 이후의 경제성장률이 그 이전만은 못해도 1990년대는 연평균 7%, 2000년대는 연평균 4.4%의 양호한 성장세를 유지했다. 더욱이 제조업은 높은 생산성을 바탕으로 고성장을 지속했다는 점에서 제조업 종사자의 감소 현상은 쉽게 납득하기 어렵다. 30년 가까운 기간 동안 제조업 종사자의 감소 결과 1991년 총 취업자의 27%에 이르던 제조업 취업자 비중이 2018년에는 17% 수준까지 하락했다.

그렇다면 1990년대 초반 이후 제조업 부문 취업자의 감소 현상은 왜 발생한 것일까? 이 물음에 대한 답을 얻기 위해서는 당시 제조업 고용에 가장 큰 영향을 준 요인이 무엇이었는가를 살펴볼 필요가 있다.

1980년대 후반 한국의 정치·경제·사회는 이전과는 확연히 다른 새로운 시대로 집어들었나. 새로운 시대는 1987년 직선제 개헌을 계기로 형식적 민주화가 달성된 것이 기폭제가 되었다. 소위 '87년체제'의 구축이 시작된 것이다. '87년체제'가 정립되는 과정에서 노동시장 역시 큰 변화를 겪었다. 노동자의 권리가 크게 신장되면서 최저임금제도가 도입되었고 노동조합도 괄목할 성장세를 보였으며 이를 기반으로 임금이 급등했다. 이는 기업체의 노동비용 급등으로 이어졌다. 기업체가 부담하는 노동비용은 '87년 체제'가 출범한지 4년 만인 1991년에 2.2배가 증가했다. 전례 없는 급격한 노동비용Labor Cost 증가였다. 여기에 파업으로 인한 생산차질 등의 비용도 더해졌다.

전에 없던 노동시장 환경의 변화에 직면한 기업들은 고용전략에 일대 전환을 꾀했다. '87년 체제'는 기업에게는 생산요소로

표 2-1. 기업체 노동비용 추이(천원)

	노동비용총액	직접노동비용	간접노동비용
1987년(A)	468.6	393.2	75.4
1991년(B)	1,011.5	781.2	230.3
(B/A)	(2.2)	(2.0)	(3.1)

주: 노동자 1인당 월평균 노동비용. 직접노동비용은 현금급여를, 간접노동비용은 퇴직금 및 복리비 등 현금급여 이외의 비용을 의미

자료원: 고용노동부, 기업체 노동비용 조사보고서 각 년호

서 노동Labor과 자본Capital 중 노동의 상대적 비용이 급격히 상승하는 것을 의미하는 것이었다. 기업들은 상대가격이 올라간 노동을 상대가격이 내려간 자본으로 대체하는 전략을 시도했고 그 결과는 고용 억제와 자본투자 확대로 나타났다. 기업들의 자본투자 확대는 산업구조의 고도화 과정에서 나타난 것이기도 했지만 노동비용의 급격한 증가는 그 속도를 더욱 빨리하도록 촉진하는 효과를 낳았다.

제조업을 중심으로 한 임금노동자 시장의 위축으로 자영업자나 무급가족종사자들이 양질의 임금노동자로 이동하는 통로가 봉쇄됐다.[1] 1990년대 이후 제조업 중심의 고용시장 위축은 시기적으로 자영업 시장에 뼈아픈 것이었다. [그림 2-3]에서 보는 것처럼

1 한국에서 자영업 창업은 기업가정신에 의해 자발적으로 이루어지는 것이라기보다는 경기상황이 악화되거나 임금노동시자의 실업이 늘면서 임금노동시장에서 어쩔 수 없이 비자발적으로 밀려나 자영업에 발을 들여놓는 측면이 강하다(김기승, 조준모(2006), 지은정(2012)).

1990년대 이후의 시기는 자영업 시장의 주된 연령층인 40~50대 인구가 급격히 늘어나는 시기와 정확하게 일치했기 때문이다. 노동시장에는 40~50대 인력이 계속 늘어나 넘쳐나는데 핵심산업인 제조업을 중심으로 고용동결이라는 장벽이 쳐져 있으니 이들의 활로는 서비스업으로 이동해가는 수밖에 없었다.[2] 서비스업도 제조업과 연계된 양질의 서비스업 보다는 음식숙박업이나 소매업, 개인서비스업 등과 같은 자영업자 비중이 높은 서비스업으로의 이동이 많았다.[3] 이런 환경에서 자영업 종사자 비중은 감소추세를 멈추게 되었다.

그림 2-3. 연령대별 인구 증감 추이(천명)

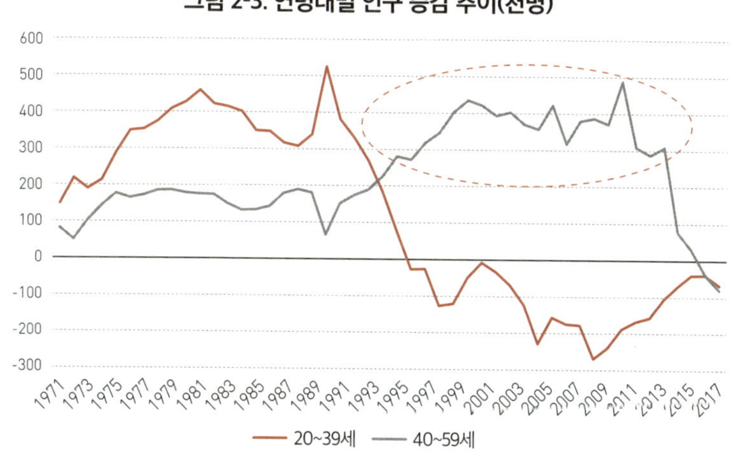

자료원: 통계청, 인구추계

2 40대 인력의 자영업 이동은 직업기회가 제한될 때 급증한다. 이것은 40대 인력의 자영업 이동이 임금노동시장 상황에 민감하게 영향을 받는다는 것을 의미한다(지은정(2012)).

3 임금노동시장에서 어쩔 수 없이 밀려나 자영업에 발을 들여놓는 현상은 특히 도소매업, 음식숙박업 등 서비스업에서 강하게 나타난다(김기승, 조준모(2006)).

1990년대 이후의 제조업 고용동결은 이후 제조업과 서비스업의 생산성과 소득구조에 엄청난 변화를 가져다 주었다. 1990년 대 초반만 하더라도 제조업과 서비스업의 부가가치 노동생산성은 비슷한 수준이었다. 하지만 이후 제조업과 서비스업 간 생산성 격차는 급격하게 벌어졌다. 제조업 부문 종사자 수는 정체된 반면 고용시장에 물밀듯이 들어오는 인력을 서비스업 부문에서 흡수한 결과다. 1991년 제조업과 서비스업 종사자는 각각 500만 명과 900만 명 수준으로 서비스업 종사자가 제조업 종사자의 2배가 채 되지 않았었다. 그러나 30년 가까이 지난 2018년 제조업 종사자는 1991년 보다 적은 450만 명 수준에 불과한 반면 서비스업 종사자는 1,870만 명으로 크게 늘어났다. 서비스업 종사자 수는 제조업 종사자 수의 4배에 달하게 되었다.

물론 내수 서비스산업에서 양질의 일자리가 많으면 제조업 부문의 일자리 정체를 아쉬워할 필요가 없다. 하지만 인구 5천만 명 수준의 제한적인 내수시장을 가진 한국경제가 내수 서비스산업에서 양질의 일자리를 크게 늘리기는 쉽지 않다. 제조업 부문의 고용정체 이후 제조업 부문과 서비스업 부문 간 노동생산성 격차가 급격히 확대된 것이 이를 잘 대변해 준다. 제조업 부문에서는 고용을 최대한 억제하고 자본투자를 확대하면서 성장한 결과 노동생산성이 비약적으로 높아졌다. 반면에 제조업 부문 고용이 막히면서 서비스업 부문으로 취업인구가 대거 몰렸지만 서비스업 부문에서 그에 상응하는 양질의 일자리를 만들어 내지 못하면서 서비스업 부문 노동생산성 개선은 난관에 봉착했다. 그 결과 1990년대 초 만 하더라도 제조업과 서비스업의 노동생산성은 거의 같았으나 2018년에 이르러서는 제조업 노동생산성이 서비스업 노동생산성의 2배를 넘을 정도로 두 부문 간의 생산성 격차가 크게 벌어졌다.

그림 2-4. 제조업과 서비스업 취업자 수 및 부가가치 노동생산성 추이

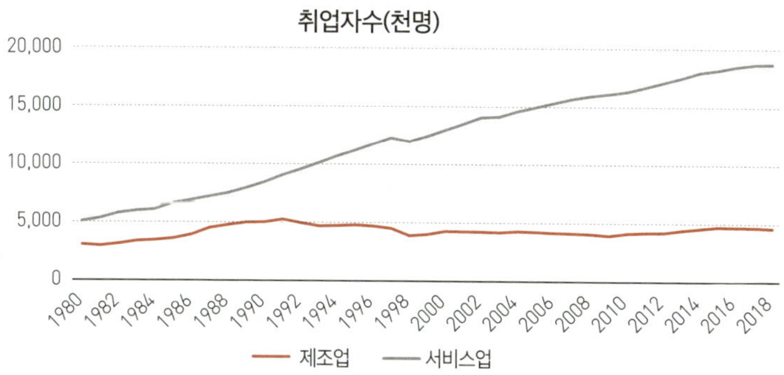

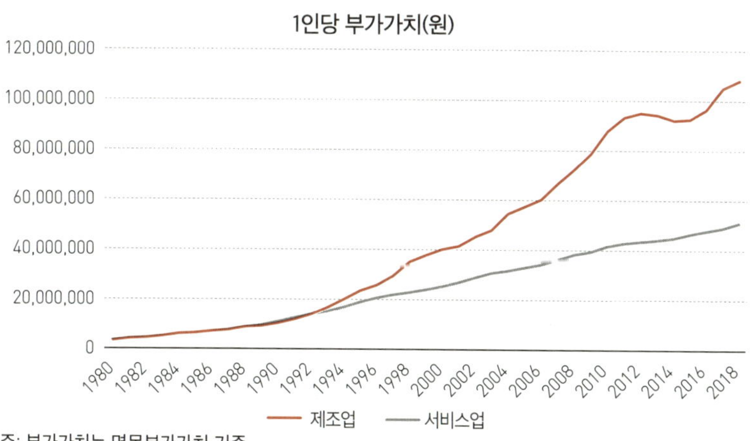

주: 부가가치는 명목부가가치 기준

자료원: 한국은행, 국민계정; 통계청, 경제활동인구조사

생산성의 차이는 결국 소득의 차이로 귀결된다. 자영업자의 대부분이 종사하고 있는 서비스업 부문의 생산성이 낮다는 것은 곧 자영업자의 생산성과 소득이 낮다는 것을 의미한다. 1990년까지만 해도 제조업과 대등하거나 오히려 높았던 서비스업 생산성이 이후 30년에 걸쳐 제조업에 비해 크게 뒤처지면서 자영업의 환경 역시 악화일로를 걸을 수밖에 없었다.

제조업과 서비스업 부문 노동시장 간에 장벽이 없다면 서비스업 노동시장의 인력은 소득이 높은 제조업 부문으로 이동해 갈 것이다. 그리고 그 과정에서 두 부문 간 생산성 격차와 소득 격차가 줄어들어 갈 것이다. 물론 양 산업의 노동시장 간에는 일자리 성격 등 여러 형태의 장벽이 있어서 생산성 격차가 완전히 해소될 때까지 인력 이동이 이루어질 수는 없다. 하지만 2배 정도의 생산성 격차라면 제조업 부문으로 이동하고자 하는 노동시장의 압력이 상당할 것이어서 제조업 부문의 고용이 늘어날 것으로 기대할 만 하다. 하지만 제조업 부문의 고용시장은 30년 가까이 요지부동이었다.

제조업 부문의 고용 감소로 한국경제 전체 취업자 중 제조업 취업자 비중은 1991년 27% 수준에서 2018년 17% 수준으로 크게 하락했다. 제조업 취업자 비중 17%면 다른 나라들에 비해 낮은 수준은 아니다. OECD 평균 제조업 취업자 비중은 14%대 수준이다. 하지만 같은 수출중심 산업구조를 가진 독일의 제조업 취업자 비중 19%에 비하면 낮은 수준이다. 독일이나 한국과 같이 내수시장이 작은 경제는 제조업 경쟁력을 바탕으로 수출을 지속적으로 늘려 나가지 않으면 경제규모를 확대할 수 없는 근본적 제약이 있다. 독일이 한창 경제성장을 할 때는 지금보다 제조업 취업자 비중이 더 높았다. 독일에 비해 보면 한국의 제조업 취업자 비중은 너무 일찍 너무 빠르게 낮아졌다. 한국의 제조업 종사자 비중이 20% 수준만 되어도 지금보다 제조업 부문에서 80만명이 넘는 일자리가 더 늘어날 수 있다. 상대적으로 양질의 일자리가 많은 제조업 부문에서 이 정도의 일자리가 더 생긴다면 제조업과 서비스업 부문 간에 크게 벌어져 있는 생산성과 소득 격차가 줄어들 수 있을 것이다.

제조업 부문의 높은 노동생산성은 제조업부문에서 고용흡수를 더 할 수 있는 여력이 충분하다는 것을 의미하는 것이기도 하다. 국민경제 전체 관점에서 볼 때 산업 부문간 한계생산성이 같아지는 수준으로 노동이 배분되는 것이 가장 효율적이다. 뿐만 아니라 이러한 노동자원 배분은 산업 부문 간 소득 불균형 완화 관점에서도 바람직하다. 하지만 제조업 부문이 고용흡수 여력도 있고 소득 불균형 해소 차원에서도 종사자 수가 더 늘어나는 것이 바람직함에도 불구하고 제조업 일자리는 30년이 지나는 동안에도 전혀 늘어나지 않았고 오히려 줄어들었다.

또 한가지 주목할 것은 제조업과 자영업 일자리 간에 밀접한 연관관계가 있다는 것이다. 지난 수 십년 간의 일자리 흐름을 보면 제조업 부문의 일자리가 늘어나면 자영업자 비중이 낮아지는 현상

그림 2-5. 제조업 부가가치 노동생산성(천 달러)]

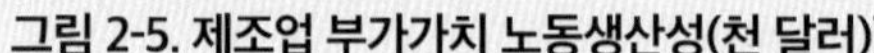

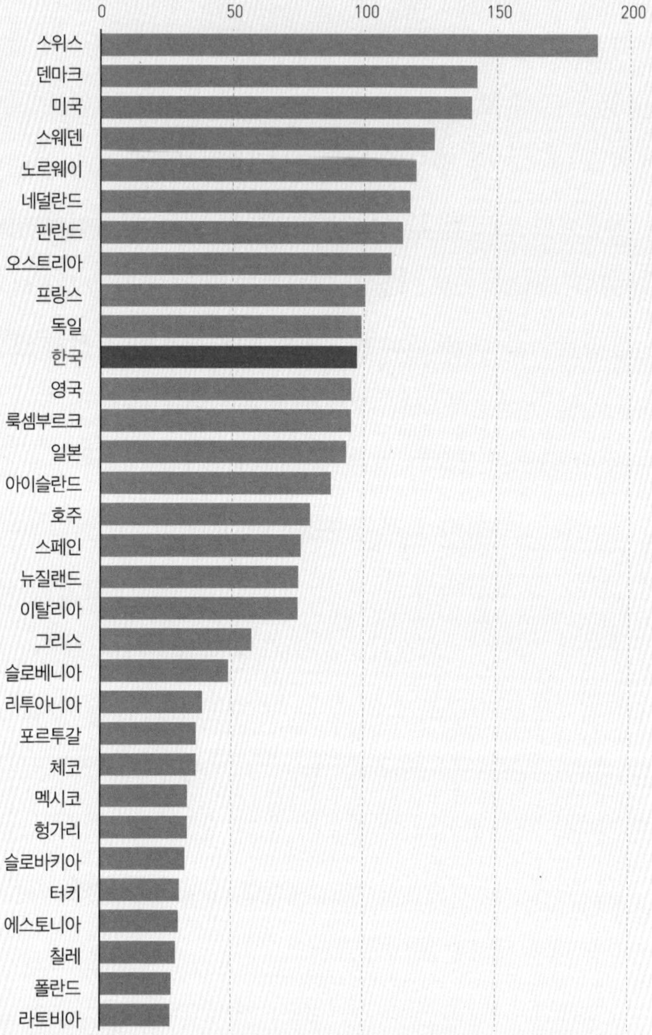

주: 명목부가가치 기준

자료원: OECD, OECD.Stat(2017년)

이 뚜렷하게 나타난다. 앞서 살펴본 대로 1980년대까지는 제조업 일자리가 빠르게 늘어나면서 자영업자 비중은 추세적으로 빠르게 낮아졌다. 반면 1990년대와 2000년대를 거치면서 제조업 부문의 일자리가 늘어나지 않고 오히려 줄어들었을 때는 자영업자 비중은 하락세를 멈추었다. 2010년대 전반 제조업 호황을 바탕으로 제조업 일자리가 오랜 만에 늘어났을 때는 기다렸다는 듯이 자영업자 비중이 낮아지는 모습이 나타났다. 통계분석을 통해 보아도 제조업 일자리는 자영업자 비중과 매우 밀접한 상관관계를 갖는 것을 확인할 수 있다. 즉 1990년대 이후 장기간에 걸친 제조업 일자리 정체로 자영업 비중이 충분히 하락할 기회를 잃었고 지금까지 자영업 시장이 과잉에 시달리고 있는 것이다.

요약하면 '87년 체제' 출범 이후 임금 급등 및 노동조합의 영향력 증대 등으로 인한 노동비용 급증이 기업들로 하여금 노동절약적 생산전략을 채택하도록 하는 결과를 낳았고 그 결과 제조업의 일자리 창출 축소와 자영업 시장의 경쟁과잉을 유발하였다.

영향력이 확대된 노동조합은 정규직 일자리의 안정성 보장에 매진하는 한편으로 기업들은 높아진 노동비용에 대응해 노동의 사용을 최대한 억제하는 전략으로 대응했다. 기업은 기업대로 임금노동자는 임금노동자대로 자신들의 이익을 쫓아 각자도생하는데 그 와중에서 자영업자는 자신들도 모르게 피해자가 되어갔다. 임금노동시장에 진입한 정규직 임금노동자에게는 배타적 혜택이 주어졌지만 그것은 자영업자와 잠재적 자영업자로서 비정규직 임금노동자의 희생을 대가로 한 것이었다. 정규직 노동시장에 편입된 그룹은 높은 임금과 안정된 직장을 보장받는 반면 그 반대편의 다수는 낮은 임금과 불안정한 고용환경에 내몰리는 양극화 노동시장이 형성됐고 이런 노동시장 환경은 최종적으로는 자영업 시장에 경쟁과잉의 부담을 안겨주었다. 임금노동자의 노동권 향상 시기가 자영업 시장에는 불운의 시기였던 셈이다.

이렇게 불운의 대상이 된 자영업 관련 종사자들은 얼마나 될까? 한국경제 내의 전체 비임금노동자 수는 2019년 8월 현재 680만 명이다. 이중 자영업자가 566만 명이고 무급가족종사자가 114만 명이다. 자영업자 중에 고용원을 둔 자영업자는 154만 명이다. 고용원을 둔 자영업자가 고용하고 있는 고용원은 최소 330만 명은 넘을 것으로 추산된다.[4] 이들을 모두 합치면 자영업에 종사하는 노동자는 적어도 1,000만 명을 넘는다. 전체 취업자의 40%에 육박하는 규모다.

자영업 관련 종사자가 1,000만 명이 넘는 다수임에도 불구하고 이들은 임금노동자 만큼 관심을 받지 못했다. 자영업 종사자의

---

4 통계청이 발간한 "자영업 현황분석(2016.12.22)"에 따르면 2015년 기준으로 자영업자에 고용되어 있는 고용원 수가 336만 명에 이른다. 이 수치는 고용원 있는 자영업자 전체의 절반 정도인 86만 명의 고용원 있는 자영업자를 대상으로 집계한 것이어서 실제 자영업자에 고용되어 있는 고용원 수는 이보다 훨씬 많을 것으로 판단된다. 이 보고서의 고용원 있는 자영업자의 평균 고용원 수 3.9명을 적용하면 자영업에 고용되어 있는 고용원 수는 600만 명에 달한다.

상황은 임금노동자보다 열악해 자영업 시장을 위한 사회안전망은 임금노동자 노동권 개선 만큼이나 중요했지만 그만한 관심은 결코 끌어내지 못했다. 자영업은 관심권에서 벗어난 왕따(!)였다.

소득주도성장 정책의 최대 피해자는 자영업자다

소득주도성장론은 2017년 출범한 문재인정부의 핵심 경제정책이다. 한국경제에 대한 소득주도성장론의 진단과 처방을 요약하면 다음과 같다. "소비침체가 한국경제 성장의 최대 걸림돌이다. 그런데 소비침체의 주요 원인은 가계소득이 낮은 것이다. 따라서 가계소득을 올려 주어야 한다. 가계소득을 올리는 가장 효과적인 방법은 임금을 올려주는 것이다."한마디로 임금인상을 통해 가계소득을 높이고 소비를 촉진시켜 성장능력을 복원하겠다는 것이다.

결론부터 얘기하면 소득주도성장론은 진단은 옳았으나 처방전이 잘못됐다. 먼저 소비부진이 한국경제 침체의 주요 원인이라는 진단은 옳다. 민간부문의 소비활동은 경제성장의 핵심 축이다. 민간소비는 덩치로만 보면 국민경제를 구성하는 총수요 항목 중 가장 큰 부분이다. 그런데 성장의 핵심 축인 민간소비 활동이 장기간에 걸쳐 부진을 면치 못해왔다. 민간소비증가율이 경제성장률을 하회하는 소비부진 현상이 장기간 지속되었고 그 결과 소비활동의 경제성장 기여율이 장기적으로 낮아졌다. 민간소비가 경제성장에 기여하는 정도를 나타내는 민간소비의 성장기여율이 2000년대 초반 50%대에서 2010년대 후반에는 30%대로 추세적으로 떨어졌다. 민간소비가 국내총생산에서 차지하는 비중도 50%를 하회하는 지경에까지 이르렀다. 소비대국인 미국의 경우 국내총생산 대비 민간소비 비중이 70%에 달하고 일본과 같은 고령국가도 민간소비 비중이 56% 수준으로 한국보다 높다. 36개 OECD 가입국가 중에서도 한국은 민간소비비중이 가장 낮은 그룹에 속한다.

그렇다면 왜 이렇게 국민경제 전체 성장에 비해 민간부문의 소비활동 부진이 장기간 지속된 것일까? 다양한 설명이 가능하겠지만 근원을 따져 들어가 보면 가계부문의 소득성장이 부진한데

그림 2-6. 민간소비 비중 및 경제성장 기여율 추이(%)

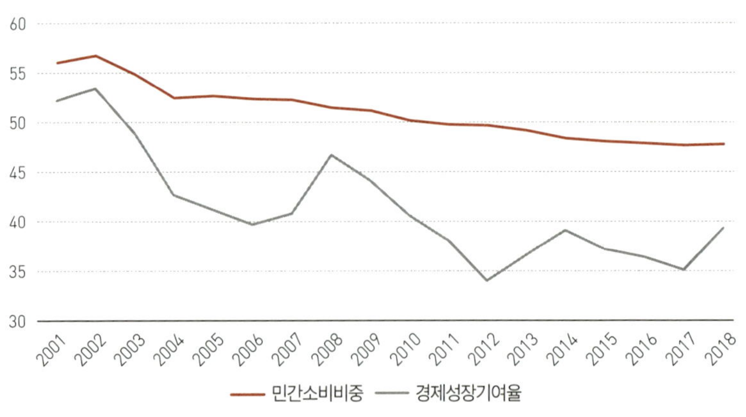

주: 민간소비비중은 국내총생산 대비 민간소비의 규모, 각 년도 경제성장 기여율은 최근 5년간 민간소비 증가분이 국내총생산 증가분에서 차지한 비중으로 측정

자료원: 한국은행, 국민계정

서 근본 원인이 찾아진다. 좀 더 구체적으로 얘기하면 가계부문이 벌어들인 소득의 증가 속도가 국민경제 전체가 벌어들인 소득의 증가 속도에 비해 느린 현상이 장기간에 걸쳐 지속됐다. 2000년~2017년 기간 중 국민경제 전체의 처분가능소득은 2.9배가 증가한 반면에 가계부문의 처분가능소득은 2.6배 증가하는데 그쳤다. 처분가능소득의 연평균 증가율로 보면 이 기간 중 기업과 가계가 각각 6.2%와 5.3%로 가계부문이 낮았다. 그 결과 국민경제 전체의 처분가능소득 대비 가계부문의 처분가능소득 비중도 1990년대 75% 수준이던 것이 2010년대 후반에는 65% 수준으로 크게 낮아졌다.

가계부문의 처분가능소득 비중이 추세적으로 낮아진 반면 기업부문의 처분가능소득 비중은 추세적으로 높아졌다. 앞서 언급했던 '87년체제' 등장 이후의 급격한 임금상승과 외환위기 등의 영향으로 1990년대 마이너스까지 떨어졌던 기업부문 처분가능소득 비중은 2000년대를 거치면서 6%대까지 상승했고 2008년 금융위기를 거친 이후에는 10%를 상회하는 수준까지 높아졌다.

2000년대 이후 가계소득 증가세가 기업소득 증가세에 상응해 충분히 높아지지 않은 것은 기업소득이 가계소득으로 흘러 들어가는 '낙수효과'가 약화된 것을 의미한다. 즉 2000년대 이후 기업소득이 크게 증가했으나 기업이 벌어들인 소득이 충분히 가계에 소득으로 전달되지 않은 것이다. 이처럼 2000년대 이후 '낙수효과'가

그림 2-7. 국민처분가능소득에서 차지하는 가계 및 기업 소득 비중 추이

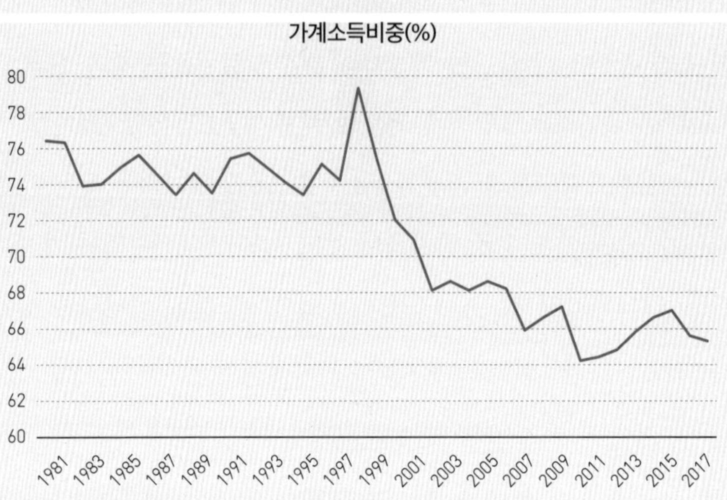

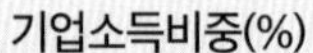

자료원: 한국은행, 국민계정

약화된 이유는 무엇일까?

'낙수효과'에 영향을 주는 요인은 임금노동자 수와 임금 수준 두 가지가 있다. 기업소득이 가계로 전달되는 연결고리는 임금노동자 수와 임금 수준이다. 경제 전체의 임금노동자에게 귀속되는 소득은 임금노동자 수에 임금노동자가 받는 평균 임금수준을 곱한 값이다. 임금노동자 수가 많아지거나 평균 임금수준이 높아지면 임금노동자에게 귀속되는 소득이 많아지게 된다. 반대로 기업소득 증가에 비해 임금노동자가 늘어나지 않거나 임금이 오르지 않게 되면 '낙수효과'는 약화된다.

'낙수효과' 약화의 첫 번째 이유는 앞서 언급한대로 1990년대 이후 장기간에 걸쳐 제조업 부문을 중심으로 나타난 임금노동자 일자리의 정체 또는 감소에서 찾을 수 있다. 제조업의 생산성은 1990년대 이후 비약적으로 향상됐지만 제조업 종사자 수는 오히려 줄었다. 1990년대 이후 경제 내의 가장 생산성 높은 산업인 제조업 부문에서 일자리가 줄었다는 것은 제조업에서 생성된 고부가가치를 가계가 나누어 가질 기회가 원천적으로 봉쇄됐다는 것을 의미한다. 가계는 부가가치 높은 제조업으로의 진입 기회를 상실했을 뿐만 아니라 불가피하게 자영업을 중심으로 한 부가가치 낮은 서비스업으로 밀려남으로써 소득 증가세가 더욱 낮아지는 결과를 낳았다.

'낙수효과' 약화의 가능성 있는 두 번째 이유는 임금수준이다.

[그림 2-8]은 경제 내에서 생성된 1인 당 부가가치(GDP기준) 대비 임금노동자의 평균임금 수준 비율의 추이를 보여준다. 이 비율이 2000년대 이후 지속적으로 하락하는 것으로 나타난다. 생산해 낸 부가가치 대비 임금 수준이 낮아진 것이다. 하지만 이것이 곧 저임금을 의미하는 것은 아니다. 이 비율이 추세적으로 낮아지기는 하지만 OECD 국가 평균 수준 보다는 높은 상황이 2010년대 전반까지 계속되는 것을 볼 수 있다. 이는 2000년대 동안에 경제의 부가가치 창출 능력을 감안한 임금노동자의 임금수준이 OECD 국가들에 비해 한국이 높았다는 것을 의미한다. 2010년대 중반쯤 가면 한국의 생산성 대비 임금 수준이 OECD 평균 수준에 수렴하는 것을 볼 수 있다. 이는 OECD 국가들에 비해 한국의 가계소비가 부진한

그림 2-8. 1인당 GDP 대비 임금 비율(배)

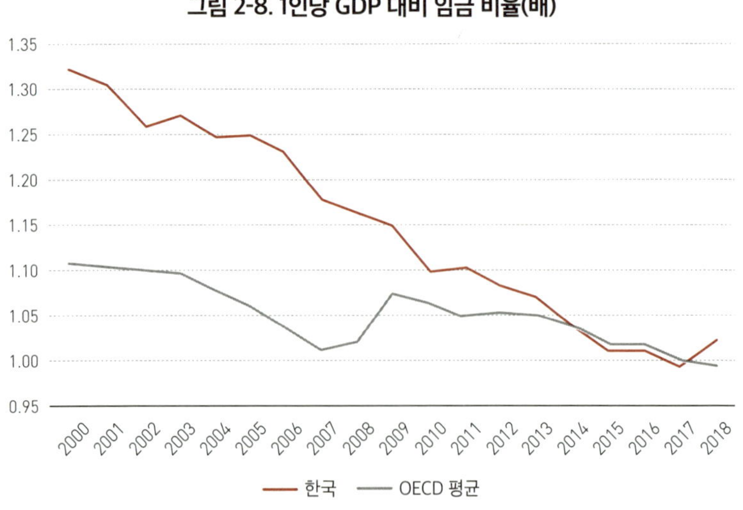

자료원: OECD, OECD.Stat

원인을 낮은 임금 수준에서 찾는 것은 적절치 않다는 것을 의미하는 것이다.

정리하면 2000년대 '낙수효과'의 약화는 제조업 임금노동자의 감소와 생산성 대비 임금수준의 하락 두 가지 요인에서 원인을 찾을 수 있다. 하지만 생산성 대비 임금수준은 OECD 국가 평균수준보다 높아 OECD 국가들에 비해 소비활동이 부진한 원인으로 저임금을 지목하는 것은 적절하지 않다. 생산성 대비 임금수준은 OECD 국가 평균수준보다 높은데 경제에서 차지하는 소비 비중은 오히려 낮다는 것은 소비침체의 원인으로 임금수준을 지목할 수 없다는 것을 의미한다. 반면에 제조업 중심의 양질의 임금노동자 일자리가 줄어든 것이 소비활동 부진의 원인이라는 점은 명백하다. 양질의 일자리 부족으로 소비활동의 중추 세력이 확대되지 못한 것이 뼈아팠다.[5] 그럼에도 불구하고 소득주도성장론은 소비침체의 원인으로 임금노동자 수와 임금 수준 중에서 임금 수준을 지목하고 최저임금의 급격한 인상이라는 처방전을 제시했다. 처방이 잘못된 것이다. 잘못된 처방을 하면 반드시 부작용이 따른다. 어떤 부작용이 발생했는지 살펴보자.

한국경제가 활력을 되찾고 저성장경제에서 벗어나기 위한 정

5 양질의 일자리 부족을 보여주는 또 하나의 명확한 지표는 양질의 일자리라 할 수 있는 종사자 규모 250인 이상 대형기업 종사자 비중이 OECD 국가 중 그리스를 제외하면 최하위라는 점이다. 전체 기업체 종사자 중 250인 이상 대형기업 종사자 비중이 15.4%로 OECD 국가 평균의 절반 수준에 불과하다. 이와 관련해서는 4장에서 자세히 다루도록 한다.

책의 방향성은 명확하다. 가계소득이 충분히 늘어나도록 해 소비 침체에서 탈피하는 것이다. 그런 의미에서 한국경제 저성장의 원인을 가계소득 부진에서 찾은 소득주도성장론의 진단은 옳았다. 하지만 진단은 옳았으나 문제는 처방전에 있었다. 소득주도성장론은 가계소득 부진을 타개하기 위한 처방전으로 임금인상을 정책목표로 삼고 정책수단으로 최저임금을 활용했다. 그리고 신속하고도 대폭적인 최저임금 인상을 실행에 옮겼다. 결과는 어떨까?

소득주도성장론의 임금인상 해법은 임금인상이 가계소득을 올려주고 가계는 늘어난 소득을 기반으로 소비를 늘림으로써 기업의 매출이 올라가고 이는 다시 임금상승으로 이어지는 선순환 구조를 전제로 하고 있다. 하지만 이런 선순환구조는 희망사항이고 반대로 악순환구조에 빠질 위험성도 내포하고 있다. 임금인상이 기업수익을 악화시키고 기업은 이에 고용 축소로 대응함으로써 가계소득이 감소하고 이는 소비감소로 이어져 기업수익이 더욱 악화되고 고용을 더욱 줄이는 악순환구조에 빠질 위험성도 간과할 수 없다. 과연 한국경제의 현실에서 선순환구조와 악순환구조 중 어느 쪽이 발현될까?

이에 대한 답을 얻기 위해 임금인상이 기업의 경영활동에 미치는 효과를 체계적으로 살펴보자. 기업이 생산활동을 통해 창출해낸 부가가치는 생산활동 과정에서 사용한 고정자본 소모분을 제하고 임금과 영업잉여로 분배된다. 임금은 피고용자의 노동에 대한

표 2-2. 소득주도성장 정책의 선순환 vs. 악순환 구조

선순환구조	최저임금 인상 → 가계소득 증가 → 소비 증가 → 기업매출/수익 증가 → 임금 상승
악순환구조	최저임금 인상 → 기업수익 악화 → 고용축소 → 가계소득 감소 → 소비감소 → 기업수익 악화

대가이고 영업잉여는 사업자가 기업을 경영한 대가다. 여기서 사업자라 함은 법인 기업이나 개인 자영업자를 의미한다.

피고용자에 대한 임금 지급이 늘어나면 당연히 사업자에게 분배되는 영업잉여의 몫이 줄어든다. 생산성이 높아 높은 부가가치를 창출하는 기업에서는 높은 임금이 지급되더라도 사업자에게 돌아갈 충분한 영업잉여 확보가 가능하지만 생산성이 낮아 부가가치 창출 능력이 떨어지는 기업에서는 임금 상승을 감당할 여력이 적을 수밖에 없다. 임금상승으로 사업자에게 분배될 몫이 더욱 줄어들게 되면 사업자는 결국 어느 순간에는 피고용자를 줄이는 전략을 택하게 된다.

따라서 임금인상에도 불구하고 악순환구조가 발현되지 않으려면 기업들이 임금인상에 따른 수익 악화에 고용축소로 대응하지 않고 버틸 수 있는 여력이 담보되어야 한다. 구체적으로 임금인상이라는 비용상승을 감내할 수 있을 정도의 충분한 부가가치 창출 여력이 있어야 한다. 즉 생산성이 높아야 한다. 특히 경제전체에 일률적으로 도입되는 최저임금 인상은 여력이 있는 기업이던 없는 기업이던 가리지 않고 무차별적으로 적용되므로 경제 내의 모든 기업들이 골고루 생산성이 높아야 한다. 평균적인 생산성이 높더라도 기업간의 생산성 격차가 크면 악순환고리의 영향권에 들어가는 기업들이 많아진다. 기업 산에 생산성 편차가 크지 않은 것이 좋다.

하지만 유감스럽게도 한국 기업의 현실은 그렇지 못하다. 기업들 간의 생산성 격차가 크고 그 결과 부가가치 창출 능력과 수익성 양극화가 심하다. 한쪽에 일부 초고수익 기업들이 있는 반면 반대편에는 경영활동을 해서 벌어들인 영업이익이 갚아야 할 이자보다도 적은 한계기업들이 상당하다. 외감기업의 20% 이상이 이자보상배율이 2년 연속 1 미만인 한계기업 군이다.[6] 이들이 이럴진대 여타 중소기업이나 자영업은 이들보다 더 열악하다는 점을 감안하면 생산성과 수익성 양극화 정도가 심각함을 알 수 있다.

산업 간 양극화도 심각하다. 서비스업의 생산성은 제조업 생산성의 절반 수준에 불과하다. 제조업과 서비스업 간 생산성 격차가 OECD 가입국가 중 세번째로 큰 나라다. 이는 서비스업종에 속한 기업과 제조업종에 속한 기업 간 생산성 격차가 크다는 것을 의미한다.

---

6 이자보상배율은 영업이익/이자비용으로 이자보상배율이 1보다 작다는 것은 벌어들인 영업이익이 갚아야 할 이자보다 적은 한계상황을 의미한다. 2018년기준 외감기업 중 이자보상배율이 2년 연속 1 미만인 기업이 20.4%, 3년 연속 1 미만인 기업도 14.2%에 달한다(한국은행(2019)).

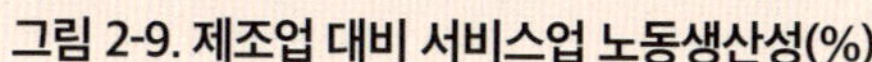

그림 2-9. 제조업 대비 서비스업 노동생산성(%)

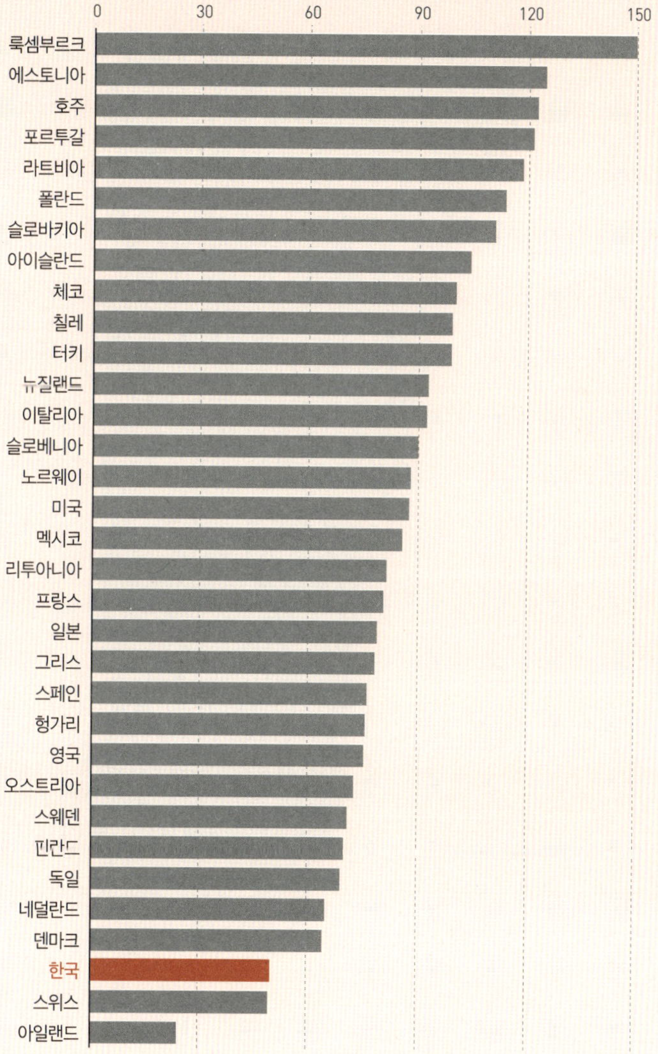

0 30 60 90 120 150

룩셈부르크
에스토니아
호주
포르투갈
라트비아
폴란드
슬로바키아
아이슬란드
체코
칠레
터키
뉴질랜드
이탈리아
슬로베니아
노르웨이
미국
멕시코
리투아니아
프랑스
일본
그리스
스페인
헝가리
영국
오스트리아
스웨덴
핀란드
독일
네덜란드
덴마크
한국
스위스
아일랜드

주: 명목부가가치 기준

자료원: OECD, OECD.Stat(2017년)

최저임금은 일반적으로 경제 전체에 일률적으로 적용되므로 최저임금 인상 역시 경제 내의 모든 부문에 무차별적으로 적용된다. 생산성이 높은 기업이나 생산성이 낮은 기업이나 차별적이지 않다. 임금인상 부담을 감당할 수 있는 능력이나 노동생산성 격차 등과 같은 요인과 상관없이 최저임금 인상은 경제 내의 전 부문에 걸쳐 동일한 임금인상 효과를 갖는다. 따라서 기업이나 산업 간에 생산성과 수익성 양극화가 심할수록 임금의 일률적이고도 급격한 상승은 앞서 언급한 악순환구조로 빠질 위험성을 더 높인다. 생산성과 수익성이 떨어지는 열악한 기업들은 무차별적이고 급격한 최저임금 인상에 대응해 고용축소를 통한 생존을 모색할 가능성이 높다. 그렇게 되면 가계소득이 감소하고 소비감소로 이어져 기업수익이 더욱 악화되고 고용을 더욱 줄이는 악순환구조가 발현되는 것이다.

한국 기업 및 산업의 현실은 급격한 임금상승을 감당하기에는 생산성과 수익성이 턱없이 떨어지는 허약한 기업들이 너무 많다. 이런 허약한 기업들은 특히 서비스산업에 많이 몰려 있다. 한국경제에서 서비스산업 생산성은 제조업 생산성의 절반에 불과하다. 다른 나라들에 비해 제조업과 서비스산업 간의 생산성 격차가 유독 크다. 서비스산업 중에서도 특히 소매업, 음식숙박업, 운수업, 기타개인서비스업 등의 생산성은 더욱 낮다. 이들 업종에서 최저임금 인상을 정책수단으로 하는 소득주도성장 정책이 시행될 경우 악순환구조를 발현시킬 가능성이 아주 높다.

그림 2-10. 산업별 부가가치 노동생산성 수준(전산업=100)

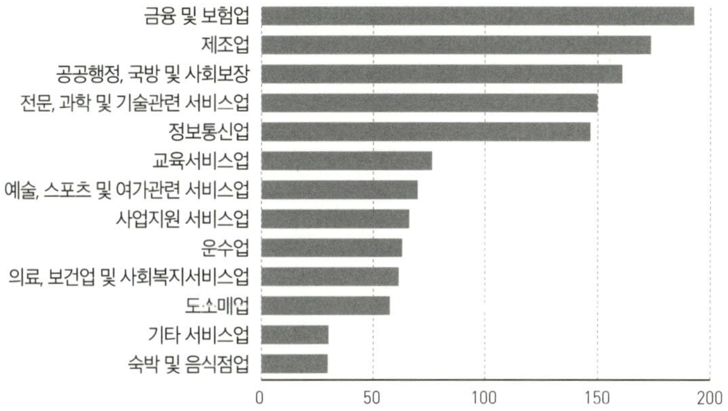

금융 및 보험업
제조업
공공행정, 국방 및 사회보장
전문, 과학 및 기술관련 서비스업
정보통신업
교육서비스업
예술, 스포츠 및 여가관련 서비스업
사업지원 서비스업
운수업
의료, 보건업 및 사회복지서비스업
도소매업
기타 서비스업
숙박 및 음식점업
0 50 100 150 200

자료원: 한국은행, 국민계정; 통계청, 경제활동인구조사 (2018년)

그런데 이들 생산성이 낮은 취약업종에 자영업 종사자들이 집중적으로 몰려 있다는 것이 문제다. 자영업 부문에 종사하는 사람들은 자영업자와 무급가족종사자 그리고 자영업자에 고용된 임금노동자들로 구성된다. 자영업자는 다시 고용원을 둔 자영업자와 1인 자영업자로 대별된다. 앞서 살펴본 바와 같이 생산성 증가 없는 임금상승은 고용원을 둔 자영업자와 이들이 고용하고 있는 임금노동자 모두에게 직접적인 피해를 준다. 이들 뿐 아니라 1인 자영업자와 이들을 돕는 무급가족종사자들도 피해에서 자유롭지 못하다. 경제전체에 일률적으로 적용되는 최저임금 인상은 불가피하게

1인 자영업자에게도 생산비용 상승을 유발한다. 직접 임금노동자를 고용하는 것은 아니지만 최저임금 인상이 전이되어 원재료 가격 등 생산과정에 들어가는 비용이 상승하기 때문이다. 특히 자영업의 생산활동이 최저임금의 영향을 많이 받는 부문과의 연계성이 높을수록 비용 상승 효과는 커진다.

물론 생산비용 상승이 있으면 이를 가격에 전가하면 된다. 하지만 과잉경쟁에 시달리고 있는 자영업 시장의 상황을 감안하면 가격 전가는 쉽지 않다. 생산성 증가가 동반되지 않는 경제 전체에 일률적으로 적용되는 임금상승은 반드시 임금노동시장 탈락자들을 낳는다. 임금노동시장에서 탈락한 사람들은 잠재적 자영업자에 다름 아니다. 이들이 자영업 시장에 유입되면 그렇지 않아도 과잉경쟁 상태인 자영업 시장은 더욱 경쟁이 치열해진다. 과잉경쟁이 더욱 심해지는 상황에서 생산비용이 상승했다고 이를 온전히 가격 인상으로 반영할 수는 없다. 결국 임금상승에 따른 비용상승의 일정부분을 자영업자가 떠 안아야 하는 것이다.

자영업 부문에 종사하는 사람들은 누구도 최저임금 인상의 충격에서 자유로울 수 없다. 이렇게 충격의 영향권에 있는 자영업 관련 종사자들이 1,000만 명을 넘는다. 전체 취업자의 40%에 달하는 규모다. 한국경제 내에 존재하는 기업이나 산업의 생산성 양극화가 심한 구조적 취약성을 감안할 때 유감스럽게도 최저임금 인상은 선순환보다는 악순환의 고리를 형성할 가능성이 높다. 그리고

악순환의 고리에서 가장 고통을 받는 사람들이 자영업 부문 종사자들이다

정리하면 소득주도성장론은 진단은 옳았으나 처방전이 잘못됐다. 소득주도성장론의 기여는 역설적으로 자영업의 열악한 상황을 경제 전면에 부각시키는 역할을 했다는 것이다. 자영업 비중이 전세계적으로 가장 높은 경제구조를 가진 나라에서 자영업 부문을 고려하지 않은 임금인상을 정책수단으로 하는 소득주도성장 정책의 성공은 불가능해 보인다. 그렇다면 소득주도성장론의 올바른 처방전은 무엇일까? 이에 대해서는 4, 5, 6장에서 다루도록 한다.

서민물가가 자영업을 두 번 울렸다.

자장면, 치킨, 택시, 이미용, 세탁소, 편의점 등등. 이들의 공통점은 한국에 사는 사람이라면 일상적으로 소비하는 상품이나 서비스들이라는 점이다. 국민 대다수가 일상적으로 소비하는 것이기 때문에 정부 입장에서는 이들 품목의 가격이 안정되기를 바란다. 이들의 가격이 조금이라도 오를라 치면 불편한 심기를 내보이며 민감하게 반응한다. 여기에 자장면 가격이나 택시가격 인상을 부당한 것인 양 부정적으로 보도하는 언론의 부화뇌동이 곁들여지면 가격인상은 없던 일이 되거나 최소한의 인상에 그치곤 한다. 정

부는 이들 품목의 가격동향을 생활물가 또는 서민물가라는 이름을 붙여 특별히 관리한다. 물론 관리의 목적은 가격이 오르지 않도록 하는 것이고 관리의 명분은 국민 모두의 일상적 소비품목이기 때문에 가격이 오르면 국민 전체의 생활부담이 늘어난다는 것이다.

그런데 여기에 문제가 있다. 이들 품목의 또 다른 공통점은 주로 자영업자들이 생산 공급하는 상품이나 서비스들이라는 것이다. 자영업자 입장에서는 이들 가격이 오르는 것이 좋다. 오르지 않으면 자영업자의 소득이 늘어나기 어렵다. 한정된 내수시장의 크기를 감안할 때 가격 상승 없이 물건을 더 팔아 매출을 늘리는 것은 한계가 있다. 그래서 생활물가를 관리한다는 것은 전체 국민의 생활부담이 늘어나지 않도록 하기 위해 자영업자가 희생되어야 한다는 것에 다름 아니다. 자영업자의 소득수준은 한국의 평균소득 수준을 밑돈다. 2018년 기준으로 임금노동자가구가 벌어들이는 임금소득 대비 자영업자인 비임금노동자가구가 벌어들이는 사업소득은 75.8%에 불과하다. 평균소득을 웃도는 임금노동자의 생활안정을 위해 평균소득을 밑도는 자영업자의 희생을 요구하는 논리다. 아무래도 이치에 맞지 않는다.[7]

자영업자가 공급하는 품목의 가격이 올라 생활물가가 오르면

---

7 소득수준이 낮을수록 한계소비성향이 높은 경향이 있다는 점을 감안하면 소득주도성장론의 핵심인 소비진작을 위해서도 소득수준이 상대적으로 낮은 자영업자의 소득을 늘리는 정책이 더 바람직하다.

임금노동자가 상대적으로 손해를 보게 된다. 하지만 임금노동자의 소득은 자영업자의 소득보다 평균적으로 높다. 자영업자는 서민계층이 다수다. 자영업에 딸려 있는 무급가족종사자나 자영업에 고용되어 있는 임금노동자도 서민이 많다. 정책적으로 누군가를 배려해야 한다면 상대적으로 소득수준이 높은 임금노동자 보다는 상황이 열악한 자영업자를 배려하는 것이 더 이치에 맞는다.

생활물가 안정을 명분으로 자영업자가 주로 공급하는 품목들의 가격을 통제하려는 것은 수출주도형 경제에서 국내물가 안정을 기반으로 한 저가격을 수출경쟁력의 원천으로 삼아온 지난 수십 년 간의 성장정책 아래서 형성된 관성적인 사고에 기반한다. 생활물가가 오르면 수출경쟁력의 원천인 저가격을 유지할 수 없을 것이라는 것이다. 여기에 자영업자의 어려움은 고려 대상이 아니었다.

하지만 지금의 한국경제 수출구조는 과거와는 다르다. 가격경쟁력 이상으로 품질경쟁력이 더 중요한 구조다. 물론 가격경쟁력이 여전히 중요한 요소이기는 하지만 과거에 중요했던 것만큼 중요하지는 않다. 그에 비해 앞서 살펴본 바와 같이 성장동력으로서 내수시장의 침체는 심각하다. 그래서 내수시장 침체의 해소를 위한 임금상승이 그로 인한 수출 가격경쟁력 약화에도 불구하고 소득주도성장론의 핵심 정책수단으로 채택된 것이다.

하지만 소득주도성장론이 임금상승을 유도하기 위한 처방으로 최저임금을 급격히 올리는 정책은 순서가 잘못됐다. 한쪽에서는 자영업자가 생산하는 품목의 가격 상승을 억제하고 다른 한쪽에서는 최저임금의 급격한 인상으로 자영업자의 생산비용을 높였으니 자영업을 두 번 울리는 꼴이 된 것이다.

경제 내의 바람직한 임금상승의 모습은 직접적인 최저임금의 급격한 인상이 아니라 자영업이 생산하는 재화와 서비스 품목을 중심으로 가격이 오르고 그 과정에서 시장 임금이 자연스럽게 오르도록 하는 과정을 만들어 내는 것이다. 그렇게 되면 자영업자들도 소득이 올라 좋고 경제 전체의 임금상승으로 내수시장 활성화도 도모할 수 있게 된다. 정책당국자 입장에서는 생활물가 상승을 초래하는 자영업 생산 품목들의 가격 상승을 용납할 수 없는 관성을 버리기 어렵겠지만 이제 그런 관성적 사고를 바꾸어야 한다. 오히려 이들 품목의 가격 상승을 긍정적으로 바라볼 수 있어야 한다. 특히 한국경제의 성장률과 물가상승률이 급격히 낮아져 일본형 디플레이션 경제화가 우려되고 있는 상황에서 인플레이션은 오히려 바람직한 측면이 있다는 점도 정책적으로 염두에 두는 것이 좋다.

표 2-3. 한국경제 성장률 및 소비자물가상승률 추이(%)

	'91~'00	'01~'10	'11~'19	'19
경제성장률	7.1	4.7	2.9	2.0
소비자물가상승률	5.1	3.2	1.6	0.4

자료원: 한국은행, 국민계정; 통계청, 소비자물가지수

자영업자의 실질소득이 오르려면 자영업자가 생산 공급하는 상품의 절대가격 뿐만 아니라 상대가격이 올라야 한다. 즉 자영업이 공급하는 상품들의 가격상승률이 경제 전체의 물가상승률보다 높아야 한다. 사실 자영업자들이 주로 공급하는 재화나 서비스 가격의 상승률이 경제 전체의 물가상승률을 상회한다는 것이 새삼스러운 것은 아니다. 실제로 자영업 관련 상품과 서비스의 상대가격은 올라왔다. 그럼에도 불구하고 자영업 부문의 소득이 임금노동자의 소득과 계속 격차가 벌어진 것은 자영업 관련 상품과 서비스의 물가상승 폭이 충분하지 못했다는 것을 의미한다.

자영업은 거의 대부분 내수업종이다. 임금노동자들이 상대적으로 많이 종사하는 수출업종과 비교해 보자. 수출중심 경제인 한국에서 해외시장을 판매처로 하는 제품은 제품경쟁력만 있으면 수요에 제약을 받지 않고 해외시장을 상대로 판매량을 늘릴 수 있다. 적어도 이론적으로는 판매가능 수량에 한계가 없을 정도다. 하지만 내수시장을 판매처로 자영업자가 공급하는 재화나 서비스는 수요가 늘어나는데 근본적으로 한계가 있다. 특히 한국과 같이 내수시장이 크지 않은 개방경제의 경우 수출상품과 내수상품 간의 잠재적 시장수요 격차는 더욱 극명하다. 이런 이유로 수출중심의 경제성장이 이루어지는 과정에서 수출과 직간접으로 관련된 부문과 오로지 내수에만 의존하는 자영업 부문 간의 소득격차가 불가피하게 발생하는 환경이 조성된다. 이러한 물량에 기초한 소득격차 확대를 줄여줄 수 있는 것이 자영업 부문 생산물의 상대가격 상승이다. 경제전체의 물가상승률보다 자영업 부문에서 공급되는 생산물의 물가상승률이 더 높게 유지되면 물량부문에서 발생한 소득격차가 완화될 수 있는 것이다.

[표 2-4]에서 보는 바와 같이 실제로 주요 자영업 생산물의 가격상승률은 전체 물가상승률을 상회해 상대가격이 상승하는 경향을 보여왔다. 하지만 자영업 생산물의 상대가격 상승률이 임금노동자와의 소득격차를 해소할 만큼 높지 못했고 그 결과는 자영업자와 임금노동자 간의 지속적인 소득격차 확대로 나타났다. 자영업 부문의 상대소득 감소 현상이 완화 또는 해소되기 위해서는 자영업에서 공급하는 재화와 서비스의 상대가격이 지금까지의 추세보다 더 크게 오를 수 있어야 한다.

앞서 1장에서 제시했던 택시업계의 사례는 이런 상황을 극명하게 보여주는 대표적인 경우다. 1995년 이후 20년 동안 택시요금

표 2-4. 자영업 관련 주요 품목 소비자물가 상승률(%)

항목 / 기간	전체	서비스업				
			음식서비스	교통	교육	외식제외 개인서비스
1991-2018	157.5	176.7	190.2	224.3	290.5	247.6
2001-2018	56.9	55.7	61.0	46.4	77.3	70.4
2011-2018	14.7	15.9	20.3	3.4	12.3	18.5

자료원: 통계청, 소비자물가지수

은 2.4배 올랐다. 같은 기간 경제전체의 소비자물가가 1.8배 올랐으니 택시요금 상승률이 전체 물가상승률 보다 높았다. 하지만 같은 기간 택시당 이용객은 절반 가까이 줄어들었다. 그래서 택시운전자의 수입은 같은 기간 1.4배 증가하는데 그쳤다. 반면 같은 기간 국민 전체의 1인당 총처분가능소득은 2.9배나 증가했다. 결국 택시운전자의 소득증가율은 국민 평균의 절반 수준에 그쳐 절대소득은 늘었으나 상대소득은 크게 떨어졌다.

택시업계의 사례는 수요가 줄어든 이례적 사례이기는 하지만 자영업 부문의 상대소득이 줄어드는 상황을 명료하게 보여준다. 다른 자영업 부문도 정도의 차이는 있지만 소득격차 확대로 상대소득이 감소하는 상황은 대동소이하다. 자영업자들이 생산하는 상품과 서비스 가격은 더 올라야 한다.

자영업은 왕따(!)였다

소득양극화 완화와 내수시장 침체 탈출의 전제조건으로 자영업 소득 증가가 필요하고 이를 위해서는 자영업 관련 상품과 서비스 가격 상승이 필요하다. 자영업 상품의 상대가격이 추세적으로 오르기는 했지만 임금노동자와의 소득격차를 해소할 정도는 되지 못했다. 자영업 상품의 상대가격이 소득격차가 확대되지 않을 정도로 충분히 오르지 못한데는 다양한 이유가 존재할 것이다. 자영업 내부에서 이유를 찾자면 상품과 서비스의 질적 개선이 부족하다는 점을 들 수 있다. 아무리 자영업 상품 가격 상승이 경제적 사회적으로 바람직한 방향이라 할지라도 시장가격이 그렇게 형성되지 않으면 도리가 없는 일이다. 가격을 올려 받는 것이 무작정 가능한 일은 아니다. 소비자로부터 그만한 가치가 있다는 평가를 받을 때 가능한 일이며 또 그래야 가격상승이 정당화될 수 있다. 소비가치의 증가 없이 가격만 오르게 되면 소비자들이 소비량을 줄이는 것으로 대응해 오히려 소득감소를 초래할 수도 있다. 결국 자영업 생산물의 상대가격이 오르기 위해서는 자영업에서 생산되는 재화와 서비스의 질을 높여 가격이 높아져도 소비매력을 잃지 않을 수 있어야 한다.

자영업 생산물의 상대가격이 자영업자의 상대소득 감소현상을 해소시킬 수 있을 정도로 올라도 소비매력이 유지되려면 생산물의 질적 개선이 획기적이어야 한다. 그리고 질적 개선이 획기적이기 위해서는 자영업의 생산활동에 지금까지 와는 차원이 다른 혁신적인 변화가 있어야 한다. 그런 점에서 자영업 내부에서 스스로 상품과 서비스의 질을 개선하기 위한 노력이 필요하다. 자영업 내부에서도 질적 생산성 향상을 위한 혁신의 과정이 필요하다. 자영업의 혁신과 관련해서는 6장과 7장에서 자세히 다루도록 한다.

하지만 자영업 관련 상품과 서비스 가격이 충분히 오르지 못한

보다 근원적인 이유는 역시 자영업 외부에서 찾아야 한다. 자영업 관련 상품가격 상승이 충분히 이루어지지 않는 가장 큰 이유는 자영업인구 과잉과 그로 인한 경쟁 과잉에 있다. 그런데 이러한 과잉 현상의 근원을 찾아가 보면 '87년 체제'의 등장으로 거슬러 올라간다. '87년 체제'의 등장 이후 경제 내의 노동시장 제도는 정규직 임금노동자 위주로 재편되었다. 노동시장의 경직화, 비정규직의 양산, 무리한 최저임금 인상 등은 모두 정규직 임금노동자를 위해 도입한 제도들의 결과였다. 그리고 정규직 임금노동자를 위한 이들 제도는 자영업에 큰 피해를 안겨 주었다. 노동시장 제도가 정규직 임금노동자의 입장에서 짜여졌고 그것은 결국 자영업자에게 피해를 주는 부메랑이 되어 돌아왔다.

자영업자의 소득이 오르려면 상품을 많이 팔거나 비싸게 받아야 하는데 두 가지 모두 정책환경이 자영업자에게 우호적이지 않았다. 노동시장 제도나 최저임금 제도, 생활물가 통제 등 자영업자의 이해관계와 밀접하게 관련이 있는 제도들이 도입되는 것이라면 상식적으로 자영업 업계의 의견이 반영되는 것이 당연하다. 하지만 이런 제도들이 도입되는 과정에 자영업의 의견은 반영되지 않았다. 아니 의견이 반영되지 않은 것이 아니라 의견을 제시할 기회조차 주어지지 않았다고 하는 것이 더 정확한 표현이다. 자영업은 '87년 체제'에서 과잉경쟁이 잉태되었고 '서민물가'에 발목 잡혀 경제성장의 과실을 제대로 분배받지 못했으며 '최저임금' 급등에 결정타를 맞으며 빈사상태에 빠지고 말았다.

어떻게 이런 일이 벌어질 수 있을까? 자영업 관련 종사자가 1,000만 명을 넘는데 이렇게 커다란 집단의 이해관계가 어떻게 배제될 수 있을까? 자영업 관련 노동자보다 좀 더 많은 1,300만 정규직 임금노동자의 막강한 영향력과 비교하면 차이가 너무나도 커서 상식적으로는 이해하기 어렵다.

그 이유는 자영업을 지원하는 세력이 없었기 때문이다. 노동시장 관련 제도의 형성 과정은 정규직 임금노동자 중심으로 이루어져 왔는데 그 이유는 노동조합의 존재에서 찾을 수 있다. 노동조합이라는 막강한 세력이 정규직 임금노동자의 이해관계를 대변하다

그림 2-11. 자영업에 결정적 타격을 준 정책환경들

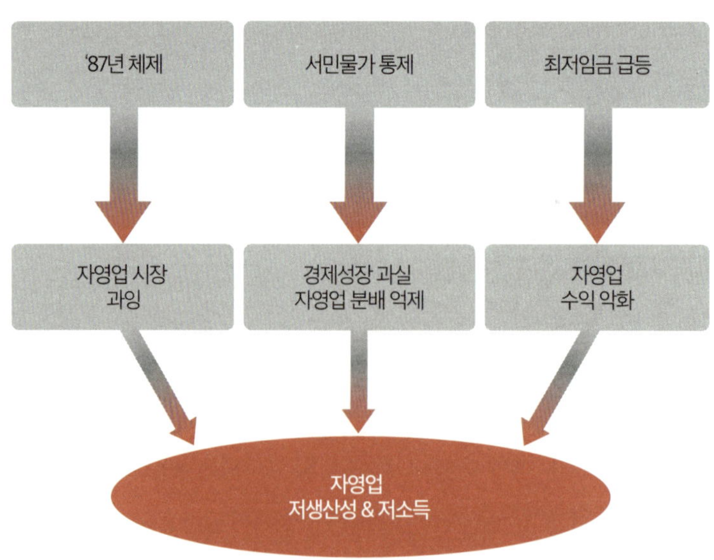

보니 노동시장 제도는 정규직 임금노동자 이해관계를 중심으로 짜여질 수밖에 없었다. 자본의 힘을 가진 경영자와 노동조합의 세력을 가진 정규직 임금노동자 사이에 자영업자가 끼어들 여지는 없었다. 자영업은 말 그대로 스스로 홀로 경영하는 업이다. 홀로 있는 독립적인 존재이다 보니 세력을 형성한다는 것이 원천적으로 한계가 있을 수밖에 없다.

이치대로 라면 정부나 정치권이 자영업자의 이런 입장을 반영해 자영업계의 대변자 역할을 하는 것이 마땅했지만 그 어느 정부도 그렇게 하지 않았다. 그 이유 역시 정치적이다. 자본의 힘을 가진 기업이나 노동조합의 세력을 가진 임금노동자들은 정치적으로 중요한 영향력을 가진 존재인 반면 자영업자는 세력화되지 않은 정치적으로 중요성이 떨어지는 존재였기 때문이다. 자영업은 관련 종사자가 1,000만 명을 넘는 거대 부문임에도 불구하고 그에 상응하는 정치적 대접을 받지 못해 왔다. 그 동안 자영업은 제도적으로 뿐만 아니라 정치적으로도 왕따였던 것이다.

3장

자영업이 살아야 한국경제가 산다

- 자영업은 한국경제 양극화의 진원지이자 저생산성의 발원지다. 자영업이 한국경제의 아킬레스건이다.

- 한국경제 분배구조 개선정책의 최우선 타깃은 임금노동자가 아니라 자영업자가 되어야 한다. 자영업이 살아야 소득양극화 문제가 해결된다.

- 소득주도성장정책의 해법은 순서가 중요하다. 임금노동자의 임금수준을 올리는 데서 시작하는 것이 아니라 자영업 부문의 생산성을 올리는 데서 시작하는 것이 올바른 순서다.

- 자영업은 경제의 풀뿌리일 뿐만 아니라 정치·사회의 풀뿌리이기도 하다. 자영업의 성장은 경제의 성숙을 위해서만 필요한 것이 아니라 정치·사회의 성숙을 위해서도 중요하다.

한국경제에 대한 걱정의 목소리가 사방에서 들린다. 한쪽에서는 저성장을 걱정하고 다른 한쪽에서는 분배를 걱정한다. 둘 다 한국경제의 아픈 부분들이다. 어느 시절이고 성장을 걱정하지 않은 때가 없었고 분배 문제에 대한 염려가 없었던 적이 없었다. 하지만 2020년 즈음 한국경제에 대한 걱정은 이전과는 다른 심각성을 안고 있다. 과거 경제에 대한 걱정이 기본적으로 성장이냐 분배냐를 사이에 두고 이루어진 것이라면 지금의 한국경제는 성장도 분배도 모두 빨간 불이 켜진 상황이기 때문이다. 이제 성장을 통한 분배냐 분배를 통한 성장이냐의 진영 간 논리싸움 모두 공허하게 들리기는 마찬가지다.

2장에서 살펴본 바와 같이 수 십년 간의 성장논리와 분배논리에 쓸려 다니며 자영업은 왕따 신세를 면하지 못했다. 그리고 그 결과로 자영업은 진영 간 싸움의 가장 큰 피해자가 된 동시에 한국경제의 가장 취약한 아킬레스건이 되었다. 하지만 현재의 아킬레스건이 장래의 희망이 될 수도 있다. 지금 자영업이 한국경제의 아킬레스건이지만 이는 역설적이게도 시들어가는 한국경제를 되살릴 수 있는 기회를 자영업에서 찾을 수 있다는 것을 의미하는 것이기도 하다. 자영업이 저생산성의 굴레에서 벗어날 수만 있다면 그 과정에서 한국경제에 성장 회복과 분배구조 개선의 두 가지 선물을 모두 가져다 줄 수 있기 때문이다.

자영업이 소득양극화의 진원지

경제 내의 노동자는 임금노동자와 자영업자 중심의 비임금노동자로 대별된다. 지금까지 수 십년 동안 분배구조 개선 정책의 핵심은 일관되게 임금노동자에 맞추어져 왔었다. 노동자의 임금상승을 통한 소득증가가 소득양극화를 완화시켜 분배구조를 개선한다는 논리에 누구도 이의를 달지 않았다. 이러한 논리가 아무런 의심없이 받아들여진 데는 노동조합의 정치적 영향력이나 자본가의 노동착취에 대한 반감 등 여러 요인들의 영향도 있겠으나 무엇보다

임금인상은 바로 소득증가로 이어진다는 논리적 단순함과 명쾌함이 작용했을 것이다.

하지만 명쾌한 논리는 이제 더 이상 명쾌하지 않다. 노동자에는 임금노동자만 있는 것이 아니라 비임금노동자도 있기 때문이다. 앞서 2장에서 살펴보았 듯이 임금노동자의 임금상승이 비임금노동자의 소득 감소를 초래할 수 있음을 지난 몇 년간의 급격한 최저임금 인상 실험에서 명확하게 경험하였다.

비임금노동자의 희생을 바탕으로 한 임금노동자의 소득증가는 분배구조 개선 정책으로서 정당성을 확보할 수 없다. 그 이유는 명확하다. 임금노동자보다 비임금노동자의 소득이 더 낮기 때문이다. 임금노동자 가구와 비임금노동자 가구의 소득을 비교해 보자. 비임금노동자의 주소득원은 사업소득이고 임금노동자의 주소득원은 임금소득이다. 그런데 비임금노동자 가구가 사업을 해서 벌어들인 사업소득은 임금노동자 가구가 벌어들인 임금소득의 76% 수준에 불과하다. 임금노동자 중에서도 임시·일용노동자를 제외한 상용노동자의 임금소득과 비교하면 66% 수준에 불과해 차이가 더 벌어진다. 비임금노동자가구와 임금노동자가구의 주소득원 간에 차이가 크게 나는 것이다. 비임금노동자 가구의 사업소득이 이렇게 적다 보니 비임금노동자 가구는 가구원이 부수적으로 일을 해 임금을 벌어들여 소득을 보충한다. 하지만 그렇게 보충한 소득도 상용노동자 가구 소득의 80% 수준에 불과하다. 낮은 소득수준을 보전하기 위한 정부 등으로부터의 보조금 등 이전소득까지 포함하더라도 비임금노동자 가구의 소득은 임금노동자 가구 소득을 따라가지 못한다.

더 심각한 문제는 비임금노동자와 임금노동자 간 소득격차가 시간이 갈수록 확대되고 있다는 것이다. 임금노동자가구 임금소득 대비 비임금노동자가구 사업소득 비율은 2013년 88%에서 2018년에는 76%로 크게 하락했다. 비임금노동자가구의 상대적 소득감소 현상은 임금노동자가구의 임금소득은 빠르게 상승하고 있는 반면 비임금노동자가구의 사업소득은 상승속도가 더디기 때문이다. 임금노동자가구의 임금소득은 2013년 4,500만원 수준에서 2018년에

그림 3-1. 비임금노동자가구 사업소득 및 임금노동자가구 임금소득 추이

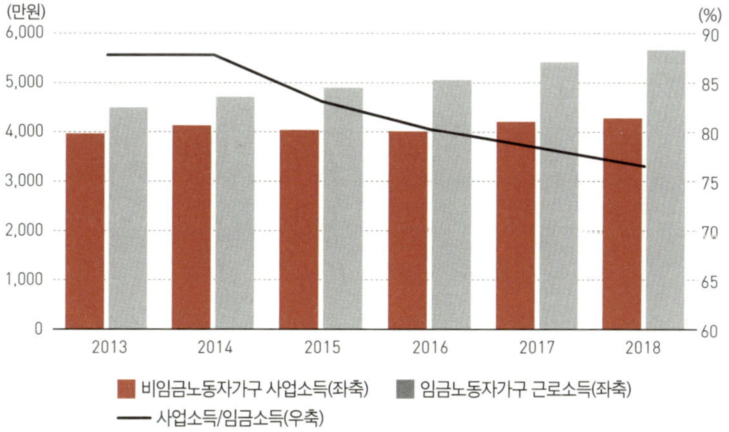

자료원: 통계청, 가계금융복지조사; MDIS

는 5,661만원 수준으로 26% 오른 반면 비임금노동자가구의 사업소득은 같은 기간 3,968만원에서 4,290만원으로 8% 오르는데 그쳤다.

소득양극화 완화를 위해서는 소득수준이 상대적으로 낮은 비임금노동자의 소득증가 속도가 임금노동자의 소득증가 속도보다 더 빨라야 한다. 특히 비임금노동자가 저소득층을 두텁게 형성하고 있는 상황에서 이들 계층의 소득개선이 소득양극화 완화의 필수조건이다. 하지만 현실로 나타난 것은 정반대였다. 비임금노동자가구의 소득은 정체 또는 더디게 증가하고 있는 반면 임금노동자가구의 소득은 빠르게 증가해 왔다. 오히려 소득양극화를 확대시키는 쪽으로 움직인 것이다. 이런 상황에서 최저임금의 급등으로 인한 전반적 임금수준의 상승은 임금노동자의 소득을 더욱 빠르게 증가시킴으로써 결과적으로 소득양극화 현상을 더욱 심화시키는 결과를 초래한다.

경제 내의 분배구조 개선 정책의 최우선 타겟은 임금노동자가 아니라 자영업자를 비롯한 비임금노동자가 되어야 한다. 특히 비임금노동자와 자영업 관련 종사자가 경제에서 차지하는 비중이 상당하다는 점에서 이들의 소득 개선은 더욱 중요하다. 앞서 살펴보았듯이 자영업자 및 가족종사자와 자영업에 고용되어 있는 임금노동자를 포함해 줄잡아 1,000만 명 이상이 자영업에 종사하고 있다. 전체 취업자의 40%에 달하는 규모다. 전체 취업자 10명 중 4명은 자영업에 종사하고 있는 것이다.

분배구조 개선 정책의 핵심 대상으로 인식돼 왔던 임금노동자 수는 2019년 8월 현재 2,055만 명이다. 이들 중 자영업에 종사하는 임금노동자를 제외하고 나면 경제 내에서 차지하는 비중을 정책 타겟의 우선순위로 삼는다 하더라도 임금노동자와 자영업자 어느 쪽이 더 중요하다고 경중을 가릴 수 없다.

더욱이 임금노동자 중에서도 600만 명에 달하는 임시노동자와 일용노동자의 존재는 임금노동자 임금상승의 분배구조 개선 효과를 희석시킨다는 점을 간과해서는 안된다. 외부적 압력에 의한 임금상승은 종사상 지위가 안정돼 있지 않은 이들 임시노동자와 일용노동자들에게는 실직의 위험으로 다가올 수 있기 때문이다. 그렇게 본다면 임금상승이 확실히 소득증가로 연결되는 계층은 1,300만 정규직 임금노동자에게 국한된다. 이들의 소득수준이 상대적으로 높다는 점을 감안하면 임금상승을 동력으로 한 소득양극화 해소 정책은 오히려 소득양극화를 확대하는 결과를 낳을 수 있다.

지금까지 살펴본 대로 소득 수준이나 정책 효과 등을 종합적으로 고려할 때 임금노동자의 소득증가보다 비임금노동자의 소득증가가 소득양극화 해소를 위한 정책 타겟의 우선순위가 되어야 한다. 저소득층이 몰려 있는 부문의 소득증가 노력이 소득양극화 완화를 위한 정책에서 우선되는 것이 합리적이고 설득력이 있다. 특히 한국경제의 높은 자영업 비중을 염두에 둔 정책설계도 필요하다. 한국과 같이 자영업 비중이 높은 나라에서는 임금노동자를 위한 최저임금 인상의 부정적 효과가 다른 나라들에 비해 더 크게 나타날 수 있음을 인식해야 한다.

한국경제가 풀어야 할 큰 숙제 중의 하나가 소득양극화의 완화라고 한다면 그 해법에 자영업이라는 요소를 무시해서는 안되며 오히려 분배구조 개선 정책의 핵심요소로 삼아야 한다. 한국경제에서 분배구조 개선 정책의 최우선 타겟은 이제 임금노동자가 아니라 자영업자가 되어야 한다. 자영업이 살아야 한국경제의 소득양극화 문제가 해결된다.

자영업이 한국경제 저생산성의 진원지

자영업의 소득수준은 심각하게 낮다. 낮은 소득수준의 원인은 낮은 생산성에 있다. 전체 자영업자의 80% 이상이 종사하고 있는 서비스업의 생산성을 보면 심각성을 알 수 있다. 한국 서비스업 생산성은 미국 서비스업 생산성의 40%, 일본 서비스업 생산성의 66% 수준에 불과하다. OECD 가입국 중에서 통계비교가 가능한 33개국 평균 서비스업 생산성의 74%로 OECD 평균 수준에도 크게 미달한다.

서비스업의 생산성이 낮은 것도 문제지만 제조업과의 생산성

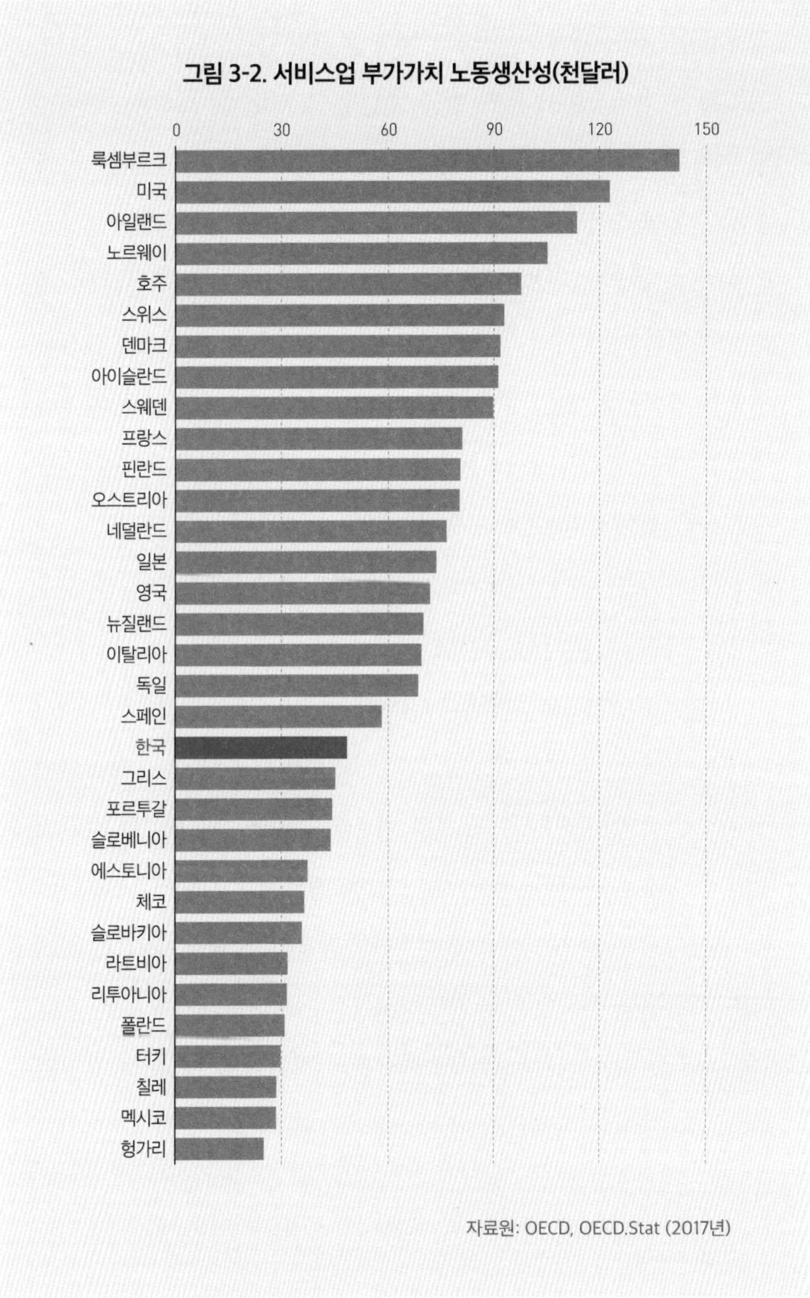

그림 3-2. 서비스업 부가가치 노동생산성(천달러)
0
30
60
90
120
150
룩셈부르크
미국
아일랜드
노르웨이
호주
스위스
덴마크
아이슬란드
스웨덴
프랑스
핀란드
오스트리아
네덜란드
일본
영국
뉴질랜드
이탈리아
독일
스페인
한국
그리스
포르투갈
슬로베니아
에스토니아
체코
슬로바키아
라트비아
리투아니아
폴란드
터키
칠레
멕시코
헝가리
자료원: OECD, OECD.Stat (2017년)

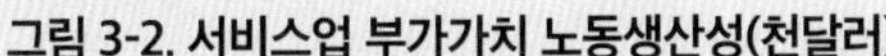

격차가 큰 것도 문제다. 한국의 제조업 생산성은 상대적으로 높다. OECD 33개국 중 12위로 평균 수준을 상회한다. 스위스, 덴마크 등 유럽의 소국들을 제외하면 인구가 일정규모 이상이 되는 국가 중에서는 제조업 노동생산성이 최상위권이다.[1] 제조업의 생산성은 이렇게 높은데 비해 서비스업 생산성은 하위권을 맴돈다. 이처럼 제조업과 서비스업 간 생산성 격차가 커서 서비스업 생산성은 제조업 생산성의 절반 수준에 불과하다. OECD 33개국 중 제조업 생산성 대비 서비스업 생산성 비율이 31위로 거의 꼴지 수준이다. 서비스업 생산성의 절대 수준이 낮은 것은 경제 전체의 저생산성을 야기한다는 점에서 문제고 제조업과의 생산성 격차가 큰 것은 소득양극화를 초래해서 문제다.

특히 1장에서 다룬 자영업 종사자 비중이 높은 도소매업, 음식숙박업, 운수업, 교육서비스업, 기타개인서비스업의 경우 저생산성 상황은 더욱 심각하다. 이들 5대 업종의 생산성은 OECD 평균의 절반 수준에 불과하다. 교육서비스업을 제외하고는 OECD 가입국 중 생산성이 최하위권을 맴돈다. 한국경제의 생산성이 낮은 것은 서비스업 생산성이 낮은데 기인하고 서비스업 생산성이 낮은 것은 5대 서비스산업의 생산성이 크게 낮은데 원인이 있다. 이는 자영업 부문의 생산성이 극히 낮은 것이 한국경제 저생산성의 핵심 원인

1 통계비교가 가능한 2017년 기준으로 한국 제조업의 부가가치 노동생산성은 영국이나 일본보다도 높다(OECD.Stat).

이라는 것을 의미하는 것이기도 하다. 5대 자영업종 부문의 생산성이 OECD 국가들의 평균 수준으로 향상되면 OECD 평균의 80% 수준에 머물러 있는 한국경제의 생산성이 OECD 평균의 90% 이상으로 10%포인트 넘게 개선되는 효과가 있다.

표 3-1. OECD 대비 자영업 관련 5대 서비스업의 생산성 및 순위

	전산업	제조업	서비스업					
				도소매업	운수업	음식숙박업	교육서비스업	기타서비스업
OECD평균대비(%)	80.2	108.1	74.8	56.0	53.8	48.8	89.9	44.1
OECD 순위	20위	12위	20위	26위	27위	29위	18위	29위

주: OECD 가입국가 중 통계비교 가능한 32개국 기준

자료원: OECD, OECD.Stat

자영업 부문의 낮은 생산성이 한국경제에서 의미하는 것은 무엇일까? 자영업 부문이 한국경제에서 차지하는 비중은 상당하다. 자영업 및 무급가족종사자는 전체 취업자의 25%에 달하고 관련 임금노동자까지 포함하면 40%에 달한다. 전체 취업자의 1/3이 넘는 부문에서 생산성이 크게 낮다는 것은 곧 경제 전체의 생산성이 낮다는 것을 의미하는 것이다.

자영업이 살아야 한국경제가 산다

앞서 2장에서 논의한 소득주도성장론을 다시 한번 정리해 보자. 소득주도성장론은 한국경제 침체의 주요인이 성장의 핵심 축인 민간소비 활동이 장기간에 걸쳐 부진했기 때문이라고 지적한다. 그리고 민간소비 활동의 장기부진 원인을 가계부문의 소득성장이 제대로 이루어지지 못한데서 찾는다. 여기까지의 진단은 옳았다. 그런데 가계소득 성장의 해법으로 소득주도성장론은 최저임금의 급격한 인상을 들고 나왔다. 가계소득 성장이 제대로 이루어지지 못한 것이 낮은 임금수준 때문이라고 본 것이다. 하지만 임금상승은 한정된 임금노동자의 소득은 높여주지만 자영업 관련 노동자 등 비임금노동자의 소득은 올려주지 못한다. 아니 현실에서는 오히려 자영업 관련 노동자의 소득을 떨어뜨리는 효과가 나타난다. 상대적으로 소득수준이 높은 임금노동자의 소득은 오르지만 상대적으로 소득수준이 낮은 자영업 노동자의 소득은 오히려 떨어져 소득양극화를 초래한다. 결론적으로 한국과 같이 비임금노동자인 자영업자 비중이 높은 나라에서는 임금인상이 가계부문의 근본적 소득성장 해법으로서 부적합하다는 것이다.

그렇다면 가계소득 성장의 해법은 무엇일까? 근본적인 소득성장 해법은 순서가 중요하다. 임금노동자의 임금수준을 올리는 데서 시작하는 것이 아니라 자영업 부문의 생산성을 올리는 데서 시작하는 것이 올바른 순서다. 먼저 턱없이 낮은 자영업 부문의 생산성 개선을 통해 자영업 부문 소득성장의 조건을 갖추어야 한다. 1,000만 명에 달하는 자영업 관련 종사자의 소득이 증가하게 되면 내수시장의 수요기반 확충에 크게 기여할 것이다. 내수시장의 수요확대는 내수기업들의 실적 개선으로 이어지고 기업실적 개선은 임금노동자의 임금인상으로 이어질 수 있다. 그리고 이렇게 이루어진 임금노동자의 임금상승이 다시 내수시장을 확대하는 선순환 구조를 기대할 수 있다. 가계소득 성장의 방아쇠는 임금노동자의 임금인상이 아니라 자영업자의 생산성 향상이어야 한다.

자영업을 중심으로 한 서비스업의 생산성 향상만이 침제된 내수시장을 회복시켜 한국경제를 다시 활력있는 경제로 복원하는 근본적인 방법이 될 수 있다. 서비스업과 제조업 간 심각한 생산성 괴리를 해소하지 못하면 소득양극화 문제도 해결될 수 없다. 자영업 부문을 중심으로 한 서비스업 생산성이 획기적으로 향상되지 않는 한 성장문제도 분배문제도 해결하기 어렵다는 뜻이다. 자영업이 살아야 한국경제가 살 수 있는 것이다.

자영업을 경제활력 회복과 분배구조 개선 정책의 핵심 대상으로 삼는 인식의 전환에까지 이르더라도 돌파해야 할 또 다른 난관이 있다. 이를 실천에 옮기기 위한 정책수단이다. 자영업자의 소득 개선을 위한 정책수단은 그렇게 간단하지 않다. 임금노동자의 소득 개선은 최저임금 인상과 같은 정책의사 결정을 통해 바로 추진

할 수 있는 정책수단이 있지만 자영업의 소득 개선을 위한 정책수단으로 그런 요술방망이는 없다. 소득 개선이 특정한 정책수단에 의해 달성될 수 있는 것이 아니라 생산성의 향상을 통해서만 이루어질 수 있는 것이기 때문이다.

자영업 부문의 생산성 향상과 관련된 논의는 4장부터 다루겠지만 경제의 구조적 개혁과 자영업의 혁신이 동반되어야 가능한 일이다. 그만큼 지난한 과제이기도 하다. 올바른 정책수단을 찾기도 쉽지 않으려니와 실행에 옮기기도 쉽지 않은 것들이다. 그렇다 하더라도 근본적인 해법을 회피하고 상대적으로 손쉬운 수단에 손길을 보내는 일은 없어야 한다. 최저임금 인상이라는 손쉬운(?) 수단은 진정한 해법이 될 수 없기 때문이다.

표 3-2. 가계소득 성장을 위한 두 가지 해법 비교

	임금노동자 소득 증대	자영업자 소득 증대
내수침체 및 저소득의 원인	저임금	자영업 저소득
대응정책 수단	최저임금 인상	자영업 생산성 제고
정책 기대: 선순환 구조	최저임금인상 → 가계소득증가 → 소비증가 → 기업수익증가 → 임금/소득증가	생산성 제고 → 임금/소득증가 → 소비증가 → 기업수익증가 → 임금/소득증가
정책 리스크: 악순환 구조	최저임금인상 → 기업수익악화 → 고용축소 →가계소득감소 → 소비감소 → 기업수익악화	생산성 제고 해법 난해: 경제개혁 및 자영업 혁신 과정 필요(4~6장에서 논의)
정책효과 달성을 어렵게 하는 요인	경제 내 다수의 저수익기업: 외감법인의 20% 이상이 한계형기업/서비스업 저생산성 → 최저임금인상 흡수능력 낮음	생산성 제고 해법을 위한 개혁에 대한 저항. 자영업계의 혁신 역량 부족

자영업이 살아야 한국 정치·사회가 산다

한국경제 상황에 대한 우려의 목소리가 사방에서 들린다. 어느 나라 어느 경제이든 문제가 없는 곳은 없으니 경제를 걱정하는 목소리는 일상적인 것이고 새삼스러울 것도 없다. 그런데 한국에서 나타나고 있는 경제를 걱정하는 풍경은 정상의 범주를 많이 벗어나 보인다. 걱정하는 내용이 사람마다 달라도 너무 달라 과연 같은 경제를 진단하고 있는 것이 맞나 귀를 의심할 정도다. 일반적으로 보수층은 저성장을 걱정하고 진보층은 분배악화를 걱정하는 것 자체는 이상할 것도 없고 당연해 보이지만 그 간극의 정도가 너무 심하다. 경제를 이해하고 평가하는데 경제논리는 설자리가 없고 진영논리가 압도하는 데서 나타난 현상이다. 경제 문제의 실상을 있는 그대로 해석하지 않고 진영의 이해관계를 투영해 해석하려 하는 것이다. 정치와 사회가 경제문제를 해결하는데 도움을 주지는 못할 망정 오히려 발목을 잡고 걸림돌이 되고 있다. 진보와 보수의 진영 싸움에 경제가 밑바닥부터 흔들리고 있는 줄 모른다.

이런 상황을 보노라면 한국의 경제 생산성에 대한 걱정보다 이를 둘러싼 정치·사회의 생산성에 대한 걱정이 앞선다. 선진경제는 경제 생산성 문제에만 매달려서 구현되지 않는다. 경제를 둘러싼 정치·사회적 생산성이 뒷받침되어야 가능하다. 경제가 고도화될수록 경제문제의 해법도 고도화된다. 후진경제에서는 쉽게 해결할 수 있는 문제도 선진경제에서는 다양한 이해관계 조정 등 복잡다단한 해법을 찾는 과정을 필요로 한다. 경제활동의 영향과 효과가 복잡다단하게 나타날 뿐만 아니라 사회의 다양성이 심화되면서 이질적인 힘들 간의 갈등이 늘어날 수밖에 없다. 이런 환경에서 발생하는 경제문제들의 해법을 찾는 것 역시 그 만큼 복잡하고 어렵다. 따라서 그 해법을 찾는 과정이 효율적으로 이루어지는 것이 중요한데 이를 위해서는 정치와 사회의 생산적 조정기능이 제대로 작동해야 한다. 다시 말해 정치와 사회의 생산성이 높아야 한다.

민주주의 제도 아래에서 정치·사회적 생산성을 결정하는 근원은 시민사회의 성숙도에 있다. 그리고 시민사회의 성숙도를 결정하는 가장 중요한 요인은 경제적으로 안정된 두터운 중산층의 존재 여부다.

유감스럽게도 대한민국은 저소득에 노출돼 있는 두터운 자영업자층과 그들에 고용되어 있는 임시·일용직층이 존재한다. 소득 5분위 중 소득이 가장 낮은 1분위 계층에 속하는 자영업자와 임시 일용직 노동자 수는 소득 1분위 상용노동자 수의 3배에 달한다. 많은 수의 자영업 관련 노동자들이 저소득층을 형성하고 있는 것이다.

자영업관련 노동자층의 소득증가와 중산층 형성은 특히 한국 정치·사회의 생산성을 높이는데 아주 중요하다. 그 이유는 이들 자영업자층이 역설적으로 보수와 진보 어느 세력으로부터도 지원을 받지 못한 왕따 신세였기 때문이다. 정치·사회적 입장에서 어디에도 구속되어 있지 않고 자유로워 정치논리에 휩쓸리지 않을 수 있는 그룹이다. 한국 사회에 이만한 덩치의 정치적 편향으로부터 자유로울 수 있는 그룹은 없다. 따라서 자영업 관련 노동자의 소득개선과 중산층 진입 확대는 이들의 경제적 지위 향상은 물론이고 진보와 보수의 비합리적 진영싸움을 완충하는 정치세력의 성장을 도모하는 부수적 효과까지 기대할 수 있다. 기존의 보수와 진보 진영이 자본가와 임금노동자를 진영논리로 대변하고 있다고 한다면 이들로부터 자유로운 자영업 관련 노동자 세력의 성장은 비합리적 진영논리에 빠져 제 역량을 발휘하지 못하고 있는 한국의 정치·사회 기능을 복원하는 힘이 되어 줄 것이다.

이는 한국 정치·사회의 생산성을 높이는 열쇠 중 하나를 자영업이 쥐고 있다는 것을 의미하는 것이다. 자영업은 경제의 풀뿌리일 뿐만 아니라 정치·사회의 풀뿌리이기도 하다. 자영업의 성장은 경제의 성숙을 위해서만 중요한 것이 아니라 정치·사회의 성숙을 위해서도 반드시 필요하다.

II부

자영업
살리기 해법

I부에서는 자영업의 열악한 현실과 함께 자영업이 이런 상황에 처하게 된 이유와 배경에 대해 살펴보았다. 그리고 한국경제의 취약 부문인 자영업이 살아나야 곤경에 처한 한국경제가 살아날 수 있다는 결론에 도달했다. 그럼 이렇게 중요한 자영업을 어떻게 살릴 수 있을까? 지금부터 자영업을 살리는 해법에 대해 논의해 보도록 하자.

I부에서 살펴본 바와 같이 자영업이 경제의 가장 취약한 부문이 되어 저소득에 시달리고 있는 근본적인 원인은 자영업 내 과잉경쟁과 낮은 생산성에 있다. 따라서 자영업을 살리는 해법 역시 과잉경쟁의 해소와 생산성의 향상에서 찾아야 한다.

우선 자영업 내 심각한 과잉경쟁 상황을 완화 내지 해소하지 않고서는 자영업 종사자들이 저소득의 굴레를 벗어나기 어렵다. 그렇다면 어떻게 자영업 내의 과잉경쟁을 완화시킬 수 있을까? 과잉경쟁이 해소되기 위한 근본적인 환경은 자영업 종사자가 감소하는 것이다. 정의상 자영업 종사자가 줄어들려면 비자영업자 즉 임금노동자가 늘어나야 한다. 특히 상대적으로 양질의 일자리를 보유한 제조업을 중심으로 임금노동자가 늘어나면 더욱 좋다. 그렇다면 임금노동자는 어떻게 늘어날 수 있을까? 그 해법으로 노동시장 개혁과 기업 개혁 등 경제개혁을 제시한다. 이와 관련해서는 4장에서 논의한다.

그러면 거창한 경제개혁을 하기만 하면 자영업은 살 수 있는

가? 물론 그럴 리는 없다. 경제개혁은 자영업을 살리기 위한 필수 조건이지 충분조건은 아니다. 자영업이 진정으로 살 수 있는 충분 조건은 자영업 스스로 변화와 혁신을 통해 생산성을 높이고 경쟁력을 떳떳하게 갖추는 것이다. 그렇다면 자영업계가 스스로 경쟁력을 갖추기 위해서는 무엇을 해야 하나? 그 해법을 5장 이후에서 자영업 협력체계 구축과 자영업 혁신 방안을 통해 제시한다.

그림 4-1. 자영업 살리기 해법

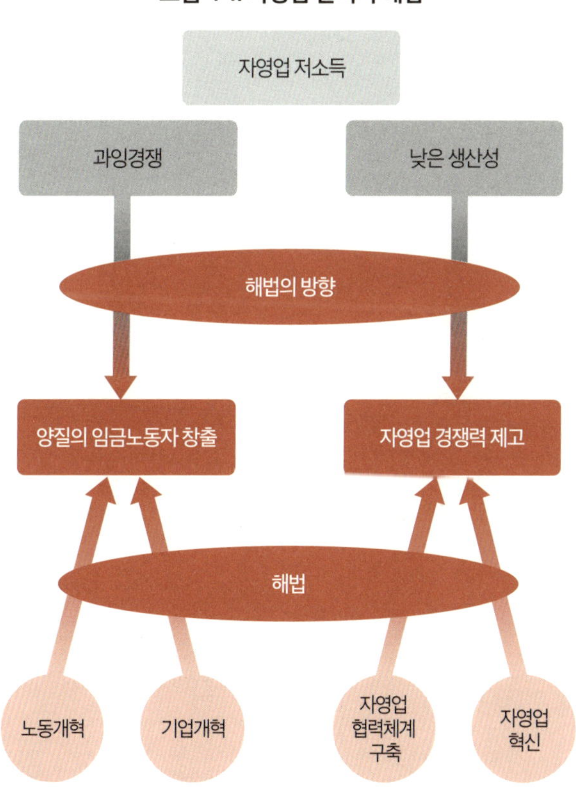

4장

경제개혁이 자영업을 살린다

- 한국경제에서 자영업의 문제는 자영업만의 문제가 아니다. 자본과 노동의 고래싸움에 등이 터져 생긴 게 자영업 문제다. 그러니 고래싸움을 해결하지 않고서는 자영업 문제는 해결되지 않는다.
- 자영업을 살리는 방법은 간단치 않다. 단순히 곁가지 몇 개의 정책으로는 어림없다. 자영업을 살리기 위해서는 노동개혁과 기업개혁이라는 양대 개혁이 필요하다.
- 지금까지의 노동시장 제도나 정책이 임금노동자 특히 정규직 임금노동자 중심으로 구축되어 왔다면 이제부터는 소외돼 왔던 자영업자의 이해관계를 반영해 노동시장 제도개혁이 이루어져야 한다.
- 기업지배구조를 개혁하는 일은 기업부문은 물론이고 정치, 사회, 문화 모든 방면에서 개혁이 동반해서 이루어져야 가능하다.

자영업을 살리는 해법의 한 축은 자영업 내에 존재하는 과잉경쟁을 완화 내지 해소하는 것이다. 과잉경쟁의 해소를 위해서는 자영업 종사자가 줄어들어야 하고 그러기 위해서는 임금노동자 일자리가 늘어나야 한다. 특히 제조업 부문에서 양질의 일자리가 늘어나면 더욱 좋다. 앞서 2장에서 살펴보았듯이 지난 수 십년 간 한국경제에서 제조업 종사자 수와 자영업 종사자 비중 간에는 밀접한 관계를 가지고 움직였다. 제조업 임금노동자 일자리가 늘면 자영업 종사자 비중은 줄어들고 제조업 일자리가 늘어나지 못하면 자영업 종사자 비중도 감소세를 멈추었다.

그런데 유감스럽게도 1990년대와 2000년대를 거치는 20여년

간 제조업 부문의 임금노동자 일자리는 감소했다. 이 시기 제조업 성장으로 경제규모도 확대되고 제조업 생산성도 비약적으로 향상되었음에도 불구하고 제조업 일자리는 오히려 줄어들었다. 그런데 앞서 2장에서 살펴본 것처럼 이 시기는 마침 자영업 시장의 주된 연령층인 40~50대 인구가 폭발적으로 늘어나는 시기와 정확하게 일치했다. 노동시장에서는 40~50대 인구가 폭발적으로 증가하는데 양질의 일자리를 제공해야 할 제조업은 오히려 일자리가 줄어들었으니 이들은 서비스업으로 진출하는 수밖에 없었다. 서비스업도 제조업과 연계된 양질의 일자리보다는 소매업, 음식업, 개인서비스업 등 자영업자 비중이 높은 취약부문 일자리로의 진출이 많았다. 결국 1990년대 이후 장기간에 걸친 제조업 임금노동자 일자리 감소로 자영업 비중이 충분히 하락할 기회를 잃었고 지금까지 자영업 시장이 과잉에 시달리고 있는 원인을 제공했다.

그렇다면 임금노동자는 어떻게 늘어날 수 있을까? 임금노동자를 고용하는 것은 기업이다. 따라서 기업이 고용을 늘리면 임금노동자는 늘어난다. 기업이 지금보다 고용을 더 늘리는 것은 어떤 상황에서 가능할까? 기본적으로 다음의 두 가지 상황이 발생할 때 기업은 고용을 늘릴 유인을 갖는다. 첫번째 상황은 임금노동자의 노동비용이 낮아질 때이다. 임금노동자의 높은 노동비용은 기업으로 하여금 생산요소로서 노동의 사용을 줄이고 자본으로 대체하려는 압력을 높인다. 앞서 2장에서 본 바와 같이 1990년대 이후 제조업 일자리가 줄어든 것도 '87년 체제' 등장 이후 임금노동자의 노동비용이 급증했고 기업들이 상대가격이 올라간 노동을 상대가격이 내려간 자본으로 대체하는 전략을 시도함으로써 고용이 억제된 결과다.

기업이 고용을 늘리는 두번째 상황은 기업 성장으로 더 많은 노동력이 필요해질 때이다. 기업의 성장은 수많은 요인에 의해 영향을 받는다. 예를 들어 거시적으로는 세계경제 상황이나 경기흐름 등이 기업성장에 영향을 미치는 중요한 변수가 될 것이고 기업 내부적으로는 경영자의 능력이나 기업전략 등이 중요한 요인이 될 수 있다. 물론 정부의 정책 방향도 빼놓을 수 없는 중요한 변수다. 한국경제는 1960년대 경제개발을 본격화할 때부터 수출중심, 대기업 중심의 불균형 성장정책을 펼쳐 왔다. 마침 세계경제의 글로벌화와 맞물려 무역 전성시대가 펼쳐지면서 수출 대기업을 중심으로 고도성장을 구가할 수 있었고 그 결과 이들 부문에서 임금노동자 일자리들이 늘어날 수 있었다. 하지만 이제 대기업의 고도성장이나 일자리 양산은 옛말이 되었다. 기업들의 성장능력이 많이 약화됐고 거기에 더해 노동비용이 크게 높아진 결과 이들 기업의 일자리 창출 능력이 약화된 지 이미 오래다.

이제 한국경제가 자영업의 과잉경쟁을 줄이고 임금노동자 일자리를 늘리기 위한 목표를 달성하기 위해서는 임금노동자의 상대적 노동비용을 낮추는 동시에 기업의 성장동력을 회복시켜야 하는 숙제를 풀어야 한다. 그것이 임금노동자와 비임금노동자가 지속성 Sustainability을 가지고 상생할 수 있는 길이다. 지금부터는 한국경제가 어떻게 임금노동자의 노동비용을 낮추고 기업의 성장동력을 높일 수 있을지에 대해 고민해 보도록 한다.

1. 노동시장 개혁

경직된 노동시장이 과소 고용과 과잉 자영업자를 유발

기업이 임금노동자 활용을 늘리는 첫번째 유인 즉, 임금노동자의 노동비용과 관련된 이슈부터 살펴보자. 임금노동자의 노동비용이 줄어들면 기업은 자본에 비해 상대가격이 싸진 노동의 활용을 늘릴 유인을 갖는다.

그렇다면 임금노동자의 노동비용을 낮추는 방법은 무엇이 있을까? 직접적으로 임금을 깎는 것이 현실적 대안이 될 수 없는 상황에서 할 수 있는 방법은 제도적으로 노동비용을 낮춰주는 것이다. 기업이 생산요소로서 노동의 사용을 결정할 때 고려하는 요소는 단지 임금수준만 있는 것이 아니다. 변화무쌍한 경쟁시장에서 살아남기 위해 기업은 변화에 유연하게 대응할 수 있는 시스템을 갖추기를 원한다. 기업환경이 좋을 때는 생산요소를 더 투입해 대응하고 환경이 나빠질 때는 생산요소 투입을 줄여 대응하기를 원한다. 하지만 이런 유연성이 현실에서는 제약될 수밖에 없다. 특히 생산요소 중 노동투입은 더욱 그렇다. 생산요소 중 가장 유연성이 떨어지는 부분이 노동이다. 노동을 공급하는 것은 노동자다. 노동자들은 개개인이 모두 가계를 책임진다. 이들이 일자리를 잃게 되면 본인은 물론이고 가족들 모두 생계가 불안해진다. 이런 노동요소의 특성상 노동투입은 일정부분 경직적 성격을 가질 수밖에 없다. 기업환경이 어려워졌다고 바로 원하는 만큼 노동 투입을 줄이는 것은 불가능하다.

생산요소로서 노동의 이런 경직적인 특성 때문에 기업은 임금수준 만으로 판단하면 노동투입을 더 늘릴 유인이 있더라도 이를 꺼린다. 노동시장이 경직적일수록 이런 경향은 더 강해져 더 적은 노동투입을 하게 된다. 노동자 고용에 따른 비용은 직접적인 임금비용만 있는 것이 아니라 상황대처 능력을 떨어뜨리는 경직성 비용까지 포함되는 것이다.

결국 노동시장이 경직적일수록 노동시장에 진입해 있는 노동자들의 일자리 안정성은 높아지지만 일자리 개수는 줄어든다. 따라서 노동시장이 얼마나 경직적인가 하는 것은 일자리의 창출과 불가분의 관계를 갖는다. 노동시장이 경직적인 상황에서 경제내의 기업들이 노동자를 적극적으로 고용하는 상황은 발생하지 않는다. 일부 사회적 책임감으로 무장한 기업가가 그런 행동을 할 수는 있겠지만 그런 행동은 오히려 사회적 책임감을 갖는 선의의 기업들의 생존을 위협하는 일이다.

결국 일자리 수가 늘어나기 위해서는 노동시장이 지나치게 경직적으로 흘러가지 않도록 노동시장 시스템이 수위조절을 할 수 있어야 한다. 물론 노동시장의 경직성 수위가 낮아지게 되면 불가분 고용안정성이 떨어지게 되므로 그에 상응한 안전망 구축 비용이 들게 된다. 따라서 노동시장 시스템을 설계하는데 있어서 노동경직성을 어느 정도로 할 것인가의 선택은 일자리와의 상관관계, 안전망 구축비용 등을 종합적으로 고려해 이루어지는 것이 합리적이다.

한국 노동시장은 노동경직성이 높은 대표적인 시장이다. 정규직의 직업 안정성이 높은데다 호봉제로 대표되는 연공서열형 임

그림 4-2. 노동시장 특성과 일자리의 관계

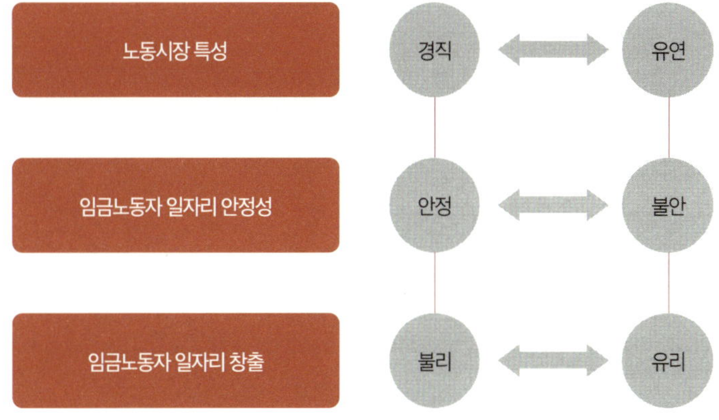

금체계가 견고하게 자리잡고 있는 노동시장이다. 정규직 호봉제는 이미 노동시장에 진입해 있는 임금노동자에게는 좋을 수 있지만 임금노동자 이외의 사람들에게는 일자리 기회를 줄이는 효과가 있어 노동시장 양극화를 초래하는 주범이라는 비판이 끊임없이 제기돼 왔다. 하지만 경직된 노동시장의 유연화를 위한 사회적 논의가 지난 20여년 동안 반복적으로 이루어져 왔으나 아직도 해법을 내놓지 못하고 여전히 소모적인 논쟁 만을 거듭하고 있다.

대형기업의 과소고용이 특히 심각하다

[표 4-1]은 기업규모별 종사자 비중을 국가별로 비교한 것이다. 한국의 경우 두드러진 특징은 다른 OECD 국가들과 비교할 때

표 4-1. 기업규모별 종사자 비중(%)

산업	국가	기업규모			
		1-9인	10-49인	50-249인	250인 이상
전산업	한국	43.9	23.0	17.7	15.4
	OECD 평균	30.8	21.5	17.9	29.1
제조업	한국	27.3	29.1	23.4	20.2
	OECD 평균	14.7	21.0	26.3	38.0

주: 전산업은 OECD 통계활용의 제약으로 산업 전체에서 농림어업, 금융업 및 국방, 교육, 의료, 문화 등 공공서비스 관련 산업 제외

자료원: OECD, OECD.Stat (2015년)

대형기업Large Enterprises 종사자 비중이 현저히 낮다는 것이다. OECD 기준으로 대형기업이라 함은 종사자규모 250명 이상인 기업을 지칭하며 한국에서 흔히 사용하는 대기업의 의미와는 다르다. 굳이 한국에서 쓰이는 용어로 표현하자면 중견기업 이상 기업으로 보는 것이 더 적합하다.

전체 기업체 종사자 중 250인 이상 대형기업 종사자 비중이 OECD 국가 평균이 29.1%인데 비해 한국은 15.4%로 OECD 국가 평균의 절반 수준에 불과하다. 반대로 10인 미만 소기업 종사자 비중은 한국이 43.9%로 OECD 평균 30.8%보다 훨씬 높다. 대형기업 종사자가 적다 보니 전체 노동자의 절반 가까이가 10인 미만 소형기업에 종사하고 있는 것이다. 강소기업이 많다고 알려진 독일의 경우도 250인 이상 대형기업 종사자 비중은 36.9%로 높다. 독일의 강소기업은 정말 소기업인 것이 아니라 세계적인 경쟁력을 갖춘 중견기업 이상의 규모를 가진 기업들이다.

제조업의 경우 한국과 OECD 국가들과의 차이가 더 뚜렷하다. 제조업의 250인 이상 대형기업 종사자 비중이 OECD 국가 평균은 38%에 달하는데 한국은 20% 수준에 불과하다. 반대로 50인 미만 제조 기업체 종사자가 전체 제조업 종사자의 60%에 육박한다.

[그림 4-3]에서 보는 것처럼 한국의 250인 이상 대형기업 종사자 비중은 OECD 국가들 중 거의 꼴지 수준이다. 한국의 대형기업 종사자 비중이 OECD 국가 평균 수준으로 높아지려면 200만

그림 4-3. OECD 국가 대형기업 종사자 비중 비교(%)[1]

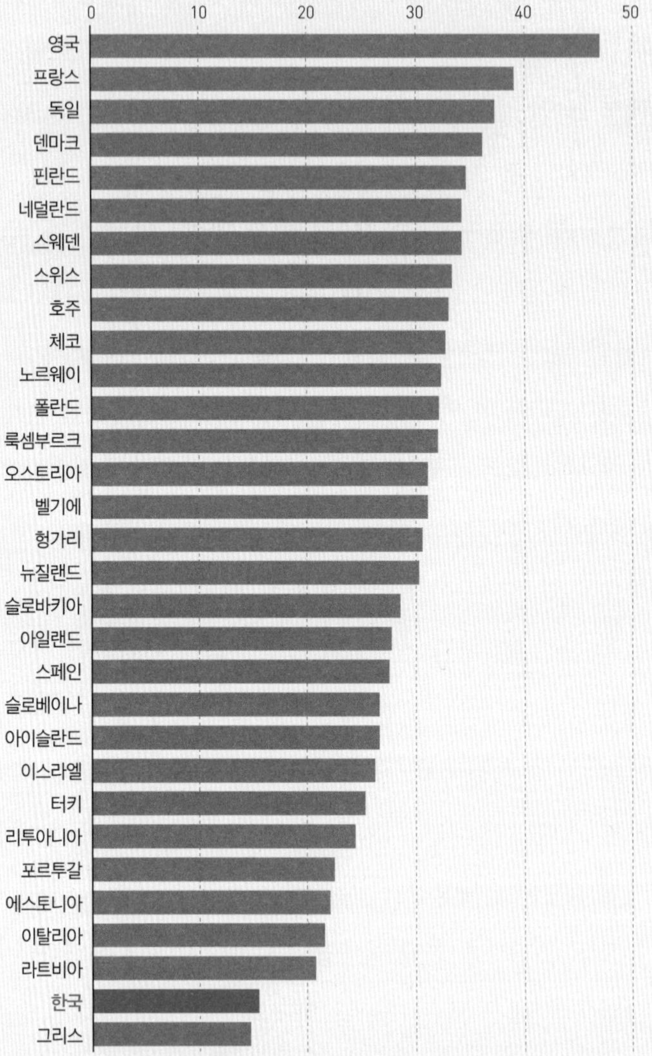

0 10 20 30 40 50

영국
프랑스
독일
덴마크
핀란드
네덜란드
스웨덴
스위스
호주
체코
노르웨이
폴란드
룩셈부르크
오스트리아
벨기에
헝가리
뉴질랜드
슬로바키아
아일랜드
스페인
슬로베니아
아이슬란드
이스라엘
터키
리투아니아
포르투갈
에스토니아
이탈리아
라트비아
한국
그리스

주: 대형기업은 종사자 250인 이상 기업을 의미

자료원: OECD, OECD.Stat (2015년)

명 이상의 대형기업 일자리가 늘어나야 한다. 대형기업 일자리가 대체로 양질의 일자리라는 점에서 이 정도면 한국의 일자리 구조는 크게 개선될 수 있다. 특히 이 정도의 임금노동자 일자리가 새로 생긴다면 단순 계산으로 자영업자를 포함한 비임금노동자 비중은 25% 수준에서 18% 수준으로 크게 낮아질 수 있다. 자영업 과잉현상이 상당부분 해소될 수 있는 것이다.

반면 생산성 면에서는 정반대다. OECD 국가 평균에 비해 한국의 250인 이상 대형기업 종사자 비중은 낮은 반면 노동생산성은 월등히 높다. 이들 대형기업의 생산성은 OECD 평균의 두 배에 육박할 정도이고 제조업의 경우는 두 배를 훌쩍 뛰어 넘는다.

표 4-2. 기업규모별 부가가치 노동생산성(천달러)

산업	국가	기업규모			
		1-9인	10-49인	50-249인	250인 이상
전산업	한국	18.1	62.6	86.7	153.4
	OECD 평균	47.1	51.2	62.5	85.0
제조업	한국	34.7	81.9	118.5	276.2
	OECD 평균	42.1	53.2	65.3	127.4

주: 전산업은 OECD 통계활용의 제약으로 산업 전체에서 농림어업, 금융업 및 국방, 교육, 의료, 문화 등 공공서비스 관련 산업 제외

자료원: OECD, OECD.Stat (2015년)

1 OECD.Stat에는 미국과 일본의 대형기업 종사자 비중 통계가 집계되어 있지 않다. 2018년 OECD가 발간한 자료에 의하면 미국과 일본의 250인 이상 기업의 종사자 비중은 각각 58.7%(2015년)와 47.2%(2014년)로 한국에 비해 월등히 높은 수준이다 (OECD, Entrepreneurship at a Glance 2017(2018)).

종사자 250인 이상 대형기업의 노동생산성은 OECD 국가들 중에서 네번째로 높다. OECD 통계 상의 제약으로 한국의 생산성이 상대적으로 떨어지는 농업, 금융, 일부 서비스산업 등을 제외한 결과이지만 한국 대형기업의 높은 생산성이라는 결과는 크게 달라지지 않을 것이다.

한국 대형기업의 낮은 종사자 비중과 높은 노동생산성은 무엇을 의미하는가? 다양한 해석이 있을 수 있겠지만 확실한 것은 한국의 대형기업들이 노동친화적이지 않다는 것이다. 대형기업은 높은 노동생산성에도 불구하고 생산요소로서 노동을 활용하는데 인색하다. 노동을 활용하더라도 일자리 개수를 늘리기 보다는 일하는 양을 늘리는 전략을 선호한다. 과소고용과 과잉노동 전략이라 할 수 있다. 왜 그럴까?

이런 전략의 밑바탕에는 생산요소로서 노동의 경직적 특성이 자리잡고 있다. 생산요소로서 노동투입은 다른 생산요소에 비해 투입조절이 쉽지 않다. 노동시장의 유연성이 떨어질수록 노동의 이런 경직적 특성은 더욱 크게 나타난다. 그런데 한국 노동시장은 유연성이 많이 떨어지는 시장이다. 2장에서도 살펴보았 듯이 '87년 체제' 이후 장기간에 걸쳐 한국 노동시장은 경직화가 진행돼 왔다. 그 과정에서 노동비용이 높아졌고 기업들은 생산요소로서 상대가격이 오른 노동의 투입을 억제하는 노동절약적 생산방식을 정착시켰다. 한국 대형기업에서 노동친화적이지 않은 생산방식이 강하게 나타나는 것은 대형기업일수록 노동시장이 더 경직적이기 때문이다.

높은 노동생산성은 경제효율성 측면에서만 보면 생산요소로서 노동이 효율적으로 활용된다고 긍정적으로 해석할 수도 있지만 경제안정성 측면을 강조하면 노동의 사용이 억제됨으로써 양질의 일자리 창출이 제한된다는 부정적인 해석도 가능하다. 어느 해석이 옳은가는 전적으로 경제가 처해 있는 상황에 달려 있다.

한국의 경우 대형기업들의 노동친화적이지 않은 생산방식은 경제 전체의 관점에서 볼 때 바람직하지 않다. 3장에서 살펴본 대로 한국경제는 자영업이 살아야 성장과 분배 문제를 해결할 수 있다. 그런 의미에서 대형기업의 저고용 현상은 한국경제에 바람직하지 않다. 대형기업의 저고용으로 양질의 일자리 창출이 봉쇄되고 소득양극화는 심화된다.[2]

과잉노동 현상도 문제다. 한국 노동자의 노동시간이 다른 나라에 비해 월등히 길다는 것은 주지의 사실이다. 추가적인 고용을 통해 과잉노동을 줄여 나가면 과잉노동에 시달리는 기존 노동자는 삶의 질을 높일 수 있는 한편으로 새로운 일자리 창출로 신규 노동자들이 시장에 진입할 수 있는 기회도 늘어난다. 즉 과소고용과 과

2 자영업의 과잉경쟁 상태를 해소하는 방책으로서 임금노동자 증가를 위해서는 대형기업의 저고용 현상 해소와 함께 대형기업 자체가 늘어나는 것이 바람직하다. 대형기업 증가와 관련된 정책에 대해서는 이 장의 기업개혁 부분에서 다루도록 한다.

그림 4-4. 한국 대형기업의 노동시장 활용

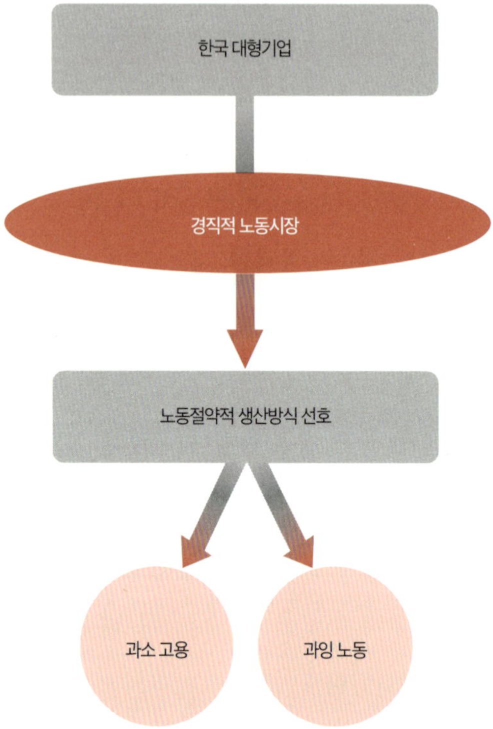

잉노동의 해소는 경제 전체의 후생을 높일 수 있다.

경제 전체의 후생을 위해서는 대형기업들의 노동친화적이지 않은 생산방식에 변화가 필요한데 문제는 이들 기업이 기존의 과소고용과 과잉노동의 생산방식을 바꿀 용의가 있느냐 하는 것이다. 기업의 생산방식은 환경에 적응해 진화해 온 것이므로 현재의 경직된 노동시장 환경이 변하지 않는 한 기업의 생산방식은 노동친화적으로 변하지 않을 것이다. 주52시간 근무제[3]와 같이 법적 강제성을 동원해 과잉노동 문제를 해소하는 방법도 있겠지만 일률적인 법의 적용은 항상 부작용을 수반하기 마련이다. 더욱이 강제적인 방법으로는 노동친화적이지 않은 행동을 억제는 할 수 있지만 노동친화적인 방향으로 근본적인 변화를 이끌어낼 수 없다. 결국 현재와 같이 심각한 대형기업의 과소고용과 과잉노동 생산방식을 근본적으로 변화시키기 위해서는 이러한 생산방식이 정착하게 된 근본적인 원인 즉 경직된 노동시장 환경을 변화시키지 않으면 안된다. 기업들이 생산요소로서 노동의 활용을 꺼리는 환경이 바뀌어야 한다.

요약하면 OECD 국가들과의 비교에서도 보았듯이 한국 대형기업들의 과소고용 현상은 정상적인 상황이라고 할 수 없다. 국민 전체의 후생을 위해서도 변화가 필요하다. 변화를 이끌어 내기 위해서는 법적 강제 만으로는 부족하며 과소고용을 유발하는 경직된 노동시장 환경에 변화가 있어야 한다. 노동시장 경직성이 높은 시장에서 노동시장의 경직성 완화는 노동시장 참여 기회를 높임으로써 궁극적으로 노동시장 참여자들에게도 득이 될 것이다.

---

3 주당 법정 근로시간이 68시간에서 52시간(법정근로 40시간+연장근로 12시간)으로 단축된 근무제도

노동시장 개혁이 자영업을 살린다

경직된 노동시장은 임금노동자 일자리를 만들어 내는데 취약하다. 임금노동자 일자리가 늘어나지 못하면 그만큼 자영업 시장으로 인력이 유입될 수밖에 없고 자영업 시장은 과잉경쟁에 시달리게 된다. 또한 임금노동자 일자리가 늘어나지 못하면 그만큼 내수시장의 소비수요도 늘어나지 못해 자영업 시장은 수요부진에 시달리게 된다.[4] 한마디로 경직된 노동시장은 자영업자에게 피해를 준다. 반대로 노동시장이 유연해지면 자영업자에게는 득이 된다. 노동시장 시스템과 자영업 종사자 사이에는 이해관계가 밀접히 연결되어 있는 것이다. 따라서 노동시장의 경직성과 관련된 제도를 논의할 때는 밀접한 이해관계가 있는 자영업계의 의견이 충분히 반영되는 것이 옳다. 특히 한국과 같이 자영업 종사자가 많은 나라에서 자영업자의 이해관계는 더욱 비중있게 다루어져야 마땅하다. 자영업 종사자가 전체 취업자의 20%를 넘고 자영업 종사자와 불가분의 관계에 있는 무급 가족종사자와 자영업에 고용돼 있는 피고용자까지 합치면 전체 취업자의 40%에 달하고 있는 상황에서 이들과 이해관계가 있는 제도를 변화시키는데 이들의 입장이 반영

---

4 예를 들어 앞서 본 것처럼 OECD 국가 최저수준인 한국의 250인 이상 대형기업 종사자 비중이 OECD 평균수준 정도로만 높아진다면 양질의 임금노동자 200만명이 늘어나면서 이들의 소득을 바탕으로 내수 소비시장 규모가 크게 확대되는 효과를 얻을 수 있다.

되지 않는다는 것은 공정하지 못하다.

하지만 현실은 그렇지 못해 왔다. 노동시장 유연화 문제는 말할 것도 없고 직접적으로 자영업 운영에 큰 영향을 미치는 최저임금 결정 과정에서도 자영업계의 의견이 제대로 반영되는 과정은 없었다. 최우선적으로 이해관계가 반영되어야 할 가장 중요한 협상대상자가 무시된 것이다. 이해관계자의 이해가 반영되지 않은 정책은 성공할 수 없다. 자영업 환경에 직접적이고도 강력한 영향을 미치는 최저임금 인상이 시행되면 자영업에 어떤 영향을 미칠 것인가에 대한 분석과 준비가 이루지지 못한 채 최저임금 인상이 서둘러 급격히 시행됨으로써 결국은 자영업의 위기 상황을 초래하고 말았다.

한국경제에서 1300만 정규직 임금노동자 만큼이나 1000만 자영업 관련 노동자도 동등하게 중요하다. 압력단체로서 힘이 모자란다고 해서 경제에서 덜 중요한 것은 아니다. 지금까지 노동시장 제도나 정책이 임금노동자 특히 정규직 임금노동자 중심으로 시행되어 왔다면 앞으로는 충분한 경제·사회적 비중을 차지함에도 불구하고 소외돼 왔던 자영업 관련 종사자의 이해관계를 반영한 노동시장 제도개혁이 이루어져야 한다. 물론 개혁의 시작은 노동시장의 경직성을 줄이고 유연성을 높이는 일에서부터 출발해야 한다. 최저임금 인상이나 주52시간 근무제가 자영업에 미치는 영향도 제대로 분석해 필요하다면 제도를 수정하고 재정비해야 한다.

어느 일방의 이익을 대변하는 것이 아니라 기업과 임금노동자, 자영업자가 머리를 맞대고 상호 이해관계를 조율하면서 최적의 제도를 찾아 나가는 과정이 생략돼서는 안된다.

하지만 사회적 압력그룹으로서의 기능이 현저히 떨어지는 자영업 종사자들의 특성을 감안할 때 이들의 이해관계가 충분히 반영되기 어려운 것이 현실이다. 기업은 스스로 압력그룹을 형성할 능력이 있고 정규직 임금노동자는 노동조합이라는 압력그룹을 보유하고 있는 반면에 자영업자는 이해관계를 대변해줄 변변한 세력이 없다. 그렇다면 결국 자영업자의 대변은 사회적 약자를 보호할 의무가 있는 국가의 몫이다. 정부와 정치권은 교섭역량이 떨어지는 자영업 부문을 대신해 사회전체의 이해관계를 종합적으로 조율하는 역할을 충실히 수행해야만 한다. 그리고 자영업의 열악한 상황을 자영업만의 내부문제로 인식하는 데서 벗어나 경제전체의 시스템문제로 인식하는 발상의 혁신적 전환이 필요하다. 자영업을 노동시장의 중요한 주체로 인식하는 노동시장 시스템의 구축이 노동시장 제도의 올바른 개혁을 완성시켜 줄 것이다.

2. 기업 개혁

지금까지 한국경제가 자영업의 과잉경쟁을 줄이고 임금노동자 일자리를 늘리기 위해 임금노동자의 노동비용을 낮추는 해법으로서 노동시장 개혁에 대해 살펴보았다. 지금부터는 임금노동자 일자리를 늘리기 위한 두 번째 방안으로서 기업의 성장동력 복원을 위한 해법에 대해 논의해 보도록 한다

재벌의 역동성이 사라지고 있다

지난 수 십년 간 한국경제가 역사상 유례를 찾아보기 힘들 정도의 고도성장을 할 수 있었던 데는 재벌이라는 한국 특유의 대기업 구조가 큰 역할을 했다. 한국경제에서 재벌이라고 불리는 대기업집단은 첨예한 공과 논란에도 불구하고 한국경제의 현재를 있게 한 주축세력이었음은 누구도 부인할 수 없다. 이들 중에서 세계시장을 주름잡는 글로벌 기업들이 나왔고 이들의 활약으로 무역대국으로 성장하였으며 국내에서는 양질의 일자리를 대량으로 만들어냈다. 이들은 탐욕스럽다는 비판을 받아가며 강한 성장욕구를 현실화시켰고 문어발 경영이라는 비난을 들어가며 사업확장에 열을 올렸다.

공정거래법이 도입되기 시작한 1980년대까지만 해도 재벌 기업들은 한국경제의 혁신을 주도했다. 과감한 도전과 선제적 투자를 통해 새로운 산업을 일궈냈고 그 과실로 고성장을 구가했다. 한

국경제를 수 십년 동안 떠받쳐 온 자동차산업과 반도체산업이 그 대표적인 예이다. 이들 산업은 혁신과 도전의 산물이다. 자동차는 1970년대 정주영 회장의 도전의 산물이고 반도체는 1980년대 이병철 회장의 도전과 혁신의 산물이다. 새로운 산업에서 성공한 기업들이 대기업으로 수직 성장하며 신흥 재벌이 탄생하는 사례가 자주 목도되었다. 지금 한국경제의 주력기업들은 대부분 이 시기에 잉태된 것들이다.

하지만 유감스럽게도 작금의 재벌 기업에서는 이런 혁신과 도전의 사례를 찾아보기 어렵다. 새롭게 부상하는 재벌 기업을 보는 것도 새로운 주력산업이 부상하는 것도 역시 보기 쉽지 않다. [표 4-3]은 1970년대 이래 한국경제 10대 대기업집단의 변천을 나타낸 것이다. 1970년대에서 1980년대로 넘어가는 10년 동안 10대 대기업집단 명단에서 4개 기업집단이 탈락하고 새로운 4개 기업집단이 부상했다. 10대 대기업집단 리스트가 절반 가까이 바뀐 것이다. 그 만큼 재벌의 부침은 역동적이었고 그 과정에서 새로운 산업이 성장하고 시장은 확장되었다. 하지만 재벌의 역동성은 거기까지였다. 1990년대 이후 20여년 동안 10대 대기업집단의 명단은 거의 변화하지 않았다. 지난 20여년 동안 실질적 의미에서 새로이 10대 대기업집단에 진입한 기업은 1990년대 진입한 롯데 정도가 유일했다. 더욱이 10대 대기업집단 중 GS, 현대중공업, 신세계 등은 각각 LG, 현대, 삼성 그룹에서 분가해 나온 대기업집단이라는 점을 감안하면 한국경제를 대표하는 주력 대기업집단 리스트는 강산이 세번 변할 동안 요지부동이었다고 할 수 있다.

30년 가까이 경제 내에 활동하는 주력기업들에 변화가 없다는 것은 기업생태계의 역동성이 떨어졌다는 우려를 낳기에 충분하다. 물론 경제 내의 주력 대기업에 변화가 없다는 것이 반드시 생태계의 정체를 의미하는 것은 아니다. 기존 주력 대기업들이 스스로 새로운 산업을 찾아 역동적으로 움직인다면 기업은 그대로지만 혁신적 변화의 과정을 통해 새로운 산업을 일궈낼 수도 있다. 실제 한국의 새벌들은 그런 일들을 해오면서 고성장을 달성하곤 했다. 재

표 4-3. 한국의 10대 대기업집단 변천

1974	1985	1995	2005	2019
낙희	삼성	현대	삼성	삼성
삼성	현대	삼성	현대차	현대차
현대	럭키금성	LG	LG	SK
한국화약	대우	대우	SK	LG
동국	선경	선경	롯데	롯데
대한	쌍용	쌍용	POSCO	POSCO
효성	한국화약	한진	한진	한화
신동아	한진	기아	GS	GS
선경	효성	한화	한화	현대중공업
한일합섬	대림	롯데	현대중공업	신세계

주: 자산규모 기준

자료원: 공정거래위원회

벌의 대부분은 수출부문에 종사하면서 새로운 수출산업을 일구어 내며 성장해 왔다.

[표 4-4]는 1990년대 이후 한국의 10대 수출상품의 변천을 보여준다. 1990년대를 지나는 동안 석유제품, 무선통신기기, 합성수지 품목이 새로이 10대 수출상품으로 진입했다. 2000년대 10년 동안에는 디스플레이와 자동차부품이 10대 수출상품 반열에 올랐다. 물론 이들 새로이 부상한 수출상품들 역시 10대 대기업집단에 속한 대기업들에 의해 주도적으로 생산된 것들이다. 비록 1990년대

표 4-4. 한국 10대 수출품목 추이

순위	1990년	2000년	2010년	2018년
1	의류	반도체	반도체	반도체
2	반도체	컴퓨터	선박	석유제품
3	신발	자동차	자동차	자동차
4	영상기기	석유제품	디스플레이	디스플레이
5	선박	선박	석유제품	자동차부품
6	컴퓨터	무선통신기기	무선통신기기	합성수지
7	음향기기	합성수지	자동차부품	선박
8	철강	철강	합성수지	철강
9	섬유직물	의류	철강	무선통신기기
10	자동차	영상기기	컴퓨터	컴퓨터
수출비중	53.4%	56.6%	62.2%	58.5%

자료: 한국무역협회, KITA.net

이후 10대 대기업집단 명단에 변화는 거의 없었지만 그들 스스로 새로운 상품과 산업을 일구는 혁신역량 만큼은 여전히 가지고 있음을 보여주는 사례다. 하지만 2010년대 이후의 상황은 사뭇 다르다. 10대 수출품목에 새로이 진입한 품목이 없다. 2010년대는 10대 대기업집단에도 변화가 없고 10대 수출품목에도 변화가 없는 10년이었다.

또 다른 지표를 보자. 2019년 말 현재 시가총액 기준 30위 내에 들어있는 거래소 상장 30대 대기업 집단 계열사 중 2010년에는 30위권 밖에 있다가 새로이 진입한 기업이 두 개 기업에 불과하다. 전 세계적으로 4차 산업혁명이 본격적으로 진행되며 기업과 산업에 엄청난 지각변동이 있었던 이 시기 10년의 세월 동안 한국 30대 재벌기업 전체 중에서 고작 두 개 기업 만이 시가총액 30위 안에 새로 들어온 것이다. 재벌 내에서 새로운 기업의 등장이 거의 이루어지지 않고 있는 것이다. 이에 비해 신생기업의 부상은 괄목할만 해서 네이버, 셀트리온, 카카오, 엔씨소프트 등 4개 기업이 시가총액 30위 안에 진입했다.

이제 재벌들에게서 새로운 산업의 등장이니 새로운 기업의 등장을 기대하기 어려운 시대가 도래하고 있다. 지난 수 십년 동안의 한국경제 성장과정에서 재벌의 역할은 아무리 강조해도 지나치지 않다. 첨예한 공과 논란에도 불구하고 재벌의 존재를 빼놓고 세계 10대 규모로 성장한 지금의 한국경제를 설명할 수 없다. 재벌의 비중이 높은 것이 한국경제의 취약점이라는 비판적 해석에도 불구하고 이를 뒤집어 해석하면 재벌의 역할이 그만큼 중요하다는 방증이기도 하다. 그런데 한국경제 성장의 기둥역할을 하던 재벌이 새로운 산업과 기업을 창출하고 성장시키는 혁신역량에 한계를 보이며 고인 물이 되어가고 있는 모양새다.

기업생태계의 역동성과 혁신성이 떨어지는 것은 재벌의 나이가 많아지면서 나타나는 불가피한 현상이라 할 수 있다. 특히 소위 오너경영과 가업승계가 일반화돼 있는 한국 기업문화에서 창업한 지 오래된 나이 많은 재벌들은 3~4세대 승계가 진행되면서 혁신성의 퇴색을 피하기가 어렵다. 한 가문에서 3~4대에 걸쳐 뛰어난 혁신 기업가가 계속 배출되기도 어렵거니와 혹여 일부 재벌에서 그런 경우가 있을 수 있다고 해도 10대 재벌, 30대 재벌에서 모두 그런 경우가 발생할 확률은 극히 희박하다. 따라서 모든 오너경영 재벌에서 3~4대에 걸친 가업승계가 이루어진다면 이는 경쟁력은 말할 것도 없고 생존 자체를 위태롭게 하는 기업들이 많아지는 것을 의미한다. 유감스럽게도 실제 그런 상황이 대한민국에서 일어났고 일어나고 있다.

물론 오너경영이 과감한 결단의 경영이 가능하다는 점에서 기업혁신에 유리한 면이 있긴 하다. 하지만 이는 기업 오너가 혁신기업가로서의 역량을 갖추고 있다는 전제 하에 성립하는 명제다. 창업세대 오너들이 해온 만큼의 역량을 갖추고 결단의 경영을 할 정도로 몇 세대 후의 오너들이 모두 역량을 갖출 수는 없다. 세대승계가 길어질수록 오너경영이 가진 장점은 줄어들고 단점이 늘어날 확률은 높아지게 된다. 실제로 이런 이유로 외환위기와 금융위기를 거치면서 많은 수의 재벌들이 위기를 겪고 몰락하기도 했다.

치열한 경쟁의 기업생태계에서 기업의 부침은 다반사이고 오히려 시장의 역동성을 증명하는 것이기 때문에 기업의 위기와 몰락 자체가 거시경제 관점에서 문제될 것은 없다. 문제는 오너경영과 가업승계의 문화가 개입되어 퇴출 과정이 장기간 지연됨으로써 산업내 혁신활동을 방해하는 결과를 초래해 거시경제에 충격과 부작용을 주고 효율성을 떨어뜨린다는 데 있다.

한국 재벌의 가업승계 과정에서 나타나는 또 하나의 현상은 재벌 오너의 3~4세대 승계 과정에서 승계 자녀들의 내수시장 진출이 광범위하게 진행되었다는 점이다. 승계 세대가 길어질수록 승계 자녀들이 많아질 수밖에 없는데 이들 중 일부는 상대적으로 그룹의 후광을 활용하기 용이한 내수업종에 발을 들여놓는다. 과거 주력 재벌기업들은 대부분 해외시장을 활동무대로 하는 수출기업들이었다. 지금도 10대 대기업집단 중 롯데와 신세계를 제외하고는 모두 수출중심의 활동을 하고 있다. 재벌에 대한 공과 논란에도 불구하고 이들이 수출시장을 개척해 한국경제가 지금의 세계 10대 경제규모로 성장하는데 일등공신 역할을 했음은 누구도 부정할 수 없다. 이와 비교하면 수출에 주력하던 선대세대들과 달리 내수시장에 매달리는 승계 후대에 대해서는 후한 평가를 주기 어렵다.

모기업에 뿌리를 둔 승계자녀들의 내수시장 진출은 그렇지 않아도 경쟁이 치열한 내수시장의 경쟁과잉 상황을 더욱 부채질한다. 물론 그 과정에서 자영업도 치열한 경쟁의 당사자가 되어 피해를 보게 된다. 골목상권 보호 등과 같은 논쟁을 촉발하게 된 원인이기도 하다. 재벌 오너 가문의 승계자녀들이 기업활동을 하더라도 경쟁원리의 시장기능이 잘 작동한다면 이들 역시 장기적으로는 시장경쟁력을 확보하지 못하면 시장에서 도태될 수밖에 없다는 점에서 이런 현상에 대해 규제하기보다는 시장에 맡겨 놓는 것도 하나의 방안은 될 수 있을 것이다. 하지만 이런 해법에는 두 가지 전제되어야 할 것이 있다. 첫번째는 시장의 경쟁원리가 잘 작동해야 한다는 전제다. 오너가문 승계자녀의 기업들은 출발부터 불공정경쟁의 가능성을 내포하고 있다. 자본이나 인력 면은 물론이고 그룹의 후광을 불공정하게 사용할 여지도 있다. 한발짝 물러나 이들 기업의 불공정경쟁 가능성을 통제할 수 있다 하더라도 문제는 또 있다. 작은 내수시장에서 이들 기업의 규모와 시장 영향력이 자생적인 혁신기업의 성장을 가로막을 수 있다. 오너 승계자녀 기업들이 스스로 혁신역량을 갖추고 혁신기업으로 성장하면 오히려 바람직할 수도 있지만 혁신역량은 없이 오직 시장 영향력만 행사하게 된다면 시장 내에서 혁신기업의 자생적 성장을 방해하는 결과를 낳게 된다. 재벌 오너가문의 승계과정에서 발생하는 광범위한 내수시장 진출이 기업혁신 관점에서 바람직하지 않은 이유다.

재벌 시스템, 한계에 봉착하다

한국은 재벌이라는 독특한 형태의 대기업 구조가 발달해 왔다. 재벌은 여러 개의 대기업들을 거느린 복합그룹이다. 재벌의 존재는 계열기업들이 대기업으로 성장하는 데는 기여했으나 반대로 자생적인 독립기업의 성장을 가로막는 부작용도 있었다. 재벌의 선단식 경영구조는 경쟁력이 떨어지는 계열사들이라도 시장에 진입해 살아남게 하는 독특한 기능이 있다. 재벌 그룹 내 계열화를 통해 시장경쟁력이 떨어지는 계열사를 보호하고 육성하는 기능이 그것이다. 이들 계열사의 주요 고객은 그룹 내 모기업 또는 다른 계열사다. 이들 간에는 시장경쟁 원리가 작동하지 않는다. 시장경쟁력이 떨어지더라도 그룹 내 모기업을 고객으로 삼아 살아 남는다. 이런 재벌의 독특한 구조가 계열사들이 대기업으로 같이 성장하는 데는 기여했지만 독립기업의 자생적 성장을 방해하는 결과도 낳았다. 한국경제 내 재벌들이 모두 이런 계열화 경영을 하다 보니 독립기업이 국내에서는 유의미한 시장을 확보하기가 어려워졌다. 재벌들은 계열사로 제조회사 뿐만 아니라 광고, 건설, 물류, IT서비스, 심지어 외식 등 서비스업 회사들까지 보유했다. 국내시장은 협소한데 재벌들이 너나할 것 없이 제품은 물론이고 관련 서비스 회사까지 운영하다 보니 독립기업이 설 자리는 줄어들었다. 협소한 국내시장에서 모기업의 지원을 받는 재벌 계열사들과 경쟁을 해 생존한다는 것은 결코 쉬운 일이 아니다. 한정된 국내시장에서 벗어나 해외시장 공략을 목표로 하는 것도 국내시장의 뿌리 없이는 언감생심이다.

재벌 계열사이던 독립기업이던 경제 전체 입장에서 큰 기업들이 늘어나 임금노동자를 많이 고용하면 되는 것 아니냐는 반론이 있을 수 있다. 하지만 재벌 계열사로서 대기업과 독립기업 간에는 출발부터 기업 성격이 다르기 때문에 결과도 다르다. 재벌 계열사는 재벌 내 모기업 또는 계열사가 주요 수요처로 정해져 있다. 장점이자 단점이다. 판로가 확실하다는 장점이 있는 반면 반대의 의미로 살아남기 위한 절실함이 부족해지는 단점이 있다. 이들 중 일부는 사업 초기 모기업의 보호 아래 매진해 글로벌 경쟁력을 갖춘 대기업으로 성장하기도 하지만 많은 경우 모기업의 도움을 받아 연명하는 국내용 기업에 머물게 된다. 결국 스스로는 모기업에 기생하는 존재로 전락하면서 다른 독립기업의 성장을 가로막는 존재가 되는 것이다.

한국 기업 중에 완제품을 생산하는 세계적인 기업은 많아도 중간재나 서비스재를 생산하는 세계적인 기업은 찾아보기 어렵다. 재벌 구조의 영향이다. 재벌 구조는 완제품을 대량생산해 공급하는 데 비교우위를 가진 기업구조다. 완제품 시장에서 세계적인 기업을 창출해 내는 데는 결정적 기여를 했으나 중간재나 서비스재 시장에서 경쟁력 있는 글로벌 기업을 만들어 내는 데는 오히려 방해가 되기도 했다. 재벌구조는 소수의 대기업 군을 글로벌 기업의 반열에 올려 놓는 데는 성공했으나 글로벌 시장을 무대로 하는 경쟁력을 갖춘 독립기업을 만들어내는 데는 결함이 있었다.

재벌 구조가 독립기업의 성장을 억제하게 된 또 하나의 이유는 정부의 기업정책에서 찾을 수 있다. 재벌 구조가 문어발식 경영 등 경제력 집중의 폐해를 가져온다는 판단 아래 정부는 재벌을 견제하는 경제력집중 억제 정책을 펴왔다. 1981년 공정거래법이 도입된 이래 수 십년 동안 한국 대기업정책의 핵심목표는 경제력집중 억제였다. 그리고 그 연장선 상에서 재벌 규제와 중소기업 보호정책이 일관되게 추진돼 왔다. 재벌은 정책적 불이익을 받았고 중소기업은 정책적 보호를 받았다. 재벌 규제는 경제력 집중을 억제하려는 의도로 시행됐지만 재벌의 확장을 억제하는 역할만 한 것이 아니라 결과적으로 대기업으로 성장하려는 중소·중견기업들의 확장 의지를 꺾는 역할까지도 했다. 일단 대기업집단으로 지정되어 재벌 반열에 오르게 되면 다양한 형태의 정책적 불이익을 받기도 했거니와 반재벌 정서가 사회 전반에 퍼짐으로써 기업규모를 키우려는 기업가정신을 약화시키는 효과도 발생했다.

다른 한편으로 중소기업에 대한 정책적 보호도 중견기업이나 대기업으로 성장하려는 의지를 약화시켰다. 규모가 커질수록 혜택이 줄어드는 기업정책 아래서 성장을 회피하려는 소위 피터팬 증후군도 나타났다. 경직적인 중소기업 보호정책은 퇴출장벽을 높여 시장기능에 의한 기업 변별력을 떨어뜨려 경쟁력 없는 기업들이 시장 내에 계속 생존함으로써 저생산성의 굴레를 고착화시켰다. 경제력 집중을 억제하고 중소기업을 보호하려는 목적으로 시행된 기업정책이 소수 재벌과 생산성이 낮은 수많은 중소기업들 그리고 발육부진의 중견기업 구조를 낳는 촉매제 역할을 했다.

기업정책이 그려야 했던 이상적인 모습은 재벌의 경제력집중 억제에만 몰두하는 것이 아니라 중소중견기업의 경쟁력과 생산성 확보를 통해 중소기업이 중견기업으로 중견기업이 대기업으로 성장해 가도록 하는 것에 방점이 찍혀 있어야 했다. 그리고 그 결과 생산성 높은 중소기업의 존재 및 많은 수의 중견기업과 대형기업의 존재로 나타났어야 했다. 하지만 상황은 이상적인 모습과는 반대로 귀결됐다. 중소기업은 저생산성의 굴레에서 벗어나지 못하고 중견기업은 경제의 주력으로 성장하지 못했고 그 결과 역설적으로 재벌에 대한 의존은 더욱 심화되는 구조로 귀결되었다.

더 우려스러운 것은 재벌 조차도 양극화가 심화되어 일부 초일류 기업으로 성장한 재벌이 있는 반면 경쟁력을 잃고 부실화되고 있는 재벌도 많다는 점이다. 재벌들에게서 과거 주체할 수 없이 뿜어져 나오던 역동성은 사그라들고 늙어가는 초라한 모습이 보이고 있다.

재벌 시스템은 오늘날 한국에서 많은 비판을 받고 있지만 지난 수 십년 간 한국경제의 고도성장을 가능하게 한 핵심주체였던 것을 부정할 수는 없다. 경제사적 시각에서 본다면 저개발국이 선진국으로 진입하는 것을 가능하게 한 훌륭한 발명품이라고 까지 평가할 수 있을 것이다.

하지만 한국경제의 고도성장 시기를 이끌었던 재벌 시스템이 효율과 성장 모든 면에서 한계를 노정하고 있다. 세계화의 열풍 속에 선진국과의 분업체계 아래 조립가공품 수출이라는 순풍을 달고 재벌기업이 고도성장하던 지난 수 십년 간의 환경은 이제 사라져가고 있다. 조립 완제품의 가공무역에서 벗어나지 못하고 변화를 인지하지 못한 재벌들은 이미 역사 속으로 사라졌거나 사라질 위험에 처해 있다. 일찍부터 조립 가공무역의 한계를 인지하고 소재 및 부품과 중간재 사업에 사활을 걸고 투자를 한 일부 재벌들 만이 반세계화의 역풍을 견디고 꿋꿋이 성장하고 있다.

재벌 시스템은 외부환경 뿐만 아니라 내부운영 면에서도 한계를 드러냈다. 재벌 시스템이 가진 차별화된 강점은 선단식 경영체제에 있다. 선단식 경영체제는 사업초기 시장경쟁력이 떨어지는 계열기업을 모기업과 타 계열사의 보호와 지원 아래 경쟁력있는 기업으로 성장시키는데 탁월한 역량을 발휘했다. 특히 사업경험이 전무한 타산업에 진출하는 발판으로 선단식 경영이 활용되면서 재벌의 성장을 이끌어냈다. 재벌의 선단경영은 문어발식 경영이라는 비판에도 불구하고 산업기반이 전무하다시피 한 후발 산업국가로서 산업경쟁력이 절대적으로 열세인 상황에서 새로운 산업들을 창출하고 글로벌 기업들을 배출해내는 역량을 발휘했다. 하지만 성과가 컸던 만큼 부작용도 만만치 않았다. 선단식 구조를 가능하게 한 상호지급보증과 출자 등의 연결고리는 계열회사의 위험이 그룹

그림 4-5. 기업환경 변화와 기업지배구조 리스크

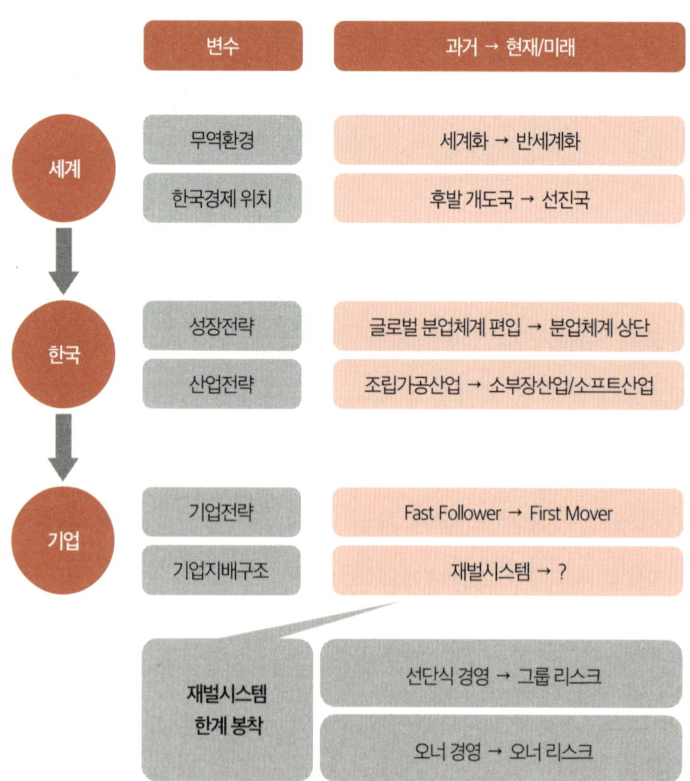

전체의 위험으로 번지는 도화선 역할을 하기도 했고, 적은 지분으로 그룹 전체를 지배하는 기형적인 지배구조를 만들어 내기도 했다. 선단식 경영의 강점은 빛이 바래고 부작용의 크기가 커지고 있다.

재벌 시스템의 효용이 극대화됐던 후발 개도국 한국의 상황과 글로벌 분업체계를 바탕으로 한 세계화의 환경은 이제 사라졌다. 재벌 시스템의 강점은 약점으로 변질됐다. 여기에 승계세대가 길어지며 재벌 오너경영의 한계도 드러나고 있다. 재벌 시스템의 시대적 소명이 다해가고 있는 것이다.

기업지배구조 개혁이 필요하다

이제 시대적 소명을 마무리하고 있는 재벌 시스템을 뒤로 하고 미래 한국경제의 성장을 담보해 줄 새로운 기업지배구조가 생성되어야 한다. 재벌 시스템에 대한 비판은 있을 지언정 시대적 소명을 훌륭히 수행한 것까지 부정할 수는 없다. 지금 한국경제에서 중요한 것은 재벌 시스템에 대한 대안 없는 비판과 공격이 아니라 이를 발전적으로 계승할 수 있는 진화된 기업지배구조 체계를 만들어내는 것이다.

지금 한국경제가 직면한 가장 큰 리스크를 꼽으라면 단연 기업

지배구조 리스크다. 지난 수 십년 동안 한국경제를 지탱해왔던 재벌 시스템의 수명이 다해 가는데 이를 대체할 만한 기업지배구조는 등장할 기미조차 보이지 않는다. 재벌 시스템을 대체할 지배구조로서 전문경영인 시스템에 대한 어설픈 실험들은 대부분 실패로 귀결됐다. 1997년 외환위기 발생의 기폭제가 됐던 기아자동차 사태도 어설픈 전문경영인 실험의 결과였다. 전문경영인 시스템을 도입한 기업들은 믿을 만한 경영성과를 보여주지 못했다. 전문경영인 체제이면서도 재벌에서 보이는 부정적 행태가 그대로 모방돼 나타나기도 한다. 주인 없는 기업으로 인식돼 정치권 등으로부터 경영간섭과 청탁이 끊이지 않는다. 이런 정치적, 사회적 환경에서 재벌 시스템의 대체재로서 전문경영인 시스템은 성공을 보장받을 수 없다.

상황이 이럴 지경인 데도 현실은 재벌 시스템에 대한 비판만 있을 뿐 이를 대체할 기업지배구조에 대한 절실한 고민은 찾아보기 어렵다. 오너경영의 정반대 의미라는 것만으로 전문경영인 체제가 재벌 체제를 대체할 수 있을 것으로 생각하는 것은 오산이다. 경제에서 형성되는 기업지배구조는 경제·사회·문화의 구조적 환경을 바탕으로 한 기업생태계 진화의 산물이지 일방적 정책 선택에 의해서 얻어지는 것이 아니다.

그렇다면 선단식 경영과 오너경영 그리고 세대승계를 축으로 하는 재벌 시스템을 대체할 새로운 기업지배구조는 어떻게 구축될 수 있을까? 핵심은 기업지배구조에서 세대승계의 성질을 어떻게 탈색시킬 수 있느냐 하는 것이다. 선단식 경영과 오너경영 방식은 그 자체로서 옳고 그름을 논할 대상이 아니다. 기업마다 자신들의 생존과 성장 방식에 의해 선택하면 되는 것이다. 경영환경에 따라 선단식 경영이 유리할 경우도 있고 불리할 때도 있을 것이다. 유능한 오너가 오너경영을 하면 기업이 흥할 것이고 능력이 부족한 오너가 오너경영을 고집하면 그 기업은 도태될 것이다. 문제는 오너경영과 세대승계가 결합될 경우다. 앞서 지적한 대로 세대승계가 3~4세대로 길어질수록 필연적으로 유능한 경영자가 지속될 확률은 낮아진다. 그만큼 오너리스크가 커지는 것이다. 세대승계가 길어지고 승계가 많은 자녀들에게 이루어지게 되면 오너리스크는 더 커진다. 견고한 세대승계의 문화를 탈색시키는 것이 중요한 이유다.

대한민국은 세대승계의 문화가 유난히 뿌리 깊다. 가문과 혈연을 중시하는 것은 비단 기업지배구조에서만 나타나는 것은 아니다. 종교계에서 마저도 교권을 세습하려는 문화다. 전세계에서 성씨의 다양성이 가장 적은 나라다. 혈연과 가문을 중시한 결과물이다. 이런 세대승계의 전통이 기업지배구조에도 고스란히 반영돼 왔다.

그렇다면 기업지배구조에서 세대승계의 문화를 어떻게 탈색시킬 수 있을까? 경영권을 자녀에게 물려주는 승계문화는 여간해서는 바뀌지 않을 것이다. 기업 오너가 자녀의 경영자 역량이 모자람을 알고 자신이 평생 일군 기업을 물려주지 않고 매각했다는 뉴스가 아주 이례적인 일담으로 회자되는 것이 한국 기업문화의 현실이다. 이런 뉴스를 자주 접할 수 있어야 세대승계 문화는 약화될 것이다. 유능한 오너가 자신이 일군 기업을 능력이 안되는 가족에 물려주기 보다는 시장에 내다 파는 것이 기업에게는 물론 자신과 가족에게도 더 낫다는 인식과 문화가 확산되어야 가능한 일이다. 물론 역으로 능력이 검증된 세습경영자를 문제삼을 필요는 없다. 문제의 핵심은 세습경영 그 자체에 있는 것이 아니라 세습경영이 가져오는 오너리스크에 있기 때문이다.

전통 재벌들과 달리 신흥 IT기업들에서 창업자가 자신의 지분을 팔고 새로운 사업에 뛰어든다는 뉴스가 간간히 들려온다. 고무적인 현상이다. 이런 현상이 IT 신흥기업 뿐만 아니라 전통 대기업에까지 확산되는 것이 근본적인 지배구조 개선 과정에 다름 아니다.

이런 지배구조 개선 과정이 시장에서 물 흐르듯이 이루어질 수 있도록 하기 위한 환경 조성이 필요하다. 중요한 환경 중 하나가 인수합병 시장이다. 기업을 사고 파는 것이 자유롭고 용이해야 한다. 자유로운 인수합병 시장의 형성에는 당연히 적대적 인수합병도 긍정적 역할을 한다. 경영권 보호를 위한 규제보다는 시장기능 활성화를 통한 지배구조 개선이 기업지배구조 위기에 빠진 대한민국에 더 유리한 방향이다. 규제보다는 경쟁이 한 수 위라는 사실은 경영권 시장에서도 다르지 않다.

진정한 의미의 전문경영인이 등장해야 하는 것도 숙제다. 투자의 귀재로 불리는 워런 버핏은 자신이 소유하고 있는 회사의 전문경영인을 선택할 때 일을 진정으로 좋아하고 회사를 자신의 것처럼 생각하는가 하는 것을 제일의 기준으로 삼는다고 한다. 그런 성향을 가진 사람을 골라 전문경영인에 앉히면 일절 경영에 간섭하지 않고 결과로 평가한다고 한다. 지금 한국의 전문경영인은 오너의 영향력과 간섭이 심해 전문경영인이라기 보다는 오너 개인의 대리인Agent에 가깝다.

오너 없는 기업의 전문경영인은 또 다른 숙제를 안고 있다. 외부로부터의 영향력에 끊임없이 시달린다. 오너 없이 외부압력에 휘둘리는 전문경영인은 오너 있는 기업의 전문경영인 만큼이나 경영인으로서 결격사유가 있다. 전문경영인이라는 직업의 업그레이드가 필요한데 전문경영인을 오너 개인의 대리인 정도로 취급하는 기업 오너나 주인 없는 기업은 청탁의 대상이라는 정치권의 사고방식과 행태에 변화가 있어야 가능한 일이다. 정책적으로 이들의 사고방식과 행태에 변화가 있도록 제도적 장치를 만드는 일이 기업지배구조 개혁의 시발점이다. 기업지배구조를 개혁하는 일은 기업부문은 물론이고 정치, 사회, 문화 모든 방면에서 개혁이 동반해서 이루어져야 가능한 일이다.

기업정책도 개혁이 필요하다

전세계 모든 기업들이 본격적으로 4차 산업혁명의 대열에 뛰어들고 있다. 이제 출발한 모양새지만 머지않아 기업들 간의 격차는 뚜렷하게 벌어질 것이다. 4차 산업혁명의 기회를 선점하기 위해서는 혁신 압력을 부단히 끌어올려야 한다. 이 대열에 대기업과 중소기업의 구분은 없다. 혁신하는 중소기업은 대기업이 될 것이고 혁신에 실패한 대기업은 도태될 것이다. 4차 산업혁명의 성패가 달려 있는 혁신 역량을 높이기 위해 기업정책도 혁신적 변화가 필요하다.

혁신 역량을 높이기 위한 기업정책의 근간은 한편으로는 혁신 압력을 높이고 다른 한편으로는 혁신의 과정에서 발생하는 부작용을 완화시키는 두가지다. 기업의 혁신압력을 높이는 첫 번째 과제를 위해서는 앞에서 논한대로 노동시장과 기업지배구조의 개혁을 바탕으로 상실돼 가는 기업의 역동적 성장 에너지를 회복시켜야 한다. 중소기업은 중견기업으로 중견기업은 대기업으로 성장하는 기업생태계의 역동성이 필요하다.

그러기 위해서는 우선 중소기업 정책 방향에 근본적 변화가 있어야 한다. 지난 수십 년 동안 한국 중소기업정책의 기본 방향은 '보호'였다. 대기업으로부터 부당한 피해를 본다는 전제 하에 도입된 제도들이 주류를 이루었다. 그러다 보니 중소기업의 경쟁력 강화보다는 피해로부터 보호하는데 제도의 초점이 맞추어져 있다. 하지만 이런 선의의 보호주의적 중소기업 정책 방향이 결과적으로는 중소기업의 경쟁력 약화와 저생산성이라는 부작용을 초래하는 한 원인으로 작용했다. 과거 대기업의 불공정행위가 광범위하게 자행되었기 때문에 중소기업 보호제도 도입이 어쩔 수 없이 필요했다는 항변을 받아들인다 하더라도 앞으로 이런 주장은 더 이상 설득력이 없다.

이제 중소기업정책도 '보호'가 아닌 '지원'에 초점을 맞추어야 한다. 지원도 구휼적 지원이 아니라 경쟁력 강화를 위한 지원이 중심이 되어야 한다. 예를 들어 중소기업 자금지원의 중심은 생명연장을 위한 미봉적 자금지원이 아니라 혁신을 유도하고 자극하는 생산적 자금지원이어야 한다. 혁신노력을 하는 중소기업에 자금이 몰려들도록 유도하는 정책이 되어야 한다. 내수시장에 전념하는 중소기업보다 수출시장을 개척하려는 중소기업에 지원의 비중이 높아지도록 해야 한다. 이제 중소기업도 혁신과 경쟁력이 살 길이라는 신호를 시장에 명확하게 보내야 한다. 그 명확한 신호는 정책 방향의 변화를 통해 이루어질 수 있다.

물론 정부정책의 변화 이전에 기업 스스로 변화하는 것이 더 중요하다. 중소 중견기업은 대기업과의 갑을관계에 의존하지 말고 스스로의 역량에 의지해 성장해야 한다. 전속공급계약 등에 기반한 대기업과의 갑을관계는 한편으로는 족쇄인 동시에 다른 한편으로는 안전판 역할을 했던 것도 사실이다. 이제 대기업의 안전판 역할이 예전만 같지 못하고 갑을관계의 횡포를 규제하는 정책도 강화되는 등 환경적으로 중소기업과 대기업 간 갑을관계의 끈이 느슨해지고 있다. 이런 환경적 변화는 중소중견기업에게 위기이자 기회다. 스스로의 차별화된 역량이 있는 기업은 성장의 기회가 될 것이고 여전히 갑을관계에 의존하는 기업에게는 위기가 될 것이다. 중소기업이 갑을관계에서 벗어나기 위해 첫번째로 필요한 것은 기업 스스로 을의 위치에서 벗어나고자 하는 의지다.

기업 성장의 사다리를 튼튼하게 하기 위해서는 중소기업정책뿐 아니라 대기업정책도 변해야 한다. 지금까지 수 십년 간의 대기업정책은 경제력집중억제제도를 기반으로 한 기업성장을 부정적으로 보는 네거티브형 정책이었다. 이제 대기업정책도 경제력집중억제 자체를 목적으로 하는 데서 벗어나 궁극적인 목적으로서 기업 성장의 생태계를 활성화하는 데 초점이 맞추어져야 한다. 이런 관점에서 보면 지금까지의 대기업정책은 실효성 면에서 반쪽짜리 정책이었다. 재벌기업의 횡포를 억제하는데 집중한 나머지 중소·중견기업의 성장에는 효과적이지 못한 정책이었다. 앞에서 살펴본 것처럼 한국의 250인 이상 기업 종사자 비중이 OECD 국가들 중 최하위 수준인 것도 중견기업의 성장이 제대로 이루어지지 못해 생긴 뼈아픈 결과였다.

향후 기업정책 개혁의 방향은 중소기업정책은 보호에서 지원으로, 대기업정책은 경제력집중 억제에 더해 성장 생태계 활성화 지원으로 균형을 맞추는 것이 되어야 한다. 이런 방향의 기업정책 개혁의 결과로 얻고자 하는 것은 혁신 중견기업과 대기업이 성장하는 것이다. 그리고 최종 목표는 한국의 250인 이상 대형기업 종사자 수가 OECD 평균 수준을 달성하는 것이다. 그렇게만 된다면 자영업 문제가 해결되는 것은 물론이고 갈 길을 찾지 못하고 혼돈

그림 4-6. 기업정책 개혁 방향 및 목표

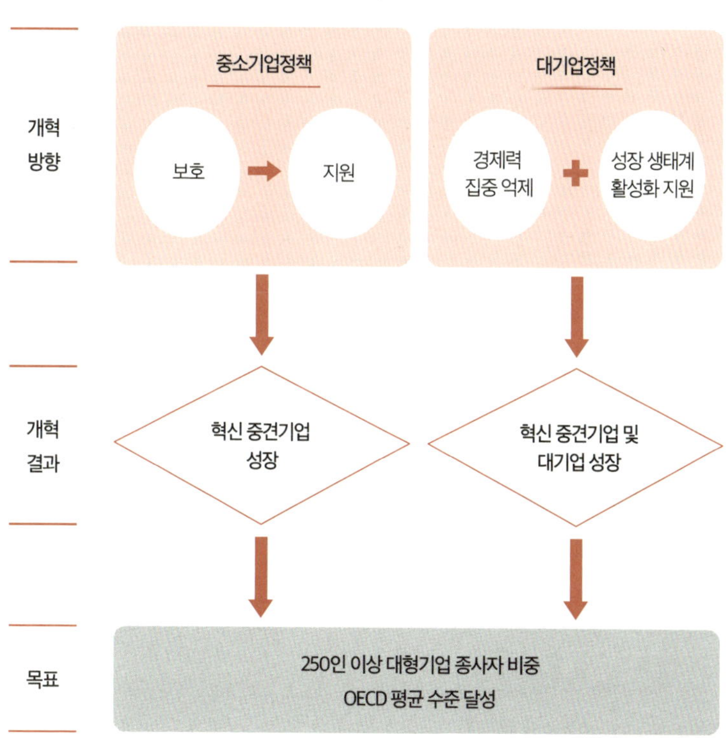

의 늪으로 빠져들고 있는 한국경제 전체의 문제를 해결하는 답까지 얻게 될 것이다.

대기업의 횡포를 막는다고 중소기업의 성장이 자동적으로 이루어지는 것은 아니다. 대기업의 중소기업 기술탈취 문제를 예로 들어보자. 갑을관계를 바탕으로 한 대기업의 중소기업 기술탈취는 고질적인 문제다. 하지만 고착화된 갑을관계 구조 아래서 일어나는 음성적인 기술탈취 현상을 벌을 주는 네거티브 규제의 올가미 만으로는 결코 막을 수 없다. 역으로 기술이나 기업을 사고 팔 수 있는 공개된 시장을 활성화하는 포지티브 정책이 더 효과적일 수 있다. 갑의 입장인 대기업이 꼭 필요한 기술이나 기업이라면 시장에서 제 값을 주고 떳떳하게 구입할 수 있는 길을 열어주는 것이 좋다. 을의 입장인 중소기업은 기업이나 기술을 팔 것인지 말지의 선택권을 갖게 된다. 물론 선택권이 갑을관계의 속성상 불완전할 수는 있겠지만 선택권을 자유롭게 행사할 수 있는 환경일수록 그 가치는 높아지게 된다. 기업과 기술의 거래시장을 활성화하는 것이 중소기업과 대기업에 모두 바람직한 결과를 가져다 줄 수 있다. 경제 전체로도 기술발전과 기업성장의 역동성을 촉진하는 긍정적인 결과를 낳음으로써 경제혁신에 기여할 수 있다. 한마디로 정책적 규제보다는 시장기능 강화를 통한 해법이 한 수 위다. 기업정책의 방향은 기업생태계에 다양성을 촉진하고 선택의 기회를 줄이는 규제들은 줄여 나가는 것이어야 한다.

다만 '사전적' 규제가 줄어드는 만큼 '사후적' 감독기능은 더욱 엄격하고 철저해 져야 한다. 지금까지 한국의 정치·경제·사회 시스템이 공정한 감독을 할 역량을 충분히 갖추지 못했기 때문에 불가피하게 사전적 규제강화에 의존해 온 측면이 있다. 하지만 이제 사전적 규제를 줄이고 사후적 감독은 강화하는 선진형 시스템으로의 개혁이 이루어져야 한다. 규제 중심 시스템의 비효율성을 생각하면 무작정 개혁을 미룰 수는 없다. 아직 미흡하기는 하지만 한국의 정치·경제·사회 시스템도 공정한 감독을 수행할 역량이 많이 향상된 만큼 감독역량을 더욱 제고하면서 기업정책의 틀을 근본적으로 바꿀 때가 됐다.

4차 산업혁명 환경에서 기업의 혁신역량을 높이기 위해 기업의 혁신압력을 부단히 끌어올리되 다른 한편으로는 혁신 과정에서 발생하는 부작용을 줄이는 과제 또한 중요하다. 4차 산업혁명이 전개되는 과정에서 불가피하게 산업의 부침과 노동시장의 격변을 경험하게 될 것인데 이는 곧 새로운 일자리가 생기는 한편으로 기존 일자리가 피해를 보거나 사라지는 상황이 활발하게 벌이지는 것을 의미한다. 1800년대 다양한 생산기계 발명을 기폭제로 산업혁명이 시작되자 사람의 일자리를 빼앗아 가는 기계를 파괴하자는 러다이트운동Luddite Movement이 일어났지만 결국에는 산업혁명의 거대한 물줄기를 되돌리지는 못했다. 기계가 사람을 대체해 사람의 일자리가 줄어들 것이라는 우려는 기우에 그쳤다. 사람이 직접 해야 하는 물리적 노동 일자리는 기계가 대체해 사라져 갔지만 기계를 다루어야 하는 사람의 일자리는 그 보다 훨씬 많이 늘어나 종국에는 산업혁명 이전보다 일자리는 비교할 수 없을 정도로 늘어났다. 4차 산업혁명도 흐름은 비슷할 것이다. 4차 산업혁명의 핵심인 AI혁명이 사람의 일자리를 빼앗아 가겠지만 종국에는 그보다 더 많은 새로운 일자리가 생겨날 것이다.

하지만 혁명의 과정은 항상 과도기적 갈등과 혼란을 수반하는데 4차 산업혁명도 예외는 아니다. 갈등과 혼란은 이미 나타나고 있는데 주위에서 쉽게 발견할 수 있는 대표적인 사례가 공유경제Sharing Economy다. 공유경제가 새로운 산업 트렌드로 자리잡아 가고 있지만 그 과정에서 기존 산업 내에 종사하고 있는 사람들의 피해가 현실화되면서 갈등이 확산되고 있다. 특히 교통, 숙박 서비스 등 서비스산업에서 공유경제 확산에 따른 갈등이 심하다. 공유경제의 흐름을 거스를 수 없다면 그에 따른 갈등 조정은 물론이고 피해를 입는 계층에 대한 안전망을 만드는 일이 정부의 몫이다. 그 안전망을 만드는데 정부는 적극적인 역할을 마다하지 말아야 한다. 마치 지난 수 십년 동안의 산업화와 개방화 과정에서 집중적으로 피해를 본 농민에게 정부가 나서 적극적으로 안전망을 제공한 것과 같은 상황에 다름 아니다. 튼튼한 안전망의 전제 없이 과감하고 역동적인 혁신활동을 기대할 수 없다. 4차 산업혁명의 파도가 거세다고 이를 피하거나 억제할 것이 아니라 거센 파도에 대비한

튼튼한 안전망을 갖추고 공격적으로 대응해 나가는 것이 미래를 위해 올바른 길이다. 그리고 최종적으로 4차 산업혁명 시대에 창출되는 새로운 일자리들의 과실을 얻을 수 있을 때 4차 산업혁명에 성공적으로 대응했다는 평가를 받게 될 것이다.

이 장을 마무리하면서 다시 한번 강조하거니와 자영업을 살리는 방법은 간단치 않다. 단순히 곁가지 몇 개의 정책으로는 어림없다. 자영업을 살리기 위해서는 한국경제의 근본적 개혁이 필요하다. 너무 거창한 것 아니냐 하는 의구심을 가질 수도 있겠으나 그렇지 않다. 한국경제에서 자영업의 문제는 자영업만의 문제가 아니다. 사본과 노동의 고래싸움에 등이 터져 생긴게 자영업 문제다. 그러니 고래싸움을 해결하지 않고서는 자영업 문제는 해결되지 않는다.

5장

자영업,
협력 체계를 구축하라

- 급격한 최저임금 인상과 주 52시간 근무제 등 자영업에 큰 영향을 주는 제도들이 자영업계가 철저히 소외된 가운데 도입된 것이 자영업계가 정치적으로 눈을 뜨는 계기로 작용했다.

- 자영업이 자본과 노동의 고래싸움에 또다시 등이 터지는 왕따 신세가 되지 않으려면 자영업계도 뭉쳐야 한다. 뭉쳐야 살 수 있다.

- 자영업이 뭉치기 위해서는 조직적인 협력 체계 구축이 필요하다. 정치협력, 사업협력, 지식협력의 3각 협력 체계를 구축하는 것이 과제다.

- 자영업 생존 연장을 위한 일회성 대책은 만들기 쉽지만 생존 능력을 높이는 근본적 정책은 만들어 내기 어렵다. 정부의 경쟁력은 그것을 만들어 내는 데 있다.

4장에서는 왕따당하는 자영업의 소외된 현실을 살펴보고 자영업이 살기 위한 방편으로서 노동개혁과 기업개혁 등 경제개혁 과제에 대해 논의했다. 하지만 이들 경제개혁이 자영업이 살기 위한 필수조건이지 충분조건까지 되어 주지는 못한다. 자영업이 진정으로 살 수 있는 충분조건은 자영업 스스로 변화와 혁신을 통해 경쟁력을 갖추고 생산성을 높이는 것이다.

그렇다면 자영업계는 스스로 경쟁력을 갖추기 위해서는 무엇을 바꾸어야 하고 무엇을 혁신해야 하나? 자영업이 처한 현실을 직시하는 데서 답이 나온다. 한국 자영업은 지금 한편으로는 외로운 왕따 신세이면서 다른 한편으로는 4차 산업혁명 시대 혁신의 소용돌이에 빨려 들어가고 있다. 이런 위기의 상황에 대응해 자영업이 해야 할 일은 우선 왕따 신세를 면하는 노력을 하는 것이고 다른 한편으로는 4차 산업혁명 혁신의 시기를 기회로 활용하는 것이다.

자영업은 지난 수십 년 동안 왕따 신세를 면하지 못한 소외된 존재였다. 자본의 힘과 노동조합의 세력에 치여 자신의 목소리를 내지 못했고 정부와 정치권은 정치적으로 중요성이 떨어지는 자영업의 존재를 무심하게 대했다. '87년 체제'에서 자영업 과잉이 잉태되었고 '서민물가'에 발목 잡혀 경제성장의 과실을 제대로 분배받지 못했으며 '최저임금' 급등에 결정타를 맞으며 빈사상태에 빠지고 말았다.

자영업 종사자의 이해관계에 심대한 영향을 준 이들 제도들이 도입되는데 자영업계의 의견은 일절 반영되지 않았다. 그 결과 자영업은 낮은 생산성과 저소득에 시달리고 있다. 이것이 지난 30년 동안 자영업이 겪은 왕따의 본 모습이다. 자영업이 자본의 힘이나 노동조합의 세력처럼 무언가 영향력을 행사할 수 있는 방법이 있었더라면 이렇게까지 소외를 당하지는 않았을 것이다. 이제 자영업이 자본과 노동의 고래싸움에 또 다시 등이 터지는 왕따 신세가 되지 않으려면 자영업계도 스스로 힘과 역량을 키워야 한다. 힘과 역량을 얻는데 가장 필요한 것이 서로 협력하는 시스템을 구축하는 것이다. 자영업은 말 그대로 홀로 독립적으로 경영하는 업이다.

그러다 보니 다른 누구와 협력적 관계를 설정하는 것이 어렵고 생소한 일이기는 하지만 그렇더라도 자영업계 앞에 놓여 있는 냉엄한 현실을 생각한다면 이 어려운 일을 해내야 한다.

자영업이 겪은 왕따는 과거의 얘기가 아니다. 지금도 진행되고 있고 미래에는 더 한 소외를 경험할 수도 있다. 지금까지는 자영업계가 자본의 힘과 노동조합의 세력 간 싸움에 새우등 터지는 격으로 간접적인 형태로 피해를 입었다면 앞으로는 직접적인 싸움의 당사자가 될 가능성이 높다. 대표적인 예로 플랫폼경제Plattform Economy[1]의 확산으로 자영업계와 플랫폼사업자 간의 갈등이 불가피할 것이다. 당장에 프랜차이즈 관련 제도나 플랫폼노동자의 법적 지위 등과 관련된 이슈를 둘러싸고 이미 첨예한 갈등이 노정되고 있다.

이런 냉엄한 현실에서 자영업이 또 다시 소외되지 않으려면 자영업계 내에 생산적 협력체계를 구축해 스스로를 지키는 힘과 역량을 키워야 한다. 지금부터 이 문제에 대해 고민해 보도록 한다.

---

1 기차역 플랫폼이 사람과 물류의 허브 역할을 하듯이 온라인 생태계에서 플랫폼 기능을 활용한 플랫폼 비즈니스가 확산되는 경제를 말한다.

사업·정치·지식협력의 3각 협력체계 구축

빠르게 확산되고 있는 플랫폼경제에서 자영업계와 플랫폼사업자 간에는 이해관계의 대립이 불가피하다. 자영업 비중이 높은 음식업이나 도소매업 등 내수 업종에서 집중적으로 플랫폼 경제가 확산되고 있어 자영업자는 불가피하게 플랫폼 경제와 관계를 맺을 수밖에 없다. 한편에서는 플랫폼 서비스를 활용하는 사용자로서 자영업자들이 있는가 하면 다른 한편으로는 플랫폼사업자와 일하는 플랫폼노동자로서 자영업자들이 있다. 이들 자영업자는 불가분 플랫폼사업자와 협력관계인 동시에 갈등관계를 맺는다.

이제 플랫폼노동자나 프랜차이즈 가맹점들은 사업자인 자본의 힘과 직접 이해관계를 다투어야 하는 상황이 되었다. 홀로 서 있는 자영업자들에게는 버거운 일이 아닐 수 없다. 이럴 때 자영업을 대변할 수 있는 조직이나 세력이 있다면 아주 요긴할 것이다. 자영업 개개인은 독립적인 존재이므로 원천적으로 조직적 대응을 할 능력이 부족하다. 하지만 지금까지 겪은 소외된 신세를 앞으로 또 겪지 않기 위해서는 자영업도 스스로의 이익을 지키기 위한 조직적 대응이 필요하다. 임금노동자를 대변하는 노동조합만큼 강력한 조직은 아니더라도 자영업자를 대변하는 조력자라도 있어야 한다. 조직적인 대응이 가능하려면 자영업 종사자들끼리 우선 협력체계를 구축해야 한다.

물론 자영업계가 협력체계를 구축하는 일이 꼭 다른 세력과 다투는 정치적 영향력 확보를 위해서만 필요한 것은 아니다. 협력체계 구축의 보다 기본적인 목적은 자영업계 내부의 사업협력을 가능하게 하기 위한 것이다. 자영업 시장은 그렇지 않아도 과잉경쟁에 시달리고 있는데 여기에 기업형 사업자들이 속속 진입하면서 경쟁은 더욱 치열해지고 있다. 플랫폼경제를 매개 삼아 지금까지 자영업의 영역이었던 분야에 기업형 사업자의 침투가 전방위적으로 이루어지고 있다. 배달서비스, 승차공유서비스, 배송서비스 시장 등 주요 자영업 시장에서 자영업자와 기업형 사업자 간의 첨예한 경쟁이 전개되고 있다. 승차공유서비스 시장에서 기업형 사업자와 자영업자인 택시 업계 간의 경쟁이 대표적인 사례다. 숙박공유서비스의 확산은 소규모 숙박업을 운영하는 자영업자들의 생존을 위협한다. 온라인 배송업의 확산은 재래점포나 슈퍼마켓은 물론이고 이들로부터 시장을 빼앗아 성장한 대형마트에 이르기까지 오프라인 사업자 전반에 걸쳐 타격을 주고 있다. 자영업 시장이 격변의 시대에 들어선 것이다.

자영업 시장에 기술과 자본으로 무장한 기업형 사업자가 침투하면서 이제 경쟁의 양상은 자영업자 끼리의 경쟁이 아니라 자영업자와 비자영업자 간의 경쟁으로 변화하고 있다. 기업형 사업자는 자영업자 개개인이 상대하기에는 버거운 경쟁자다. 기업형 사업자들이 누리는 규모의 경제Economies of Scale 효과와 네트워크 효과

Network effect[2]를 자영업자는 누릴 수 없다. 기업형 사업자의 침투 확산에 자영업계도 업계 내의 사업협력 강화로 대응해야 하는 이유다. 자영업자들 간의 사업협력은 자영업자에게 없는 규모의 경제 효과와 네트워크 효과를 누릴 수 있는 가능성을 제공해 준다. 자영업도 이제 스스로의 약점인 정치 경쟁력과 사업 경쟁력을 확보하기 위한 방편으로서 자영업계 내에 조직적인 협력체계를 구축하는 것이 절실히 필요한 것이다.

플랫폼 경제라는 새로운 환경 아래서 자영업 종사자들이 기업형 사업자들과 경쟁하기 위해서는 자영업 종사자들 간의 사업협력과 정치협력 기능을 보다 전문적이고 효과적으로 수행할 조직이 필요하다. 물론 현재도 자영업 업계 내에 자영업 종사자들 간 협력을 증진하기 위한 다양한 협력 조직이 존재한다. 업종별로 협회들이 구성되어 있고 지역적으로는 상인회가 조직되어 있다. 협회는 회원들의 권익을 주장할 수 있는 소구력이 가장 강한 조직이고 상인회는 지역 소단위 자영업자들의 모임으로 해당 시장, 지역내 상권별로 자신들의 권익을 보호하기 위해 구성된 조직이다. 프랜차이즈 가맹본부와의 이해관계 문제 해결을 위한 가맹점의 모임으로 가맹점협의회도 있다.

—

2 네트워크 효과란 어떤 재화의 사용자 수에 의해 그 재화의 가치와 수요가 영향을 받는 현상이다. 긍정적 네트워크 효과가 발현되는 예로 어느 특정 브랜드의 사용자가 많아지면 그 브랜드를 사용하는데 따른 가치가 올라가고 수요가 더욱 늘어나는 현상을 들 수 있다.

이들 단체 모두 자영업의 권익 향상을 위해 구성된 협력 조직이다. 하지만 이들 단체들의 그 동안의 역할과 기능은 그리 효과적이지 못했다. 자영업이 정치적으로 소외당하는 상황에 효과적으로 대응할 역량을 발휘하지 못했으며 자영업의 생산성과 경쟁력을 높여줄 사업협력 기능을 수행하는데 미흡했다. 이들 단체들이 지금까지 수행해온 협력 기능과 역할 만으로는 자영업의 권익을 보호하고 지키는데 역부족이다. 사업협력과 정치협력 기능을 효과적으로 수행할 수 있도록 협력 체계를 보다 조직적이고 구조적으로 구축할 필요가 있다. 여기에 더해 사업협력과 정치협력 체계가 자영업계 내에서 내생적으로 구축되고 지속성을 가지고 발전할 수 있도록 하는 지식협력 체계까지 구축될 때 자영업계의 협력 조직은 완성될 수 있다. 이에 대해 지금부터 논의해 보도록 하자.

그림 5-1. 자영업 협력 체계 개념도

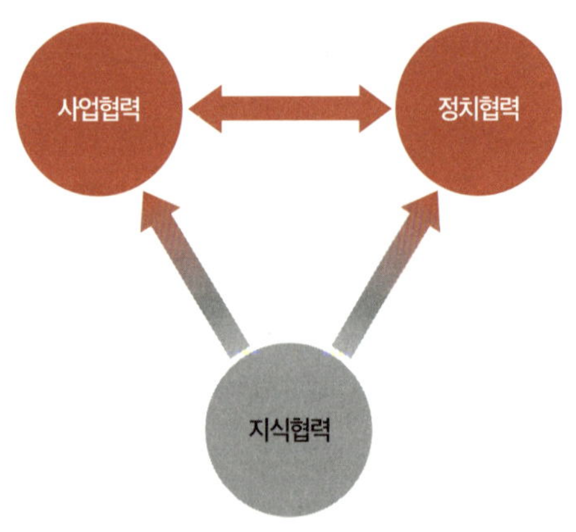

1. 자영업 사업협력

자영업에서 사업협력이 필요한 이유는 기본적으로 규모의 경제 효과와 네트워크 효과를 얻기 위함이다. 자영업계의 사업협력 형태로 공동구매, 생산시설의 공동활용, 공동마케팅 등을 손쉽게 떠올릴 수 있다. 이런 형태의 사업협력을 통해 생산과 유통 과정에서 규모의 경제가 발현되어 비용절감과 수익성 개선의 효과를 얻을 수 있다. 자영업자 개개인의 경영으로는 절대 얻을 수 없는 이익이다. 사업협력을 통해 네트워크 효과도 기대해 볼 수 있다. 긍정적인 네트워크 효과가 발생하면 재화의 사용자가 많아질수록 그 재화에 대한 수요가 늘어난다. 예를 들어 공동브랜드의 활용은 네트워크 효과를 얻기 위한 유용한 방법이다.

이처럼 자영업자 독립적으로는 얻을 수 없는 규모의 경제 효과나 네트워크 효과를 사업협력을 통해 얻을 수 있다. 이런 효과를 얻을 수 있는 사업협력 형태는 유형적인 형태만 있는 것은 아니다. 공동연구나 공동기획 등 무형의 형태들도 사업협력의 효과를 기대할 수 있다.

자영업자에게 사업협력이 주는 또 하나의 중요한 효용은 다양성 효과Diversity Effect다. 예를 들어 다양한 경력과 재능을 가진 자영업자들이 모여 서로 비교우위에 있는 능력을 공유함으로써 다양성의 이점을 확보할 수 있다. 구매-생산-판매 등 경영을 위한 여러 요소들을 각 요소에 강점을 가진 자영업자가 협력해줌으로써 자영업자 혼자라면 얻을 수 없는 양질의 경영을 할 수 있게 된다. 사업실패의 위험을 줄여주는 효과도 기대할 수 있다. 자영업은 홀로 경영하는 업이다 보니 철저하게 개인 역량에 의해 사업의 성패가 결정된다. 홀로 의사결정을 하다 보면 실수할 일도 생긴다. 사업협력 과정에서 발생하는 자영업자 간 상호 협력과 교류는 이런 잘못된 경영판단을 할 위험성을 낮춰줄 수 있다.

그림 5-2. 자영업 사업협력의 기대효과

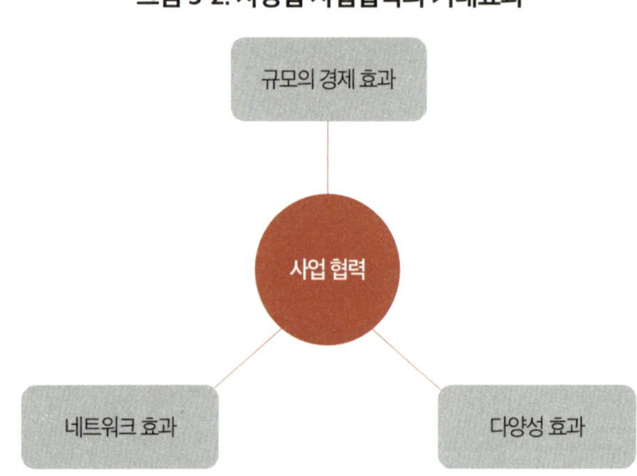

사업협력을 하기 위해서는 이를 실행에 옮기기 위한 조직이 있어야 한다. 자영업 사업협력을 위한 대표적인 조직으로 협동조합, 상인회 등을 들 수 있다. 이들은 자영업자들이 공동의 이익을 위해 자발적으로 구성한 조직이라는 공통점이 있다. 자발적인 조직

은 아니지만 규모의 경제 효과와 네트워크 효과를 얻기 위해 가맹점 형태로 자영업자들을 모으는 프랜차이즈 사업도 광의적으로는 사업협력 조직이라고 할 수 있다. 이런 조직들은 각자 스스로의 성격에 맞는 형태로 자영업의 사업협력을 도모한다. 지금 현재는 이런 조직들을 활용하는 자영업자는 소수에 불과하지만 앞으로 관심을 가지고 자신에 맞게 이들 조직을 효과적으로 활용해 나가는 지혜와 노력이 필요하다.

사업협력의 핵심, 협동조합

협동조합은 자영업계에서 사업협력의 중심 역할을 하는 조직 형태다. 협동조합이 자영업의 사업협력 조직으로 각광을 받기 시작한 것은 2012년 12월 협동조합기본법이 시행되면서 부터다. 이 법의 시행으로 자영업 영역에서 다양한 형태의 협동조합이 자유롭게 설립되는 것이 가능하게 되었다. 농협, 수협 등 일반적으로 알려진 기존의 협동조합과 달리 협동조합기본법에 의하면 5명 이상의 조합원 만 있으면 법인격을 갖는 협동조합의 설립이 가능하다. 소수의 자영업자들이 모여 공동의 이익을 위해 사업협력을 할 목적으로 활용하기에 안성맞춤이다.

실제로 협동조합기본법 시행 이후 협동조합 설립이 크게 늘어나 2020년 5월 현재 17,000개가 넘는 협동조합이 운영되고 있다. 업종별로 보면 자영업 비중이 가장 높은 도소매업 분야에서 설립된 협동조합 수가 3,600개가 넘어 가장 많고 뒤를 이어 교육서비스업과 농림어업, 예술·스포츠 및 여가관련 서비스업, 개인서비스업 등 자영업자들이 많이 활동하는 업종에서 협동조합이 많이 설립되었다. 자영업자들의 협동조합 이용이 활발하게 이루어지고 있음을 보여주고 있다.

표 5-1. 업종별 협동조합 수

합계	농업, 임업 및 어업	제조업	도매 및 소매업	숙박 및 음식점업	교육 서비스업	예술, 스포츠 및 여가관련 서비스업	협회 및 단체, 수리 및 기타 개인 서비스업
17,714	1,627	1,486	3,634	629	2,734	1,628	1,091

자료원: 한국 사회적 기업 진흥원 (2020년 5월)

자영업 협동조합 설립이 가능하게 된 이후 협동조합 조직을 통한 자영업 부문의 사업협력 양상은 과거와는 비교할 수 없을 정도로 활발하게 이루어지고 일부에서는 괄목할 성과도 나타나고 있다. 협동조합 운영으로 실질적으로 자영업자들의 공동이익이 실현되는 성공사례도 늘어나고 있다.

확실히 협동조합기본법에 의해 설립된 협동조합들은 소비자를 직접 밀착 상대하며 소규모 자본으로 업을 영위하는 내수 서비스 업종의 자영업 활동에 잘 들어맞는 방식임에 틀림없다. 하지만 협동조합의 양적 성장이라는 밝은 면 뒤에는 그늘도 있다. 실제로 부실운영 사례도 많고 운영이 되지 않는 협동조합도 비일비재하다.

협동조합기본법에 의해 설립된 자영업 협동조합들은 애초에 설립 의도가 사업협력을 통해 시너지를 얻고 이를 바탕으로 조합원 각자의 이익을 늘리는 것에 있다. 전통적 의미의 협동조합 설립 목적이 조합원 공동의 이익을 도모한다는 점과 본질적 차이가 있다. 전통적 협동조합은 조합활동의 생산성이 낮아져 이익이 줄어들면 서로 이익을 적게 가져가는 것으로 문제가 해결되지만 시너지를 목적으로 만들어진 자영업 협동조합은 시너지를 통한 생산성 개선이 없으면 조합원들이 협동조합을 설립한 목적을 달성하지 못하게 된다. 여기서 협동조합의 지속가능성에 의문부호가 달리게 된다. 전통적 협동조합은 효율보다는 형평의 가치가 우선하는 조직인 반면 지금 우후죽순 만들어진 협동조합의 실체는 효율성의 담보 위에서만 지속 가능한 성격을 가지고 있다. 유명무실한 협동조합이 양산되고 있는 것도 이런 성격에 기인하는 것이다. 실제 조사결과[3]도 협동조합이 운영되지 않거나 폐업하는 가장 큰 이유로 수익모델 미비의 응답이 가장 많은 것으로 나타나 협동조합이 처한 현실을 잘 보여준다.

결국 자영업 협동조합이 성공하기 위해서는 협동조합이 조합

---

3 기획재정부, 제3차 협동조합 실태조사(2018)

원에게 주는 가치가 명백해야 한다. 수익모델이 가장 중요한 요소다. 구매-생산-판매로 이루어지는 가치사슬에서 협동조합의 역할로부터 생성되는 시너지 효과가 명확하게 나타날 수 있어야 한다. 구체적으로 규모의 경제 효과와 네트워크 효과, 다양성 효과가 명확할수록 자영업 협동조합은 성공할 확률이 높다.

주의할 것은 협동조합 선진국의 사례를 그대로 답습해서는 성공하기 어렵다는 점이다. 예를 들어 이탈리아 등 협동조합의 역사가 오랜 지역들의 협동조합은 조합원에게 기본적인 수익을 보장해줄 정도의 생산성을 보유하고 있다는 점을 간과해서는 안된다. 이들은 이미 오랜 역사를 통해 협동조합의 시너지효과가 발현되어 효율에 대한 압박 없이 공동의 이익이라는 형평을 추구할 만큼의 여력을 보유하고 있는 것이다.

결국 무늬는 협동조합이지만 자영업 협동조합들 역시 어떻게 시너지를 내 생산성과 이익을 높일 것인가 하는 숙제를 여전히 안고 있는 것이다. 협동조합이라는 이름을 달았다고 해서 생산성이 중요하지 않은 것은 결코 아니다. 홀로 자영업을 운영하던 시절과 본질적으로 달라지는 것은 없다. 자영업 협동조합도 여전히 생산성은 중요하다.

자영업 협동조합의 영세성과 조직운영 미숙 등도 협동조합의 성공을 가로막는 요인들이다. 협동조합이 실질적으로 운영되지 않고 있거나 폐업하는 이유로 첫번째 거론된 것이 수익모델 미비이

그림 5-3. 협동조합 성공의 조건

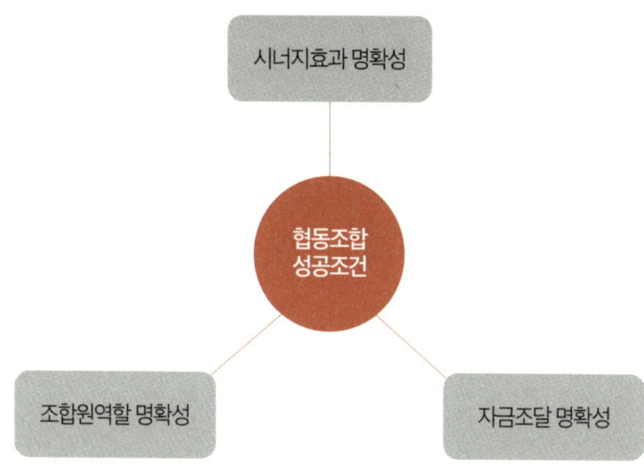

고 그 다음이 운영자금의 부족, 조합원 간의 의견불일치 순이었다. 오랫동안 효율과 경쟁을 추구하는 환경에 노출돼 있던 사람들이 갑자기 형평을 중심가치로 하는 조직 환경에 바로 적응하기는 쉽지 않다. 경험해 보지 않은 협동조합 조직에서 역할갈등이나 역할모호 등으로 이해충돌과 갈등이 표면화되기도 한다. 조합원들이 실제로 협동조합이 추구하는 가치에 적응하는 과정이 결코 순탄치만은 않은 것이다. 자영업자의 사업협력의 한 방식으로서 협동조합의 성공을 위해서는 시너지효과의 명확성, 조합원 역할의 명확성, 자금조달의 명확성 등이 전제되어야 한다. 사업협력의 방책으로서 협동조합이 좋은 결실을 맺는다는 것이 결코 녹녹한 일은 아니다.

그럼에도 불구하고 협동조합이 가장 잠재력이 큰 자영업의 사업협력 도구라는 점에는 변함이 없다. 협동조합은 규모의 경제 효과, 네트워크 효과, 다양성 효과 등 사업협력으로부터 얻고자 하는 시너지 효과를 잘 발현시킬 수 있는 특성을 보유하고 있다. 협동조합의 이런 특성을 잘 활용하기만 하면 자영업의 사업협력 모델로서 이만한 것이 없다. 이런 매력 때문에 정부도 자영업 협동조합 설립과 운영에 적극적인 지원을 마다하지 않고 있다.

협동조합은 대기업에 대비되는 영세기업 분야의 생산성을 높이는데 기여할 수 있는 잠재력을 가지고 있다. 대기업은 특성 상

표 5-2. 협동조합 시너지 사례

시너지 원천	사례	내용
규모의 경제 효과	베러댄와플 협동조합	전국에 80여 개 매장을 가진 협동조합 브랜드로 조합원들이 원재료를 공동구매하고 함께 반죽 공장을 만들어 상품의 질은 높이고 가격을 낮추는 효과
	KOSAMART	한국슈퍼마켓협동조합연합회가 1993년 도입한 슈퍼마켓협동조합 공동브랜드. 전국에 유통공동물류센터를 설립하여 제조사들로부터 공동구매를 해 조합원들에게 저렴한 가격에 판매
네트워크 효과	햇사레	경기, 충북지역 6개 지역농협이 연합해 출하하는 복숭아 공동 브랜드. 공동 품질관리를 통해 고품질 복숭아 브랜드 이미지를 만들어 내는데 성공
	서울우유 협동조합	조합내 낙농가들이 조합의 지원으로 우수품질 원유를 안정적으로 공급. 대한민국 대표 우유 브랜드로 자리매김
다양성 효과	울산광고물 협동조합	광고물 디자인과 제작 및 설치를 한곳에서 할 수 있는 공동화 사업장을 설치해 조합원들이 각자 비교우위가 있는 역할을 수행하는 전문가 협업 협동조합

자료원: 2019 소상공인협동조합 우수사례집(2019), 앗! 이것도 협동조합(2012), 언론 보도 등

대규모 자본 조달과 효율성 추구에 유리한 주식회사 형태가 적합한 사업형태라고 한다면 주변과의 사업협력을 통해 생산성 향상을 기대할 수 있는 영세기업은 협동조합이 유리한 사업형태가 될 수 있다. [표 5-2]는 자영업계에서 협동조합의 장점을 십분 활용해 생산성을 끌어올린 대표적인 사례들이다.

지역기반 사업협력의 중심, 상인회

자영업의 몇 안되는 강점 중 하나가 지역적 기반을 가지고 있다는 것이다. 지역 내에 기반한 풀뿌리 사업체가 자영업의 일반적인 모습이다. 기업형 사업자에 비해 비교우위가 있는 지역기반 요소를 십분 활용하는 전략이 필요한데 지역기반의 사업협력이 좋은 전략이 될 수 있다.

가장 작은 단위의 지역기반 사업협력 조직으로 상인회를 들 수 있다. 상인회는 지역단위를 중심으로 하는 사업협력 조직이다. 주 물리적 시장을 중심으로 한다. 보통 전통시장에 집중적으로 조직되어 있다. 전통시장내 다양한 업종의 상인들이 협력하는 경우이기 때문에 지역을 중심으로 한 이해관계에 대해서는 공동으로 힘을 모아 대응하지만, 동종업종 간의 경쟁은 피할 수 없다는 것이 협력의 걸림돌로 작용한다. 이런 특성 때문에 상인회의 사업협력은 지역 단위의 방문객을 증가시킬 수 있는 방문객들을 위한 인프라 구축에 초점이 맞추어져 왔다. 그러다 보니 정부 지원도 지역 인프라 확충과 지역 브랜드 개발에 집중하는 경향이 있다. 지방자치단체에는 전통시장을 담당하는 조직이 있는데, 이들은 대부분 지역내 인프라 확충에 집중적으로 관심을 쏟고 지원한다. 시장주변 도로 및 주차장 정비 등 유형적인 지원이 중심이다. 하지만 이것 만으로는 전통시장을 활성화하는데 한계가 있다. 실제로 활성화된 시장은 정부나 지자체의 인프라 투자 보다 민간의 투자를 통해 이루어진 경우가 많다. 쇠락하는 상권을 활성화하기 위한 민간의 키테넌트Key Tenant[4] 투자가 대표적이다.

키테넌트 즉 핵심점포의 육성 또는 유치는 전통시장 활성화에 효과적일 수 있다. 방문객들의 접근성을 높이는데 도로나 주차장 등 유형의 접근 인프라 구축이 기본적인 요건이지만 이것 만으로는 부족하다. 방문객의 접근성은 물리적 인프라에 의해서만 결정되는 것이 아니라 관심Interest이라는 무형의 요소에 의해서도 영향을 받는다. 특히 소셜네트워크서비스Social Network Service(SNS) 의 전파 기능이 극도로 발달한 국내환경을 고려하면 교통이라는 물리적 접근성보다 관심이라는 무형의 접근성이 더 중요하다고도 할 수 있다. 관심만 있으면 물리적 접근의 불편함을 마다하지 않고 찾아

4 특정 상가나 쇼핑몰 등 물리적 집합 상권에서 방문객을 끌어들이는 역할을 하는 핵심점포를 의미한다. 대표적인 키테넌트로 유명 커피매장이나, 서점, 영화관 등을 들 수 있다.

오게 된다. 작은 단위의 시장이라면 특히 시장으로 고객을 끌어들이는 키테넌트의 존재는 관심을 갖는 방문자의 수를 늘리는데 탁월한 효과가 있다. 이렇게 중요한 역할을 하는 키테넌트와 상인회간 갈등 사례가 심심치 않게 발생하곤 하는데 안타까운 일이다. 상인회는 키테넌트를 발굴하고 육성하는데 앞장서야 하고 필요하다면 유치하는 노력까지도 해야 한다. 최근 지역단위 시장에서 먹거리 점포를 중심으로 한 키테넌트의 개발 및 활성화와 적극적인 유치를 통해 시장을 활성화하는 사례가 자주 목도된다. [표 5-3]은 그 대표적인 사례들이다.

관심을 이끌어 내는 또 하나의 무형 인프라는 브랜드Brand다. 가장 작은 지역단위인 시장의 브랜드화부터 시장보다 넓은 개념인 상권의 브랜드화, 더 나아가 지역사회의 브랜드화까지 지역 브랜

표 5-3. 키테넌트 활용을 통한 상권 활성화 사례

사례	내용
부산 부평 깡통시장	부평깡통시장 내에 이동형 매대를 설치하여 전국 최초로 상설 야시장을 운영함으로써 기존 점포 매출 증가와 시장활성화 및 원도심 인지도도 함께 상승
전주 남부시장	물류창고로 비워져 있던 전통시장 2층에 청년들이 운영하는 신개념 복합쇼핑몰인 '레알뉴타운'이 입점하여 시장 활성화
광교 앨리웨이	아파트 복합상가에 유명 브랜드를 유치하여 아파트 마을 개념의 새로운 테마형 복합공간 창출
광주 대인시장	갤러리, 공연 등 다양한 예술 프로그램을 포함한 야시장. 공연과 시장 곳곳에 그려진 현대예술이 키테넌트가 되어 전통시장을 활성화

딩이 유행을 한지 오래다. 이제 지역 브랜드화는 필수적인 것으로 인식되고 있고 전국의 수많은 시장과 상권, 지역사회가 브랜드를 가질 정도가 되었다. 그러다 보니 브랜드 자체가 주는 방문객 유인 효과가 이전만 못하게 되었고 이제 브랜드도 차별화하지 않으면 효용가치가 희석되는 상황에까지 이르렀다. 지역기반의 브랜드화 경쟁이 새로운 단계에 들어서고 있는 것이다.

시장 또는 상권 단위의 사업협력 조직인 상인회는 상권 활성화라는 공동의 목표를 명확히 인식하고 물리적 인프라 개선에만 집중할 것이 아니라 공동브랜드나 키테넌트 등을 전략적으로 활용하는 역량을 키워야 한다. 그러자면 상인회의 운영도 좀 더 체계적일 필요가 있다. 우선 상인회가 추구하는 공동목표를 회원 간에 공유하되 달성해야 할 핵심목표를 명확히 설정해야 한다. 조직 운영에 가장 기본이 되는 것이 내부협력인 만큼 회원 참여도를 높이고 회원간 이해관계를 조정하는 일이 가장 중요하다. 공동브랜드 개발,

표 5-4. 상인회 운영의 주요 과제

분야	과제
목표설정	공동목표 및 핵심목표를 명확히 설정
내부협력	회원 참여도 제고 회원간 이해관계 조정 공동브랜드, 키테넌트 등의 전략적 활용
외부협력	정부 및 지자체 지원 유치 지역 대학 등 연계 협력자원 발굴 및 활용

키테넌트 활용 등의 전략도 회원 간 이해관계 조정 등 내부협력 체제를 이끌어내지 못하면 성공하기 어렵다. 공고한 내부협력의 바탕위에 외부 협력자원을 발굴하고 활용하는 일도 중요하다. 전국의 수많은 지역 상권들이 정부와 지자체의 지원을 유치하기 위해 애를 쓰고 있는 만큼 차별적이고 경쟁력 있는 프로그램을 개발해 지원을 이끌어내는 노력이 필요하다. 지역 내 대학 등과 협력해 교육 프로그램을 운영하는 등 역내 협력자원을 발굴해 활용할 필요도 있다.

지역기반 자영업 사업협력을 추진하는데 또 하나의 중요한 역할을 담당하는 것이 지방자치단체를 포함한 정부다. 실제로 정부는 지역기반의 자영업 환경을 개선하기 위해 다양한 정책들을 시행하고 있다. 정부가 나서서 주도적으로 추진하는 '도시재생 뉴딜사업'이나 '상권 르네상스 프로젝트'가 대표적인 정책이다. 도시재생 뉴딜사업은 문재인 정부가 역점을 두고 추진하는 사업으로 도시내 열악한 주거지역이나 상권의 재정비를 통해 지역환경의 물리적 개선을 도모하고, 이와 더불어 경제와 문화 활성화를 촉진하는 사업이다. 상권 르네상스 프로젝트는 낙후된 도시 내 상권을 활성화해 경쟁력을 회복시키는 전국적 계획이다.

두 프로젝트 모두 자영업의 사업환경을 개선시킬 수 있는 잠재력을 가지고 있다. 하지만 이 사업들의 성패는 아직 미지수다. 정부의 재정 및 금융 지원이 있는 만큼은 도움이 되겠지만 지속가능한 자영업 환경의 개선으로 귀결될 수 있을지는 판단하기 어렵다. 정부의 지원이 무한정 계속될 수는 없는 일이기 때문에 결국에는 정부의 지원사업이 마중물이 되어 민간의 개선된 사업 생태계가 자율적으로 진화 발전해야만 성공으로 평가할 수 있기 때문이다.

그런 면에서 두 사업 모두 결국에는 사업과 관련된 사안의 의사결정과 실행 과정에 상권 내 자영업자들이 주도적으로 참여하는 것이 성공을 위한 전제조건이다. 이런 사업들에 주도적으로 참여하는 과정을 통해 자영업자의 역량 제고와 긍정적인 사업협력 경험을 획득하는 것이 중요하다. 그것이 상인회가 됐든 협동조합이 됐든 아니면 자영업자들 간의 개별적인 협력 형태가 됐든 이들에 대한 정부지원 사업의 성공 여부를 판가름하는 열쇠는 결국 정부지원이 이들의 사업 역량 제고에 얼마나 기여하는가에 달려있다.

프랜차이즈 사업구조 업그레이드, 사업협력의 시금석

자영업자와 기업형 사업자 간 갈등의 원조는 프랜차이즈 사업이다. 대표적인 자영업 영역인 소매업, 음식숙박업, 운수업, 교육서비스업 등에 기업형 사업자가 뛰어드는 수단으로 프랜차이즈 형태의 사업구조가 광범위하게 활용되고 있다. 프랜차이즈 사업구조가 선호되는 이유는 이들 전통적 자영업 시장이 지역적으로 널리 퍼져 산재해 있는 특성 때문이다. 빠른 시간 내에 넓게 퍼져 있는 시장에 접근하는 방법으로 프랜차이즈 사업구조 만한 것이 없다. 더욱이 플랫폼경제 및 공유경제와 맞물려 프랜차이즈 형태의 사업구조는 더욱 빠른 속도로 확산되고 있다. 예를 들어 승차공유서비스 사업도 구조를 들여다보면 기업형 사업자와 자영업 운전자 간의 프랜차이즈 계약에 다름 아니다.

한국의 프랜차이즈 사업의 성장속도는 엄청나다. 프랜차이즈 선진국인 미국이나 일본에 비해 인구나 경제규모 대비 프랜차이즈 가맹점 수가 훨씬 많아졌을 정도다. 인구 100만 명당 가맹점 수는 4,473개로 일본이나 미국에 비해 두 배 이상 많다. 경제규모 대비로는 GDP 10억 달러 당 가맹점 수가 143개로 일본의 3배 미국의 4배에 이른다. 하지만 인구나 경제규모에 비해 가맹점이 많다 보니 가맹점 당 매출액은 반대로 일본이나 미국 가맹점의 1/3, 1/4 수준

표 5-5. 한·미·일 프랜차이즈 가맹점 수 비교

	한국	일본	미국
프랜차이즈 가맹점 수	230,955	263,490	745,290
인구 100만명 당 가맹점 수	4,473	2,084	2,278
GDP 10억 달러 당 가맹점 수	143	53	36
가맹점 당 매출액(천달러)	271.7	864.7	1016.0
가맹사업자 당 가맹점 수	49.9	196.8	248.4

자료원: 한국은 공정거래위원회 가맹사업현황 보도자료(2019.2.21) 및 통계청 서비스업조사, 미국은 IHS Markit Economics, Franchise Business Outlook 2018, 일본은 ２０１８年度「ＪＦＡフランチャイズチェーン統計調査」報告

에 불과하다.

이렇게 프랜차이즈 사업이 급증한 것은 프랜차이즈 가맹사업자들이 난립하는 데다 이들 사업자들이 가맹점을 늘릴수록 이득을 보는 한국의 독특한 프랜차이즈 사업환경에 기인한다. 프랜차이즈 가맹사업자가 4,631개로 일본은 물론이고 미국보다 많은 반면 가맹사업자들이 많다 보니 사업자 당 평균 가맹점 수는 50개로 미국의 248개 일본의 197개에 비해 훨씬 적다.

프랜차이즈 사업의 확산은 자영업자에게는 위기이자 기회다. 자영업 영역에 기업형 사업자가 침투한다는 점에서 위기인 한편으로 가맹점으로서 새로운 자영업 영역이 생긴다는 점에서 기회일 수도 있다. 플랫폼경제가 확산되는 환경에서 기업형 사업자의 자영업 시장 침투에 대응해 양자 간에 완충 역할을 할 수 있는 것이 프랜차이즈 형태의 사업구조인 셈이다.

프랜차이즈 사업구조는 불가피하게 자영업자와 기업형 사업자 간에 갈등구조를 형성한다. 프랜차이즈 사업은 자영업자인 가맹점과 기업형 사업자인 가맹본부 간에 이해관계가 대립하는 구조다. 따라서 양자 간의 이해관계를 조정하고 갈등구조를 관리하기 위해서는 공정한 프랜차이즈 제도를 구축하는 것이 중요한데 제도의 핵심은 프랜차이즈 가맹본부의 수익이 어떻게 창출되느냐에 있다.

프랜차이즈 사업 운영에 있어서 가맹본부의 수익창출 방식은 대표적으로 물류마진 방식과 로열티 방식으로 나뉜다.[5] 물류마진 방식은 가맹본부가 가맹점에 공급하는 제품에 일정부분 물류마진을 부가해 수익을 얻는 방식이다. 물류마진이 어떻게 책정되느냐에 따라 가맹점과 가맹본부의 수익 분배가 큰 영향을 받는다. 로열티 방식은 자영업자인 가맹점의 매출액 중 일정비율 또는 일정액을 사업자인 가맹본부에 지불하는 구조다. 로열티 비율 또는 로열티 고정금액이 수익분배의 핵심 변수다.

원론적으로는 물류마진 방식은 가맹본부에 유리한 방식이고 로열티 방식은 가맹점에 유리한 방식이다. 유불리는 누가 해당 변수에 대한 정보력을 더 가지고 있느냐에 의해 결정된다. 물류마진에 대한 정보는 가맹본부가 더 많이 가지고 있고 매출액에 대한 정보는 가맹점이 더 많이 가지고 있다. 두 프랜차이즈 당사자 사이에 정보비대칭으로 인한 도덕적 해이Moral Hazard[6] 문제가 발생할 수 있는 것이다.

미국 등 프랜차이즈 선진국에서는 로열티 방식이 주류로 정착되어 있는 반면 한국에서는 물류마진 방식이 주류를 이루고 있다. 미국에서도 프랜차이즈 사업구조가 등장한 초기에는 물류마진 방

---

5 로열티 방식은 매출액에 연동하는 런닝로열티Running Royalty 방식과 고정금액을 정기적으로 받는 고정로열티Fixed Royalty 방식이 있다.

6 계약 당사자 간의 정보비대칭으로 인해 정보를 더 많이 가진 쪽이 그 정보를 자신에게 유리하게 활용함으로써 정보가 상대적으로 부족한 쪽이 불이익을 받게 되는 현상

식이 일반적이었으나 물류마진 정보를 독점하고 있는 가맹본부의 횡포와 비리 등에 가맹점들이 저항하면서 결국 로열티 방식이 주류로 정착하게 되었다. 하지만 한국의 프랜차이즈 업계에서는 미국과 달리 물류마진 방식이 주도적으로 채택되고 있다. 프랜차이즈 가맹본부의 수입원별 비중은 물류마진이 81%인 반면 로열티는 11%에 불과하다.[7] 왜 그럴까?

우선 가맹본부는 기본적으로 물류마진 방식을 선호한다. 물류마진에 대한 정보 우위를 바탕으로 수익구조를 자신에게 유리하게 하는데 용이하기 때문이다. 반면에 가맹본부 입장에서 볼 때 로열티 방식에는 리스크가 존재한다. 가맹점이 가맹본부에 지불하는 로열티 금액이 일반적으로 매출액의 일정률로 정해지기 때문에 가맹점 매출액이 투명하게 드러나지 않으면 받아야 할 로열티에 누수가 생길 수 있다. 일정금액을 고정적으로 받는 로열티 방식도 매출 변동과 무관하게 동일한 일정금액이 책정되는 문제점이 있어서 시행 상의 한계가 있다.

가맹본부 입장과는 반대로 가맹점 입장에서는 자신이 정보 우위에 있는 로열티 방식을 선호하는 것이 합리적이다. 그런데 한국 프랜차이즈 업계에서는 이례적으로 가맹점들도 로열티 방식에 대한 거부감이 크다. 그 이유를 합리적으로 설명하기는 어렵지만 가

7 산업통상자원부, 2018년 프랜차이즈산업 실태조사(2019)

맹점의 속내를 들여다 보면 로열티 방식 자체에 대한 거부감이라기 보다는 물류마진에 더해 로열티까지 부과하는 것 아닌가 하는 가맹본부에 대한 불신의 표출이라고 보는 것이 타당해 보인다. 본국에서는 로열티 방식을 적용하는 외국 프랜차이즈 업체도 한국에 들어오면 자의반 타의반으로 물류마진 방식을 선택하는 상황이 벌어지는 것이 현실이다.[8] 가맹점이 나서서 적극적으로 로열티 방식의 도입을 요구하지 않는 한 상황은 변하지 않을 것이다. 프랜차이즈 가맹본부 입장에서는 굳이 가맹점이 요구하지 않는 로열티 방식을 적극적으로 채택할 유인을 갖지 못하기 때문이다. 로열티 방식을 받아들여 정착시키는 프랜차이즈 업계의 변화가 필요하고 이를 위해 정부의 제도적 유인책과 가맹점주의 합리적 대응이 필요하다.

프랜차이즈 사업구조 하에서 가맹점과 가맹본부 간의 불신은 결국 양쪽 모두에게 피해로 돌아간다. 가맹점은 가맹본부에 대한 불신으로 로열티 방식의 도입을 꺼리게 되고 가맹본부는 가맹본부대로 가맹점의 부당행위에 대한 감시비용Monitoring Cost을 지불해야 한다. 로열티 방식이 아니다 보니 가맹본부는 가맹점의 매출증대에 신경쓰기 보다는 가맹점 확대에 더 역량을 집중하는 유인이 생

8 미국의 경우 로열티 비율이 4% 이상으로 높은 수준인 반면 한국에서 형성되고 있는 로열티비율은 2~3% 수준으로 낮다. 한국의 로열티 비율이 상대적으로 낮은 것은 근본적으로 가맹본부에게 로열티는 부수적인 수입원이고 물류마진이 주된 수입원이기 때문인 것으로 보인다.

긴다. 상권 규모에 비해 가맹점 출점을 과다하게 해서 가맹점에 피해를 주는 가맹본부의 행태에 대한 비판이 자주 나오는 근본적인 이유다. 문제의 심각성을 인지하고 정부가 뒤늦게 나서 동일 상권 내 가맹점 중복 출점 규제와 가맹사업자 자격 규제 등 제도정비에 나서고 있지만 이미 가맹점은 과잉 상태이고 가맹사업자들은 크게 늘어나 있는 상태라 근본적 해법이 되기는 어려울 것이다. 앞서 1장에서 살펴본 과거 택시사업자 과잉이나 화물운송사업자 과잉을 불러온 정부의 뒷북 대응 사례와 별반 달라 보이지 않는다.

가맹점과 가맹본부 간의 갈등이 사회문제가 될 때마다 프랜차이즈 업계 전체에 대한 부정적 인식이 확산되는 부작용을 낳는다. 상호신뢰라는 사회자본Social Capital[9]의 결여로 인해 업계 전체가 불필요한 비용을 지불하게 되는 것이다. 플랫폼경제와 공유경제가 트렌드로 자리잡으면서 프랜차이즈 형태의 사업구조가 더욱 확산될 것이라는 점에서 그만큼 우리 사회가 지불해야 하는 불신의 비용은 더욱 늘어날 수 있다. 프랜차이즈 업계에서 투명성을 높이고 이를 바탕으로 구성원 상호간에 신뢰를 쌓아갈 수 있는 사회자본 축적이 시급한 이유다.

사회자본을 축적하는데 가장 중요한 요소는 투명한 정보를 쌓는 것이다. 정보를 투명하게 축적하고 구성원 간에 공유하는 것이

9 사회 구성원들 간에 무형적으로 공유되어 있는 공동의 규범 또는 신뢰 등을 의미한다. 사회자본이 잘 축적되어 있는 사회일수록 사회의 집단적 의사결정, 갈등 조정 역량이 높다.

상호신뢰를 쌓는 지름길이다. 이를 프랜차이즈 업계에 적용하면 가맹점은 매출액을 투명화하고 가맹본부는 물류마진을 투명화하는 시스템을 상호신뢰 하에 구축해 나가야 한다. 한국은 어느 나라보다도 보편화된 카드 및 모바일결제 문화, 완비된 POS시스템 등 투명한 정보를 축적할 수 있는 인프라는 이미 잘 구축되어 있다. 빠르게 확산되고 있는 블록체인Block Chain 기술을 활용하게 되면 물류 유통거래에 대한 정보도 투명하게 관리할 수 있다.

표 5-6. 프랜차이즈 제도 운영방식 비교

	물류마신 방식	로열티 방식
가맹본부 주수익원	가맹본부가 가맹점에 공급하는 제품에 물류마진을 부가	가맹점의 매출액 중 일정비율 또는 일정액을 가맹본부가 수취
정보우위	가맹본부가 유리	가맹점이 유리
부작용	가맹본부의 물류구입 강제 등 횡포 및 비리	가맹점의 매출액 누락 등 부정확한 계상
성공조건	가맹본부 물류 거래 투명성	가맹점 판매 거래 투명성
해법	가맹점주 공동구매, 구매협동조합 등	비현금거래Cashless Transaction 확대 등

잘 갖추어진 인프라 위에 프랜차이즈 업계에서 로열티 방식의 도입을 확산시킨다면 투명한 정보의 축적을 통해 한국사회에 꼭 필요한 사회자본의 축적 과정이 가속되는데 유용한 역할을 할 수 있을 것이다. 로열티 방식의 확산은 단지 프랜차이즈 업계의 과제인 것 만이 아니라 투명한 정보, 투명한 사회, 사회자본의 축적 등

과 같은 우리사회가 풀어야 할 핵심과제와 연결돼 있는 것이다.

로열티 방식을 정착시키기 위한 제도적 유인책이 필요한 한편으로 가맹점들도 로열티 방식의 도입이라는 대전제 아래 물류마진 방식의 활용을 줄여 나가는 합리적 대응이 필요하다.

프랜차이즈 사업의 발전과정을 먼저 겪은 미국의 사례를 살펴보자. 미국의 경우 프랜차이즈 가맹점과 가맹본부, 정부 등 이해관계자들이 때로는 갈등하고 때로는 협력하면서 현재의 프랜차이즈 제도를 정립했다. 미국에서도 프랜차이즈 사업구조가 등장한 초기에는 가맹본부가 물류마진 정보를 독점하고 가맹점들에게 물품구입을 강요하는 일들이 벌어졌다. 이에 대응해 가맹점들은 가맹본부의 물품구입 강제에 저항하는 한편으로 정부와 법원은 법과 제도를 통해 가맹점들에게 힘을 실어 주었다. 가맹본부도 가맹점과 갈등을 빚는 또 다른 한편으로 어려운 시기에는 가맹점에 협동조합 설립을 먼저 제안하는 등 상생의 전략을 구사했다. 가맹점들은 가맹본부로부터 제품을 공급받는 데서 탈피해 스스로 물류협동조합을 조직해 운영하는 능력을 보여주었다. 프랜차이즈 업계 이해당사자들의 합리적이고 현명한 선택의 과정에서 미국의 프랜차이즈 시장은 로열티 방식의 사업구조가 주류로 자리잡을 수 있었다. 한국 프랜차이즈 업계가 안고 있는 문제들도 합리적인 해결을 위해서는 결국은 업계 내 이해당사자들과 관련 정부기관의 성숙된 역량이 필요하다.

표 5-7. 미국 프랜차이즈 사업 관련 주요 사건

연도	사건	관련 내용
1955	맥도날드, 프랜차이즈 사업 시작	던킨도너츠(1955), 버거킹(1956), 피자헛(1959) 등 프랜차이즈 사업 급속 확산
1971	치킨 딜라이트Chicken Delight 판결	프랜차이즈 가맹본사의 가맹점에 대한 물품구입 강제는 반독점법Sherman Anti-Trust Act 위반이라고 판결. 가맹점과 본사 간 물류마진 갈등에 가맹점의 손을 들어줌.
1979	정보공개제도 시행	프랜차이즈 가맹본사의 가맹점 사기 방지를 위해 가맹희망자에게 사업계약 체결 전 일정내용을 서면으로 작성하여 교부하도록 의무화
1983	던킨 도너츠, 물류협동조합 결성	가맹점들이 물류협동조합을 만들어 원재료를 직접 구입. 1992년 지역 협동조합을 통합해 전국 협동조합NDCP출범. 버거킹(1991) 등 다른 프랜차이즈들도 물류협동조합 결성
1999	KaleidoScoops, 가맹본부 협동조합 설립	가맹점들이 모여 가맹본사 협동조합을 설립. 이전 Baskin-robins 프랜차이즈 가맹점 중 일부가 떨어져 나와 스스로 가맹본사 협동조합을 설립해 운영

가맹점들이 현재의 프랜차이즈 문제를 슬기롭게 풀어나갈 역량을 갖추기 위해서는 가맹점들 간 사업협력 기능이 잘 작동해야 한다. 가맹점들이 유기적으로 협력해 공동구매 조직이나 협동조합 등 자체적으로 제품을 공급받는 체제를 스스로 모색하는 한편으로 정부 등에 관련제도의 개선을 부단히 요구해야 한다. 제도개선으로 공동구매 조직이나 협동조합 운영이 가능해질 경우에는 이를 운영할 능력도 갖추어야 한다. 운영 능력이 부족하면 비용절감 효과가 나타나기를 기대할 수 없다. 협동조합의 성공 여부는 조합원 간 협력이 얼마나 잘 되느냐에 달려 있다. 프랜차이즈 사업구조의

업그레이드 과정에서 보여줄 가맹점주들의 사업협력 의지와 노력이 자영업 사업협력의 시금석이 될 것이다.

2. 자영업 정치협력

자영업 왕따 면하기, 정치협력

자영업자와 관련 종사자를 합쳐 자영업 관련 취업자가 1,000만 명을 넘어서는데 이 정도의 인원이 정치적으로 이렇게 소외될 수 있을까 의아할 정도로 자영업계는 그 동안 외톨이 신세였다. 정치적 소외의 이유는 역시 독립적 존재로서 응집력이 떨어지는 자영업의 본질적 특성에 기인한다. 자영업은 자본의 힘이나 노동조합의 세력처럼 영향력을 행사할 수 있는 방법을 찾기가 쉽지 않다. 그럼에도 불구하고 자영업도 스스로의 한계를 극복하고 정치적인 세력을 만들어 나가야 한다.

확산되고 있는 플랫폼경제에서는 자영업계가 정치적으로 풀어야 할 숙제들이 많다. 플랫폼경제에서는 자영업계와 플랫폼사업자 간의 갈등이 불가피하다. 플랫폼노동자나 프랜차이즈 가맹점들은 사업자인 자본의 힘과 직접 상대해야 한다. 당장에 프랜차이즈 제도나 플랫폼노동자의 법적 지위 등의 이슈를 두고 첨예한 갈등이 벌어지고 있다. 정치적 영향력을 표출해 줄 세력이 없으면 결국은 갈등의 피해자가 된다.

자영업계의 정치협력이 어려운 이유는 자영업자들의 적극적인 참여를 이끌어 내기 어렵다는 데 있다. 회원들 간의 사업협력은 당장의 직접적인 이해관계가 걸려 있기 때문에 정치협력에 비해 자발적으로 이루어질 유인이 있다. 하지만 정치협력은 다르다. 자영업의 특성 상 적극적으로 협력하는 문화에 익숙하지 않을 뿐 더러 업종과 처해 있는 환경이 각자마다 달라 하나의 정치적 목소리를 내기 어려운 것도 사실이다.

그런데 문재인 정부의 최저임금 인상 정책을 계기로 자영업계의 정치협력 분위기가 조성되고 있다. 최저임금 인상에 대한 조직적인 반대의 목소리가 커지고 자영업을 대변하는 정치세력이 등장하는 움직임까지 나타나고 있다. 최저임금의 급격한 인상을 계기로 정치협력 분위기가 기대 이상으로 형성된 것은 최저임금의 급격한 인상이 업종과 처해 있는 입장들과 무관하게 거의 모든 자영업자들의 이익에 반하는 효과를 주었기 때문이다.

급격한 최저임금 인상이나 주52시간 근무제 등 자영업의 영업활동에 직접적이고도 심대한 영향을 주는 제도들이 자영업계가 소외된 가운데 도입된 것이 자영업계가 정치적으로 눈을 뜨는 계기로 작용했다. 앞서 살펴본 과거 '87년 체제'나 '서민 물가'정책 등도 자영업에 큰 피해를 준 정책들이었지만 이들은 장기간에 걸쳐 인식하지 못하는 사이에 자영업자들에 피해로 돌아온 경우다. 하지만 최저임금 인상이나 근무시간 단축은 성격이 달랐다. 자영업자들이 정치적 협력의 필요성을 느끼기에 충분할 만큼 직접적이고도 신속하게 자영업계에 큰 영향을 주었다.

최저임금 인상 및 주 52시간 근무제 도입이라는 정책이슈에 더해 플랫폼노동자의 확산, 프랜차이즈 가맹점과 가맹본부의 관계 등 사회적 이슈가 겹치면서 자영업의 정치협력 압력이 지속적으로 높아지고 있다.

지금까지의 역사가 보여주듯이 노동조합이나 정부가 자영업의 정치적 협력자이길 기대하는 것은 무리다. 이들이 심정적으로는 자영업을 돕고 싶어 한다 하더라도 자영업의 근본문제 해결에 도움이 되기는 어려워 보인다. 특히 임금노동시장의 경직성 완화나 최저임금 인상 억제와 같이 임금노동자와 자영업자의 이해관계가 상충하는 문제에 맞닥뜨리게 되면 오히려 자영업과 대립각을 세우는 갈등 관계가 불가피하다. 결국 자영업 스스로 정치적인 세력을 구축하지 않으면 안된다. 정치적인 세력을 구축하기 위해서는 구성원 간의 정치협력을 이끌어내는 역할을 담당할 매개 조직이 필요하다. 자영업의 정치협력을 담당할 만한 조직이 있을까? 마땅한 조직은 없어 보이지만 그나마 유력한 조직은 업종별 협회와 협회들로 구성된 중앙회 또는 연합회(이하 협회로 통칭)다.

자영업의 정치협력 압력이 지속적으로 높아지고 있는 상황에서 이들 자영업 관련 협회에 기대하는 역할도 달라지고 있다. 지금까지 이들 자영업 단체의 주된 역할이 자영업 내 사업협력에 맞추어져 있었다면 앞으로는 사업협력과 더불어 정치협력의 역할 비중을 높일 것을 요구받고 있다.

자영업 단체들이 정치협력 역할을 확대하려면 무엇이 필요할까? 대부분 협회들이 추구하는 기능은 유사하다. 하지만 협회 운영의 활성화 정도는 천차만별이다. 다양한 기능을 적극적으로 실행에 옮기며 활발히 운영되는 협회가 있는가 하면 유명무실한 협회들도 있다. 협회 운영에서 가장 중요한 요소는 역시 자금이다. 협회 운영은 기본적으로 회비에 의존한다. 회원도 많고 회비를 납부하는 회원이 많아야 협회가 적극적으로 일을 할 수 있다. 특히 정치협력이나 지식협력 기능을 하려면 자금의 여유가 중요하다. 정치협력이나 지식협력 기능은 사업협력 기능에 비해 절실함이 상대적으로 떨어지기 때문이다.

전국경제인연합회, 경영자총연합회, 기업 노동조합과 같은 규모가 크고 대기업 사용자나 임금노동자가 포함된 단체들은 자금이 풍부하다. 이들 단체의 역할은 사업협력은 기본이고 정치협력과 지식협력 역할에 더 힘을 쏟는 경향이 있다. 이들의 상황과 대척점에 있는 것이 자영업 관련 단체들이다. 자영업 관련 단체는 많다. 업종별 또는 지역별로 자영업 협회들이 존재한다. 하지만 활발히 운영되는 협회는 그리 많지 않다. 문제는 역시 자금이다. 회원을 모으기도 힘들거니와 회비를 수취하기는 더욱 힘들다. 그래서 자영업 협회들은 대부분 영세하다. 기본적인 사업협력 기능을 수행하는 것 마저도 힘에 부치는 것이 현실이다. 그나마 소수의 자영업 관련 단체들이 정부의 지원으로 사업협력 기능을 수행하며 명맥을 유지하는 정도다. 이런 상황에서 자영업 관련 단체들이 정치협력이나 지식협력 기능을 수행하기를 기대하는 것은 무리다.

이런 고착화된 상황을 타개하기 위해서 자영업 단체가 가장 먼저 해야 할 일은 역시 근본으로 돌아가서 회원의 적극적인 참여를 이끌어내는 노력이다. 자영업 단체가 가지는 강점은 잠재적 회원 수가 많다는 것이다. 참여도가 낮아서 그렇지 참여도를 높이기만 하면 그 자체로 이미 정치협력 기능을 수행하는 셈이다. 마침 정치협력의 필요성에 대한 공감대가 형성되고 있어 회원의 확대와 적극적인 참여를 이끌어낼 수 있는 환경이 조성되고 있다.

협회들은 관성적 활동에서 탈피해 기능을 재정비하고 회원의 참여를 이끌어내기 위한 노력을 경주해야 한다. 우선 협회가 소수에 의해 운영된다는 인식을 불식시키기 위해 회원이 참여하는 기회가 많아지도록 협회 운영이 이루어져야 한다. 회원이 자발적으로 참여하는 것이 자신의 이익에 부합한다는 것을 피부로 깨닫는 것이 중요하다.

협회의 기능 활성화를 전제로 협회의 정치협력 기능도 강화되어야 한다. 자영업 조직의 대표격인 소상공인연합회는 정관에 정치참여 금지를 명시적으로 못박아 놓고 있다. 정치참여를 하려면 정관을 바꾸어야 하고 바뀐 정관을 정부가 승인을 해주어야 한다. 당장에는 정부가 승인에 부정적인 입장이어서 앞으로 풀어나가야 할 숙제다.

그렇다고 정치협력을 하지 못하는 것은 아니다. 오히려 미래의 정치참여를 위한 역량을 키우는 차원의 정치협력 훈련을 해야 한다. 정치참여와 정치협력의 선을 확실히 그으면 된다. 정치참여 행위는 특정 정당이나 정치인을 지지하는 행위다. 따라서 정치협력 활동을 특정세력을 지지하는 행위를 배제하고 자영업의 공동이익을 추구하기 위해 자영업 스스로 다른 세력과 다투는 정치적 영향력을 키우는 활동으로 명확하게 구분하면 된다. 다른 세력을 지지하는 것이 아니라 다른 세력과 다투는 힘을 키우는 데 집중하면 된다. 예를 들어 자영업계의 공동이익에 심대한 영향을 주는 최저임금을 결정하는 최저임금위원회에 자영업계가 직접 추천하는 몫의 위원이 없을 정도로 자영업계의 정치적 역량은 일천하다. 최저임금위원회 구성에 자영업계의 몫이 확대되도록 하는 압력을 배가하기 위한 활동은 정치참여가 아니라 자영업계의 이익을 지키기 위한 정치협력 활동이다.

정부나 각 정치세력의 자영업 관련 정책을 자영업 협회 회원 및 일반 자영업자들에게 정확하게 전달하고 이해시키는 일도 협회의 중요한 정치협력 활동이다. 각 세력들이 자영업계에 얼마나 우호적인지 아닌지를 정확히 이해하는 것 만으로도 자영업계의 정치적 영향력은 커질 수 있다.

근본적으로는 자영업 관련 협회의 재정독립이 되어야 정치적 영향력을 행사하는데 자유로울 수 있다. 한 예로 소상공인연합회의 정치참여 승인 요구에 난색을 표하고 있는 정부는 소상공인연합회의 정치참여에 부정적인 이유로 정부의 자금지원을 받는 단체가 정치활동을 하는데 대한 부담감을 들고 있다. 이 이유의 적절성을 떠나 재정적 독립을 하지 못하면 스스로 자유스러운 활동을 할 수 없다는 점은 피할 수 없는 현실이다. 앞서 언급한대로 정치적 영향력 확대의 기본은 회원의 적극적 참여에 있고 이를 이끌어내는 협회의 역량에 있다.

지금까지 정치협력을 위해 필요한 과제들에 대해 논의했으나 정치협력 활동이 일천한 한국에서 본격적인 활동이 이루어지기 위해서는 이미 정치협력 활동이 체계적으로 이루어지고 있는 선진사례를 연구하는 데서 시작할 필요가 있다. 이와 관련해 자영업 관련 협회의 대표적 정치참여 사례로 꼽히는 전미레스토랑협회National Restaurant Association(NRA)의 활동을 연구해 보는 것은 한국 자영업의 정치협력의 길을 모색하는데 도움이 될 것이다.

전미레스토랑협회(National Restaurant Association;NRA) 사례

NRA는 50만개 이상의 레스토랑이 회원으로 가입하고 있는 미국 최대의 외식업 관련 단체다. 1919년에 설립해 100년의 역사를 자랑한다. 1917년 달걀 중개업자의 폭리에 맞서서 캔사스Kansas 지역의 레스토랑 협회가 불매운동을 한 것을 계기로 2년 후 전국 단위 조직인 NRA가 창설되었다.

NRA의 설립 계기가 말해주듯이 NRA는 레스토랑 업계의 이익을 대변하기 위해 적극적인 활동을 한다. NRA 스스로 자신의 가장 중요한 미션은 레스토랑 업계의 영향력을 높이는 것이라고 공언한다. 행정부와 입법부의 주요 이슈들을 추적 및 분석할 뿐만 아니라 업계의 이익을 대변하는 로비활동을 활발하게 수행한다. 예를 들어 NRA는 최저임금 인상에 가장 적극적으로 반대의 목소리를 내고 정부와 의회에 로비활동을 하는 단체 중 하나다.

교육 사업도 NRA의 주요 기능이다. 레스토랑 업계에도 전문성이 중요해지고 있다는 것을 일찌감치 인식하고 1987년 National Restaurant Association Educational Foundation(NRAEF)을 자회사로 설립했다. NRAEF는 업계 내 인력양성 및 레스토랑 관련 다양한 이슈들에 대한 교육 프로그램 개발 및 운영 기능을 수행한다.

NRA는 업계 동향 및 주요 이슈에 대한 연구보고서를 수시로 회원들에게 공급하는 등 연구협력 기능도 수행한다. 식품안전과 위생에 관한 전문지식과 실무능력을 인증하는 자격증 프로그램 ServSafe training and certification program을 운영하는 등 다양한 사업활동도 수행하고 있다.

'플랫폼노동자' 안전망 구축, 정치협력의 시금석

지금까지의 논의가 정치협력을 추구하는 기본 방향에 대한 것이었다면 당장에 정치협력이 급하게 필요한 이슈들도 있다. '플랫폼노동자' 문제가 그 대표적인 이슈다. 플랫폼경제에서 플랫폼사업자와 자영업자 간의 갈등구조는 단순히 기업형 사업자가 자영업시장에 침투하는데 그치는 정도가 아니다. 현실의 갈등구조는 자영업자가 기업형 사업자의 플랫폼노동자로 흡수되는 보다 심화된 형태로 나타난다.

플랫폼경제는 긱 경제Gig Economy다. '긱Gig'이란 단기 계약직 일자리를 의미한다. 1920년대 영국에서 재즈클럽들이 그때 그때 필요에 따라 일시적으로 단기 고용한 연주가를 긱이라 부른데서 연유했다. 긱 일자리는 장점도 있고 단점도 있다. 자신이 원하는 곳에서 원하는 만큼 일할 수 있는 노동선택권이 있다는 장점이 있는 반면 고용안정성이 떨어지는 단점이 있다.

지금의 디지털 플랫폼 공간에서 활동하는 플랫폼노동자들이 딱 긱 일자리와 똑같다. 우버 플랫폼에서의 운전자, 배달 앱에서의 배달 라이더 등이 그들이다. 자신들이 원하는 만큼만 일하는 노동선택권을 누리는 반면 고용주로부터 고용을 보장받는 권리는 없다. 이들 플랫폼노동자들은 플랫폼사업자로부터 임금을 받는 것이 아니라 자신이 제공한 서비스에 대한 대가를 그때 그때 받는다. 그런 의미에서 플랫폼노동자는 자영업자다.

그림 5-4. 플랫폼노동자의 위치

하지만 플랫폼경제의 현실은 일반 자영업자들이 플랫폼경제의 플랫폼노동자로 흡수되는 모습으로 나타난다. 일반 택시기사들이 승차공유 플랫폼의 운전자로 이동하기도 하고 음식점을 하던 자영업자가 배달 라이더로 변신하기도 한다. 그런 의미에서 플랫폼경제에서 플랫폼노동자의 현실은 각 일자리의 개념이 처음 소개됐을 때의 각 노동자들 만큼 그렇게 밝아 보이지 않는다. 애초 각 일자리에 대한 인식은 본인이 필요할 때 하고 싶은 만큼 일할 수 있는 노동선택권이 매력적인 것으로 그려졌다. 하지만 플랫폼노동자의 현실은 그렇게 긍정적인 모습만은 아니다. 자신이 필요로 할 때 항상 일이 있다면 모를까 자신과 같은 플랫폼노동자가 주위에 많아서 치열한 경쟁을 해야 일을 얻을 수 있는 상황이라면 얘기가 달라진다. 플랫폼경제에서는 플랫폼노동자가 양산된다. 대리기사, 배달 라이더, 배송요원 등 이미 우리 주변에 수 많은 플랫폼노동자들이 활동하고 있다. 이들이 충분한 소득을 얻기 위해서는 다른 플랫

폼노동자와 치열한 경쟁을 해야 하는 상황이 된 것이다.

예를 들어보자. 대표적인 플랫폼사업자인 우버Uber의 등장으로 처음에는 시간이 남는 일반 자동차주가 놀고 있는 자신의 자동차를 활용해 수입을 얻을 수 있었다. 진정한 의미의 승차공유 서비스였다. 하지만 시간이 지날수록 승차공유 서비스는 변질돼 갔다. 이제 우버의 운전자는 더 이상 자신의 '남는' 시간에 자신의 '자가용' 승용차를 이용해 승객을 나르는 승차공유 운전자가 아니다. 다른 일을 하면서 남는 시간에 우버 운전을 하는 것이 아니라 아예 전업 운전자가 된다. 자신의 승용차는 더 이상 놀고 있는 시간에 활용되는 것이 아니라 온전히 우버 서비스를 위해 쓰여진다. 플랫폼사업자는 아예 운전자들에게 승차공유서비스를 위한 차량 구입을 유도하기도 한다. 당초의 승차공유 서비스 개념과는 거리가 멀어도 한참 멀어진 것이다. 이쯤 되면 플랫폼노동자는 더 이상 긱 경제의 재즈연주자가 아니고 먹고 살기 위해 차를 운전하는 전업 택시기사에 다름 아니다.

플랫폼노동자의 이런 현실은 노동선택권이란 긱 일자리의 밝은 면 보다는 고용불안정이라는 어두운 면을 더 부각시킨다. 플랫폼노동자들은 고용이 불안정할 뿐만 아니라 임금노동자가 아닌 자영업자 지위로 인해 최저임금이나 건강보험 등과 같은 사회안전망의 보호도 받지 못한다. 플랫폼노동자는 형식적으로는 자영업자이지만 많은 경우에 실질적으로는 플랫폼사업자에게 고용되어 일하는 피고용자에 가까운 모습을 띤다. 플랫폼노동자에게서 노동선택권은 사라지고 고용불안정만 남게 되는 것이다.

플랫폼노동자가 처한 이런 상황에 대한 우려의 목소리는 진작부터 제기돼 왔다. 과거에 없던 새로운 형태의 일자리가 생겨나고 확산되고 있는데 이들에 적용할 제도는 미비해 이들이 법의 사각지대에 머물러 있다는 것이다. 이런 우려의 목소리에 화답한 것이 플랫폼 노동의 중심지라 할 수 있는 미국 캘리포니아주가 2019년 9월 입법한 AB5Assembly Bill No.5이다. AB5 법의 골자는 플랫폼노동자가 자영업자인지 플랫폼사업자에게 고용된 피고용자인지를 판단할 기준을 명확히 규정하고 그 규정에 의해 피고용자라고 판단되면 임금노동자에 준하는 처우를 해주어야 한다는 것이다. 노동선택권을 상실하고 실질적으로는 피고용 노동자로 변질된 플랫폼노동자에게 형식과 실질이 일치하게 피고용 노동자로서 누릴 권리를 찾아주겠다는 것이 이 법의 취지다. 이 법이 제정된 배경은 앞서 언급한대로 플랫폼노동자의 현실이 결코 노동선택권을 가진 여유있는 재즈연주자가 아니라는 데 있다.

빠르게 확산되고 있는 플랫폼경제는 기업형 사업자와 자영업자 간 시장쟁탈 갈등을 푸는 문제 뿐만 아니라 늘어나는 플랫폼노동자들을 법의 사각지대로부터 구출해내기 위한 안전망을 구축해야 하는 또 하나의 숙제를 안고 있다. 한국의 상황도 다르지 않다. 한국고용정보원 추정에 의하면 2018년 현재 플랫폼노동자 수가

AB5(Assembly Bill No.5)

핵심 내용

사용자Hiring Entity에게 노동이나 서비스를 제공한 사람은 다음의 세가지 조건이 모두 충족되지 않는 한 독립계약자Independent Contractor가 아니라 사용자에 의해 고용된 피고용자Employee로 간주한다. 조건 충족 여부의 입증책임은 고용주체인 사용자에 있다.

A) 업무 수행과 관련해 사용자의 지시와 통제로부터 자유로울 것

B) 사용자가 영위하는 사업의 통상적 업무 이외의 업무를 수행할 것

C) 해당 업무와 동일한 성격의 독립된 직업 또는 사업에 종사할 것

입법목적 및 예상되는 영향

독립계약자로 잘못 분류돼 불이익을 당하고 있는 노동자를 보호하는 것이 입법 목적이다. 독립계약자가 피고용자로 분류될 경우 최저임금, 재해보상, 실업보험, 유급병가, 유급가족휴가 등의 법적 권리를 누릴 수 있다. 독립계약자였던 노동자가 피고용자로 신분이 바뀔 경우 큰 폭의 노동사용 비용 증가가 불가피하다.

자료원: California Legislative Information

50만 명 내외에 달한다.[10] 퀵서비스, 대리운전, 음식배달서비스, 승차공유서비스 종사자 등이 대표적인 플랫폼노동자들이다. 플랫폼

10 플랫폼경제종사자 규모 추정과 특성 분석(2018)

노동자는 앞으로도 다양한 분야에서 더욱 늘어날 것이다. 한국에서도 이들 플랫폼노동자에 대한 근로자성 인정 판례가 속속 나오고 있다. 택배기사에 대한 '노동조합법' 상 근로자 인정 판례가 나오기도 했고, 배달앱 라이더에 대한 '근로기준법' 상 근로자 인정 판례도 나왔다. 노동조합법 상 근로자는 단결권, 단체교섭권, 단체행동권 등 노동3권을 보장받고, 근로기준법 상 근로자는 여기에 더해 최저임금, 산재보험 가입 등의 추가적인 권리를 보장받는다.

앞으로 플랫폼노동자의 근로자성을 인정하는 추세는 더욱 확대될 것이다. 하지만 그럼에도 불구하고 근로자성 인정을 통해 플랫폼노동자를 보호하는 데는 근본적으로 한계가 있다. 플랫폼노동자들도 상황에 따라 사업자성과 근로자성 사이에 위치해 있는 정도가 각각 다르기 때문에 근로자성 인정 역시 각자 다를 수밖에 없다. 상황과 경우에 따라 보호받는 정도가 달라지는 것을 의미하는 것이고 이는 곧 안전망이 불확실하고 불안하다는 것을 의미하는 것이다.

이러한 플랫폼노동자의 특성을 반영한 별도의 안전망 체계를 설계할 필요가 있다. 임금노동자와 자영업자 사이의 중간에 위치해 있는 플랫폼노동자의 상황을 고려해 안전망 체계는 투 트랙으로 구축되는 것이 바람직하다. 투 트랙의 첫 번째는 임금노동자를 지향하는 안전망 체계 구축이다. 예를 들어 앞서 소개한 AB5법과 같은 제도를 도입해 플랫폼노동자가 임금노동자 안전망 체계로 흡수되도록 하는 방법이다. 두 번째 트랙은 자영업자 지위에 머물게 되는 플랫폼노동자에게 필요한 안전망 체계를 구축하는 일이다. 임금노동자에게 고용보험이나 산재보험과 같은 공적보험이 있듯이 플랫폼노동자 전용 공적보험을 현실성 있게 설계하는 등의 체계를 만드는 것이 여기에 해당한다.

플랫폼노동자를 위한 안전망을 만드는 이런 일들은 법과 제도의 도입을 통해서만 가능한 일이다. 플랫폼노동자의 이익에 부합하는 법과 제도가 구축되도록 하려면 이를 정부의 처분에만 맡겨서는 안된다. 플랫폼노동자 업계에서도 스스로의 이익을 대변할 수 있는 정치협력 기능과 역량을 발휘해 정치적 영향력을 행사할 수 있어야 한다. 노동조합 결성이 가능한 플랫폼 업계는 노동조합 조직을 구성해 활동하는 것도 방법이지만 플랫폼노동자 업계 전체에 적용되는 안전망을 설계하고 구축하기 위해서는 업계 전체를 대변하는 협력조직을 만들어 활동하는 것이 바람직하다. 플랫폼노동자를 위한 안전망 구축 이슈는 당장에 자영업계가 직면한 과제인 동시에 정치적 해법이 중요한 과제라는 점에서 자영업계의 정치협력 역량을 판단하는 시금석이 될 것이다.

3. 자영업 지식협력

자영업도 지식산업이다

자영업도 이제 지식산업이다. 사업 자체를 운영하는데 직접 필요한 지식이 양적 질적으로 과거에 비해 더 필요해진 것은 물론이고 사업을 둘러싼 환경을 이해하기 위한 지식의 중요성도 날로 커지고 있다. 거시경제 환경이나 산업의 변화 등이 자영업에 미치는 영향도 커지고 있다. 인구구조의 급격한 변화와 그에 따른 성장구조 변화나 4차 산업혁명 진행에 따른 플랫폼경제의 확산 등은 자영업 환경에 직접적이고도 심대한 영향을 미치는 요소들이다. 마냥 낙후된 영역인 줄만 알았던 자영업의 세계에 급격한 혁신의 소용돌이가 몰아치고 있는 것도 전에 볼 수 없었던 새로운 현상이다. 이런 자영업을 둘러싼 환경 요인들에 대한 정확한 이해가 선행되지 않으면 자영업을 정확하게 이해할 수 없게 되었다.

자영업과 관련된 정책 환경에 대한 이해도 중요하다. 지금까지 봐왔지만 모르는 사이에 자영업은 왕따의 시대를 줄곧 살아왔다. 그나마 정부의 최저임금 일 만원 정책이 자영업계로 하여금 정부 정책이 자영업에 얼마나 큰 영향을 미치는 것인지 일깨우는 계기가 되었다. 자영업에 어떤 정책이 어떤 영향을 미치는지 속속들이 알아야 스스로의 이익을 지킬 수 있다는 것을 최저임금 정책이 확실히 보여주었다. 왕따를 당하지 않으려면 정부나 다른 이해관계 세력의 정책활동에 대한 추적과 이해가 필요하다.

변화무쌍하기로 유명한 한국 자영업의 세계에서 생존 확률을 높이려면 트렌드를 신속하게 읽고 정확하게 파악하는 능력도 중요하다. 과잉경쟁 시장인 데다 유행성까지 높은 자영업 시장에서 트렌드를 읽지 못한다는 것은 곧 사업실패 확률을 높이는 지름길이다. 유행에 휘둘려 합리성이 결여된 판단을 하지 않는 것이 무엇보다 중요하고 그러기 위해서는 트렌드를 읽는 능력은 아주 중요하다. 그렇다면 트렌드를 읽는 능력은 어떻게 키울 수 있을까? 가장 기본이 되는 것은 역시 지식이다. 업에 대한 지식이 많아야 하고 업을 둘러싼 환경에 대한 지식이 있어야 한다. 정책 흐름도 이해해야 한다. 고객과 경쟁자가 바뀌고 업종과 관련된 정책도 순식간에 바뀌는 것이 현실이다. 이들 모두가 사업환경에 중요한 영향을 미치는 변수들이다. 이들 변수들이 어떻게 움직이고 있는지 변화의 트렌드를 잘 읽어 내기 위해서는 업종 내 흐름은 물론이고 경제 사회 변화의 흐름을 이해할 수 있는 지식 역량이 필요하다.

자영업을 영위하는데 이런 지식들을 갖추면 좋겠지만 현실에서는 기대하기 어려운 일이다. 그렇지 않아도 열 일하는 자영업자의 현실을 감안하면 이런 지식을 독학해서 습득할 수는 없는 노릇이다. 그래서 지식협력 기능이 필요하다. 자영업계 내에 지식협력 체계를 구축해서 자영업자들에게 이를 공급해 줄 필요가 있다.

그림 5-5. 자영업을 둘러싼 환경변화와 지식협력

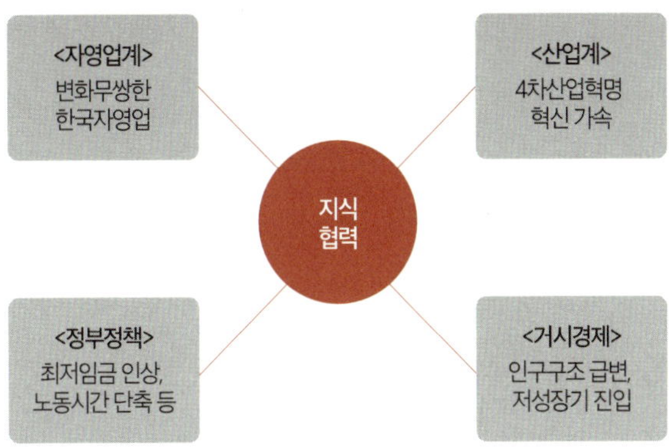

지식협력의 두 축, 학습협력·연구협력

지식협력 체계는 크게 학습협력과 연구협력 체계로 대별할 수 있다. 학습협력은 자영업자 스스로 지식을 쌓는 학습과정을 지원하는 것이고 연구협력은 자영업계의 공동이익 추구를 목표로 연구활동을 지원하는 것이다.

자영업자의 지식역량 강화를 위한 학습협력 체계부터 살펴보자. 자영업자들은 대부분 사업을 시작하기 전에 많은 공부를 하고 지식을 쌓는 준비과정을 거친다. 창업을 하는 과정에서 많은 정보를 취득하는데 열심이지만 막상 사업을 시작하고 나면 혼자 백방으로 일하느라 공부를 하고 새로운 지식을 습득할 기회를 갖지 못하는 것이 대부분 자영업자의 현실이다. 하지만 창업시점에서의 정보 이상으로 창업 이후의 정보가 더 중요하다. 새로운 경쟁자는 계속해서 새로운 상품과 서비스를 가지고 소비자에게 다가가는 차별화 전략을 구사하기 때문이다. 눈깜빡하는 사이에 자신의 상품과 서비스는 구닥다리가 될 수 있다. 특히 플랫폼경제 확산에 따른 시장구조와 고객욕구의 변화는 자영업 트렌드 변화 속도를 더욱 빠르게 한다. 더욱 변화무쌍해진 자영업의 세계에 적응해서 사업을 영위하기 위해서는 창업 때보다 더 열심히 공부를 하고 지식을 쌓아야 한다.

자영업자 스스로 학습하는 채널은 다양하다. 관련 서적이나 업종 관련 전문잡지, 더 나아가 산업과 경제 전반의 흐름을 이해하는 데 도움이 되는 잡지 또는 서적 등을 통해 지식을 습득할 수 있다. 박람회나 세미나 등에 참석하는 발품을 팔아 업종과 관련된 종합적이고 전문적인 정보를 얻는 노력을 한다면 더욱 좋다. 정부나 공공기관에서 운영하는 교육 프로그램을 활용하는 것도 유용한 방법이다.[11]

고객이나 책, 박람회 등 오프라인 채널 이상으로 중요한 것이 온라인 채널이다. 정부나 민간의 자영업 관련 포털사이트는 기본이고 자신의 업종에 특화된 전문 사이트로부터 실시간의 다양한

11 공공기관이 운영하는 교육 프로그램으로는 소상공인시장진흥공단에서 운영하는 소상공인 지식배움터, 서울시 자영업지원센터에서 운영하는 소상공인 아카데미 등이 있다.

정보와 지식을 얻을 수 있다. 특히 전문 사이트의 경우 커뮤니티 참여를 통한 양방향 정보교류 활동은 지식을 습득하고 트렌드를 이해하는데 큰 도움이 될 수 있다. 물론 SNS의 활용도 필수적이다. 유투브 등을 실시간 정보와 지식을 획득하는 채널로 활용할 필요가 있다.

하지만 이러한 노력에도 불구하고 자영업자가 홀로 기업형 사업자 등 경쟁상대들의 조직화된 정보획득 능력을 당해내기는 쉽지 않다. 그래서 자영업도 혼자 힘으로만 대응할 것이 아니라 자영업자를 위한 지식공급 체계를 구축할 필요가 있다. 한 예로 전국적으로 운영되고 있는 상인대학을 체계화해 활용도를 높이는 것을 생각해 볼 수 있다. 자영업 종사자들이 각자 필요로 하는 지식의 양과 질이 다르고 관심 영역도 다른 만큼 상인대학 역시 이에 상응하는 차별화된 교육 과정을 운영한다면 교육효과도 제고되고 자영업자의 참여도도 높아질 수 있을 것이다. 기초과정부터 고급과정까지의 단계별 과정, 가업승계 전문 과정, 창업 전문 과정 등 맞춤형 과정을 체계적으로 구축하는 것을 생각해 볼 수 있다. 맞춤형 교육과정이 체계적으로 자리잡게 되면 전통시장을 중심으로 운영되고 있는 상인대학의 활용이 자영업 전반으로 확대되는 효과도 기대해 볼 수 있을 것이다. 상인대학 교육 과정의 운영에 해당지역 대학이 참여하는 경우도 있는데 이런 움직임이 더욱 활성화될 필요가 있다. 지역대학의 교육기능이 지역상권에 지식협력을 하는 것은 대학에게도 지역상권에도 모두 이익이 되는 일이다.

자영업 관련 교육에 있어서 소상공인시장진흥공단 등 공적 기관이 다양한 지원 사업을 하고 있지만 지역상권의 상인회와 자영업 관련 협회가 주체적으로 나서야 한다. 지역 상인회는 해당 지역에 적합한 상인대학 과정을 운영하는 한편으로 협회는 체계화된 맞춤형 교육 과정에 대한 설계와 운영에 조직적으로 참여하면 서로 간에 보완적인 역할을 함으로써 시너지 효과를 기대할 수 있을 것이다.

지식협력 체계의 두 번째는 자영업의 공동이익 추구를 위한 연구협력 체계다. 자영업도 이제 복잡화 다양화되고 있다. 자영업을 영위하는 방식도 독립적인 자영업에서 프랜차이즈 가맹점, 플랫폼 노동자, 협동조합 등 다양화와 세분화가 진행되고 있다. 자영업을 제대로 이해하기 위해서 필요한 지식의 양이 과거와 비교할 수 없을 정도로 많아지고 있는 것은 물론이고 필요한 질적 지식 수준도 높아지고 있다.

자영업을 운영하는 사업 자체에 대한 지식과 함께 사업을 둘러싼 환경을 이해하기 위한 지식의 중요성도 날로 커지고 있다. 자영업을 둘러싼 산업환경은 물론이고 거시경제 환경까지 다양한 요인들의 영향력이 확대되고 있다. 플랫폼경제의 확산 등 이전에 경험해보지 못한 변화들도 자영업에 큰 영향을 미치는 변수로 떠오르고 있다. 자영업의 세계에도 과거 보지 못하던 변화와 혁신의 파도가 몰려오고 있다. 자영업도 이제 지식산업이고 혁신산업이다. 이런 변화에 대응해 자영업을 제대로 이해하기 위해서는 자영업 내외부의 다양한 요인들에 대한 전문적 연구가 필요하다.

자영업과 관련된 정책 환경에 대한 연구도 중요하다. 자영업에 영향을 미치는 정책들이 자영업계도 모르는 사이에 자영업계의 참여 없이 시행돼서는 안된다. 최저임금 인상 정책이나 근로시간 단축 정책처럼 또 다른 곳에서 자영업계의 참여 없이 자영업에 피해를 주는 정책이 시행될 가능성은 여전히 존재한다. 자영업계에서 스스로 이를 경계하고 막지 않으면 언제든 이런 일은 또 다시 발생할 수 있다. 자영업 관련 동향과 정책환경에 대한 부단한 연구만이 자영업 왕따를 면하게 해 줄 수 있다.

하지만 자영업 연구의 필요성은 높아지는데 자영업 관련 연구는 일천하다. 중소기업에 관한 연구는 많아도 자영업에 관한 연구는 드물다. 자영업을 전문으로 연구하는 기관은 찾아보기 어렵다. 자영업계가 자영업의 입장을 중심으로 하는 연구협력 기능을 갖추어야 하는 이유다. 연구조직은 당장에 이익을 창출하는 조직이 아니라 비용이 들어가는 조직이기 때문에 큰 기업 조차도 영위하기 쉽지 않다. 하물며 상황이 어려운 자영업계에서 직접 연구조직을 영위하는 것은 여간해서는 실천하기 어려운 일이다. 그래서 더욱 업계 내에서 지혜를 모아 연구협력 기능을 활성화해야 한다. 소규모 협회 수준에서 연구협력 기능을 수행하기는 버거운 만큼 협회들의 연합체인 중앙회나 연합회 등 규모가 어느 정도 이상 되는 조직에서 연구 및 협력 기능을 수행하는 것이 바람직하다. 이들 조직도 내부 연구조직을 운영하는 데는 여전히 한계가 있기 때문에 내부 연구조직을 운영하는 한편으로 외부의 연구자원을 효과적으로 활용하는 협력전략이 병행될 필요가 있다.

지식협력으로서 연구협력 기능은 앞서 논의한 자영업의 사업협력과 정치협력 기능이 잘 작동하도록 하는데 꼭 필요한 도구라는 점에서 중요하다. 연구협력 기능이 잘 작동해야 사업협력 기능이 잘 돌아간다. 자영업에서 사업협력의 핵심수단인 협동조합이 활성화되기 위해서는 무엇이 필요한지, 지역기반의 사업협력이 어떻게 효과적으로 활성화될 수 있을지, 프랜차이즈 관련 갈등은 어떻게 해소해 나갈 것인지 등 모두 전문적인 연구가 필요한 주제들이다.

자영업 관련 조직이 정치협력 활동을 하는데도 연구협력 기능은 요긴하게 활용될 수 있다. 자영업 내 정치협력 활동은 정부나 각 정치세력의 자영업 관련 정책을 정확하게 이해하고 이를 자영업계 내부에 효과적으로 전달함으로써 업계 내부의 의견을 신속하게 수렴하는 일을 한다. 이런 활동을 효과적으로 수행하려면 연구협력 기능이 필수적이다. 자영업계 내 연구협력 기능이 유기적으로 작동해야 제대로 된 정책분석과 지식전달 및 효과적 대응이 가능하기 때문이다. 연구협력은 정치협력 기능을 강화시켜 준다.

사업협력과 정치협력 체계가 자영업계 내에서 내생적으로 구축되고 지속성을 가지고 발전할 수 있으려면 이를 뒷받침할 연구협력 체계가 필요하다. 자영업 조직 내부에서 할 수 있는 연구는 내부협력을 통해 수행하고 외부의 협력이 필요한 경우 외부 연구협력 네트워크를 구성해 활용하는 방안을 모색해야 한다. 외부 연구협력 네트워크는 정부 산하기관이나 관변 연구기관을 우선적으로 활용할 수 있다. 정부기관이 담당하기 어려운 주제이거나 부적절한 주제는 민간의 관련 연구기관을 활용하는 것이 바람직하다. 하지만 관변 연구기관이나 민간 연구기관 모두 자영업을 전문적으로 연구하는 기능이 제한적인 한계가 있다. 자영업 관련 연구기관들의 양적 질적 확대가 업계가 풀어야 할 또 하나의 숙제다.

4. 정부의 자영업 협력 지원

자영업 협력체계를 구축하는 일은 아무래도 자영업계 스스로의 힘만으로는 부족하다. 가장 부족한 부분은 역시 자금이다. 그래서 정부의 자영업 지원 역할 중 가장 중요한 것 역시 자금 지원 기능이다. 열악한 자영업 상황과 독립적인 사업을 영위하는 특성 상 지역 내 자영업자들이 협력을 위해 자금을 모으는 데는 한계가 있을 수밖에 없다. 자금의 한계를 극복하려면 정부의 지원이 필요하다.

항상 자금에 목말라 하는 자영업계의 현실을 반영해 자영업 유관 정부기관과 공공기관이 다양한 자금지원 프로그램을 운영하고 있다. 하지만 그것 만으로 자영업의 경쟁력이 높아지지는 않는다. 오히려 지원자금에 지나치게 의존하면 자생력만 떨어뜨릴 수도 있다. 정부 돈은 돈 대로 쓰고 자영업의 생존력은 떨어뜨리는 최악의 결과를 가져올 수도 있다. 그렇게 되면 수십 년 간 정부의 보호 정책에 파묻혀 경쟁력을 잃고 저생산성에 고전하고 있는 오늘날의 중소기업 현실과 다르지 않게 될 것이다.

그런 의미에서 정부의 자영업 지원은 특정분야에 대한 선별적 지원이나 미봉적 지원 보다는 자영업 전반의 역량 제고와 생산성 개선에 기여하는 기능적 지원에 무게중심을 두는 것이 바람직하다. 사업협력이나 지식협력 역량을 높이기 위한 지원이 바로 그것이다.

정부지원 방식은 자영업 활동에 직접 참여하는 방식보다는 간접적으로 협력활동을 유도하는 방식이 바람직하다. 자영업 내 사업협력이나 지식협력의 최종적인 성과는 결국 자영업자 스스로 생산성을 높이는 협력의 시너지 효과를 얼마나 창출해 내느냐에 의해 결정될 것이기 때문이다. 자영업 시장을 이해하는데 한계가 있는 정부가 자영업 활동에 직접 참여하는 것은 결국에는 비효율을 초래할 가능성이 높다.

이런 기준에 부합하는 사업협력 지원 분야로 협동조합 활성화나 지역상권의 공동마케팅 체계 구축 등에 대한 지원을 들 수 있다. 다만 이들을 지원할 때 특정 업종이나 제품에 대한 직접 참여와 같은 방식은 시장에 대한 정부의 직접 관여가 되어 시장기능을 왜곡할 가능성이 높은 만큼 지양하는 것이 바람직하다.

지식협력 지원은 자영업의 기술협력 및 교육협력 체계나 연구협력 체계를 구축하는 등 자영업 스스로의 역량과 생산성 제고에 기여할 수 있는 분야에 초점을 맞출 필요가 있다. 이 때도 정부가 기술개발이나 교육 및 연구 활동에 직접 참여하는 것보다는 자영

표 5-9. 자영업 협력체계 구축 관련 정부지원 분야

방식	분야	지원 분야
간접지원	사업협력	협동조합 활성화: 운영자금 지원, 운영 인프라 지원 등
		지역기반 사업협력: 공동브랜드 개발, 공동마케팅, 공동시설 지원 등
	지식협력	학습협력: 상인대학 운영 지원, 협회 교육과정 운영 지원 등
		연구협력: 협회 연구사업 지원, 연구 네트워크 구축 지원, 기술 협력개발 지원 등
직접참여	제도정비	프랜차이즈 로열티 제도 도입 유도
		플랫폼노동자 안전망 구축 관련 제도 도입
	사회안전망	임금노동자 4대보험에 상응하는 현실성 있는 공제 및 보험 제도 설계

업계 스스로 이런 기능들을 협력해 구축해 나가도록 유도하는 입장을 취하는 것이 바람직하다.

정부가 직접 나서서 해야 할 분야는 자영업 관련 법과 제도의 정비 및 자영업의 사회안전망을 구축하는 일이다. 프랜차이즈 제도의 선진화나 플랫폼노동자의 안전망을 구축하는 일 또는 재정부담이 상당히 클 수 있는 자영업 전체의 사회안전망을 현실성 있는 해답을 찾아 구축하는 일 등이 이에 해당한다.[12]

정부의 자영업 지원은 자영업 생존의 연장이 아닌 생산성의 제고에 초점이 맞춰져 이루어져야 한다. 생존 연장을 위한 일회성 지원 정책은 만들기 쉽지만 생산성 제고를 위한 지원 정책은 잘 만들어 내기 어렵다. 정부의 경쟁력은 그것을 만들어 내는 데 있다.

---

12 자영업의 사회안전망을 구축하는데 가장 큰 걸림돌은 경제 내에서 차지하는 자영업자 비중이 높아 어떤 사회안전망을 만들더라도 운영에 필요한 재정부담이 상당하다는데 있다. 그런 점에서 자영업 사회안전망 구축의 최우선적 과제는 임금노동자 비중을 높이고 자영업자 비중을 낮추는 일이다. 이런 의미에서 가장 효과적인 자영업 사회안전망 대책은 노동개혁과 기업개혁을 통해 양질의 임금노동자 비중을 높이는 노력이라 할 수 있다. 예를 들어 OECD 최저수준인 250인 이상 대형기업 종사자 비중이 OECD 평균수준으로 높아질 정도로 임금노동자 일자리가 새로 생긴다면 자영업 종사자 비중은 21% 수준에서 14% 수준으로 크게 낮아질 수 있다. 자영업 종사자 비중의 감소는 한편으로는 자영업 사회안전망 운영비용을 낮추고 다른 한편으로는 자영업 시장의 과잉경쟁을 완화한다는 점에서 어느 다른 장치보다 훌륭한 자영업 사회안전망이라 할 수 있다.

6장

자영업, 플랫폼경제에 올라타라

- 노동개혁과 기업개혁이 자영업이 살기 위한 필요조건이라면, 자영업이 진정으로 살 수 있는 충분조건은 자영업 스스로 변화와 혁신을 통해 경쟁력을 갖추고 생산성을 높이는 것이다.
- 4차 산업혁명은 IT기반의 생산혁명인 동시에 플랫폼기반의 서비스 혁명이다.
- 플랫폼경제의 확산은 자영업의 세계에 위기와 기회를 모두 주는 동전의 양면이다. 플랫폼경제에 잘 올라타면 혁신의 과실을 얻을 것이요 그렇지 못하면 또 고단한 신세가 될 것이다.
- 자영업과 플랫폼사업자 간 갈등을 미봉책으로 덮기보다는 갈등구조를 상생구조로 전환하는 제도적 해법을 찾는 접근이 필요하다.
- 혁신의 시대에 살아남기 위해서는 지식과 협력으로 무장하고 혁신으로 대응하는 것이 최선의 전략이다. 지식-혁신-협력이 미래 자영업 경쟁력의 키워드다.

혁신과는 거리가 멀어도 한참 멀 것 같던 자영업에 혁신의 바람이 몰아치고 있다. 혁신의 바람은 4차 산업혁명과 함께 불어오고 있다. 언뜻 생각하기에 4차 산업혁명은 자영업과 무관해 보인다. 자영업의 대부분은 서비스업종에 집중되어 있는데 산업혁명은 주로 제조업과 관련된 것이라는 인식이 자리잡고 있기 때문이다. 하지만 그렇게 생각하면 오산이다. 4차 산업혁명의 한 축은 IT기반의 생산혁명이고 다른 한 축은 플랫폼 기반의 서비스 혁명이다.

4차 산업혁명의 한 축인 플랫폼경제Platform Economy는 자영업 생태계에 지대한 변화를 가져오는 중요한 환경 요인이다. 플랫폼경제의 확산은 자영업의 세계에 위기와 기회를 모두 주는 동전의 양면이다. 플랫폼경제에 잘 올라타면 혁신의 과실을 얻을 것이요 그렇지 못하면 또 고단한 신세가 될 것이다. 플랫폼경제 시대 혁신의 기회를 활용하는 것이 혁신의 소용돌이에 빠져들어 가고 있는 자영업계에 던져진 숙제다. 지금부터 이 숙제에 대해 고민해 보도록 한다.

플랫폼경제를 이해하라

4차 산업혁명은 기계혁명이 아니라 정보혁명, 좀 더 정확히 얘기하면 데이터혁명이다. 4차 산업혁명은 정보의 초연결성을 가능하게 하는 산업환경의 변화를 의미한다. 4차 산업혁명을 대표하는 5대 기반기술로 사물인터넷Internet of Things(IoT), AIArtificial Intelligence, 클라우드 컴퓨팅Cloud Computing, 5G5th Generation Mobile Telecommunication, 블록체인Block Chain을 들 수 있다. 모두 대규모의 데이터를 아주 빠른 속도로 가공하고 처리하는 일과 관련된 기술들이다. 이들 기술을 활용하는 예를 하나 들어보자. 물리적 공간을 갖는 유통시장에서 IoT기술은 센서 측정을 통해 고객방문 또는 주문 데이터를 빅데이터화한다. 클라우드에 연결된 빅데이터는 인공지능 기술에 의해 분석되고 정보화되어 유통된다. 정보유통의 생명인 속도는 5G 기술이 제공하며 블록체인 기술은 이들 정보의 생산 유통과정이 안전하게 이루어질 수 있도록 정보보안을 책임진다. 이처럼 4차 산업혁명의 기술들은 정보의 초연결성을 활용해 오프라인 유통시장을 온라인 플랫폼으로 끌어들여 획기적인 서비스 혁신을 가능하게 한다.

그림 6-1. 4차 산업혁명과 패러다임 변화

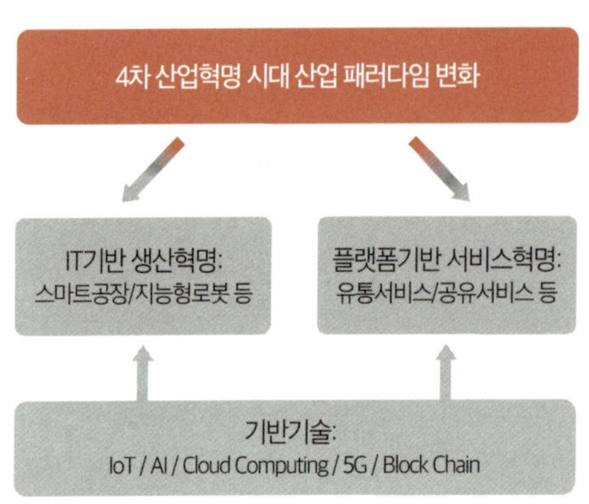

이러한 플랫폼 서비스는 음식, 숙박, 운송, 도소매 등 서비스업 전반에 걸쳐 광범위하게 확산되고 있다. 음식업의 배달서비스 플랫폼, 숙박업의 숙박공유서비스, 운송업의 승차공유서비스, 도소매업의 배송서비스 플랫폼 등이 그것이다. 이런 의미에서 4차 산업혁명은 IT기반의 생산혁명인 동시에 플랫폼기반의 서비스 혁명이다. 지금 목도되고 있는 광범위한 플랫폼경제의 확산은 4차 산업혁명의 기술들이 있기에 가능한 것이다. 미래는 플랫폼경제 시대다. 현

재 미국 S&P500지수에 포함돼 있는 500개 기업 중 플랫폼기업 수는 5%에 불과하지만 20년 후인 2040년에는 플랫폼기업 수가 전체의 절반에 이를 것이라는 전망까지 나온다. 그만큼 플랫폼경제화가 광범위하게 진행될 것이라는 의미다.

그림 6-2. S&P500 기업 내 플랫폼기업 수 비중 전망

	2020	2040
일반기업	95%	50%
플랫폼기업	5%	50%

자료원: Alex Moazed(2019. 8. 25), Applico

특히 서비스업 부문에서 플랫폼경제의 역할은 가히 혁명적이다. 플랫폼경제화가 본격적으로 진행되면서 서비스업 전반에 걸쳐 혁신이 광범위하게 일어나고 있다. 1차 산업혁명 이래 제조업에서의 혁신이 정신을 차릴 수 없을 정도로 빠르게 진행돼 온 것에 비하면 최근까지 서비스업에서의 혁신은 상대적으로 더디게 진행돼 왔다. 제조업 혁신에 비하면 서비스업 혁신은 사람들이 느끼지 못할 정도의 속도였다. 하지만 상황이 달라지고 있다. 이제 혁신의 변방에 있던 서비스업이 혁신의 중심으로 이동하고 있다.

그런데 플랫폼 서비스 혁신이 확산되고 있는 이들 음식, 숙박, 운송, 도소매, 교육 등 서비스업종들은 모두 자영업 종사자들이 많은 전형적인 자영업 업종들이다. 플랫폼경제가 자영업과 밀접히 관련되어 있는 것이다. 그런 의미에서 플랫폼경제의 확산은 자영업에게는 한편으로는 위기로 다른 한편으로는 기회로 다가온다.

플랫폼 비즈니즈로서 온라인거래 증대는 오프라인 자영업자의 위기다. 현대의 고객은 가까운 거리에 있는 자영업 매장에 가는 횟수를 줄이고 대신 자신의 자리에서 상품과 서비스를 소비하기를 원한다. 이런 고객의 욕구는 플랫폼경제에 의해 빠르게 실현되고 있다. 스마트폰 안에서 모든 것이 이루어지는 플랫폼경제 혁신의 영역에 오프라인 자영업의 수익창출 부문이 더욱 빠른 속도로 잠식될 수 있다.

반면 플랫폼경제 환경은 자영업에 기회도 제공해준다. 4차 산업혁명 시대 초연결기술의 진화는 오프라인에서 고객을 상대하기 위한 인프라의 필요성을 낮춰 줌으로써 스몰 비즈니스를 하는 자영업자를 위한 기술혁신의 토대를 마련해 준다. 플랫폼경제에는 자영업 비즈니스 생태계에 위기와 기회가 될 변화를 동시에 가져올 잠재력이 내재돼 있다. 플랫폼경제가 가져오는 위기적 환경을 기회의 창으로 바꾸기 위해 지금 자영업은 자신의 비즈니스에 플랫폼경제를 어떻게 활용할지 진지하게 고민해야 한다.

플랫폼경제는 이미 자영업 모든 분야에 깊숙이 들어와 자영업 비즈니스 생태계에 혁신적인 변화를 가져다 주고 있다. 플랫폼이라는 개념이 일상적으로 쓰인 지는 얼마 되지 않았지만 플랫폼경제라는 용어가 낯설지 않을 정도로 플랫폼 비즈니스는 널리 확산되고 있다. 이제 플랫폼경제는 미래 자영업자들의 삶에 가장 큰 영향을 미칠 환경으로 자리잡고 있다. 플랫폼을 잘 활용하고 못하고 여부가 자영업의 생존에 영향을 미치는 상황에까지 이르렀다. 플랫폼의 활용은 이제 선택이 아니라 필수가 돼 가고 있다.

표 6-1. 외식업 관련 플랫폼 사례

플랫폼 구분	개념	대표업체
주문	모바일을 통해 오프라인 매장에 직접 주문하는 서비스	식권대장, 사이렌오더, 시럽오더, 네이버 테이블주문
주문중개	모바일을 통한 배달 주문 서비스	배달의민족, 요기요, 푸드플라이, 배달통
배달대행	기존의 배달이 불가하던 매장의 배달대행 서비스	barogo, VROONG, 생각대로
원거리 배달주문	전국 매장 대상의 식음료 택배 배달 서비스	미래식당, 요리버리, 오·늘·회
리뷰/추천/예약	리뷰 데이터를 기반으로 한 외식업체 추천 및 예약 서비스	망고플레이드, 식신, 다이닝코드, 포잉
식자재	B2B 식자재 직거래 플랫폼 서비스	m, MEATBOX, M
공유주방	낮은 임대료의 공유 주방 제공 서비스 및 외식업체 인큐베이팅	WECOOK, 고스트키친, 클라우드키친

대표적인 자영업종인 외식업을 예로 들어 보자. 외식업 관련 플랫폼은 이제 외식시장 밸류체인Value Chain의 한 요소로서 빼 놓을 수 없는 중요한 역할을 담당한다. 배달대행 플랫폼은 기본이고 주문중개 플랫폼, 공유주방 플랫폼 등 플랫폼의 기능과 형태도 다양하다. 외식업에서 플랫폼을 활용하지 않고 사업을 한다는 것은 이제 상상할 수도 없게 되었다.

유통업의 경우도 플랫폼경제로의 이행이 가속되고 있다. 10여 년전 대형마트의 오픈은 주변 자영업의 매출을 감소시켰다. 그 때의 대형마트는 경쟁상대 없는 유통업계의 최강자였다. 그러나 이제 대형마트의 침체 현상이 뚜렷하게 나타나고 있다. 오프라인 시장이 위축되고 온라인 시장이 확산되는데 따른 현상이다. 온라인 플랫폼 시장의 확산과 오프라인 시장의 위축이라는 근본적인 환경 변화에 최강자의 지위를 누리던 대형마트 조차도 속수무책이다.

숙박업 분야도 에어비앤비airbnb로 대표되는 숙박공유서비스의 등장으로 플랫폼경제가 확산되고 있다. 숙박공유 플랫폼은 다양한 숙박시설을 선택할 수 있는 기회와 함께 실시간 가격경쟁에 따른 가격인하의 혜택을 무기로 빠르게 시장을 잠식해 들어가고 있다. 최근에는 단순 중개서비스에 그치지 않고 플랫폼의 규모의 경제와 네트워크 효과를 이용해 호텔을 직접 인수해 숙박프랜차이즈 사업에 뛰어드는 등 역으로 오프라인 시장으로까지 진출하는 모습을 보이기도 한다.

오프라인 플랫폼의 시대는 저물고 온라인 플랫폼 시대가 도래하고 있다. 고객이 온라인 구매를 선호하는 사회적 변화에 온라인 구매의 편의성을 보장하는 기술적 대응이 가능해지자 온라인 플랫폼을 통한 구매가 폭발적으로 증가하고 있다. 플랫폼경제의 이런 변화를 이해하지 못하고서는 자영업의 미래는 없다.

플랫폼경제와 상생구조를 구축하라

플랫폼경제의 확산은 궁극적으로 서비스업의 생산성과 부가가치를 높이는데 기여할 것이다. 서비스업 부문의 부가가치가 상대적으로 늘어난다는 것은 서비스업종에 상당부분 종사하고 있는 자영업자에게도 부가가치를 높일 수 있는 기회를 제공한다. 기회의 양상은 자영업자가 자신의 사업활동에 플랫폼을 활용함으로써 부가가치를 창출하는 형태로 나타날 수도 있고 플랫폼 내의 플랫폼 노동자로 참여함으로써 소득을 얻는 형태로 나타날 수도 있다. 어떤 형태이던 플랫폼경제의 존재로 인해 자영업계는 이전에는 없던 부가가치 창출기회를 얻게 되었다.

하지만 플랫폼경제가 자영업자에게 진정한 기회의 존재가 되기 위해서는 풀어야 할 숙제가 있다. 자영업계와 플랫폼사업자 간에 불가피하게 형성되는 경쟁과 갈등을 이겨내야 한다. 플랫폼경제에서는 자영업과 플랫폼사업자 간에 다양한 형태로 경쟁과 갈등 관계가 형성된다. 오프라인 자영업자와 온라인 플랫폼사업자 간에 공동의 시장을 놓고 쟁탈전을 벌이기도 하고, 플랫폼을 이용하는 자영업자와 플랫폼사업자 간에 사용료를 두고 갈등이 벌어지기도 한다. 자영업자로서 플랫폼노동자와 플랫폼사업자 간의 고용 갈등 양상도 나타난다. 자영업계로서는 이들 모두 앞으로 풀어나가야 할 숙제들이다. 한 가지 씩 살펴보자.

그림 6-3. 자영업자와 플랫폼사업자의 갈등 관계

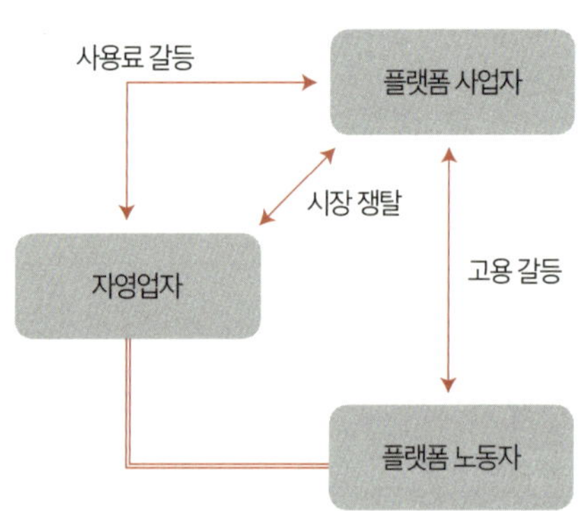

플랫폼경제의 등장은 지금까지 자영업의 영역이었던 분야에 기업형 사업자의 침투가 쉬워진다는 것을 의미한다는 점에서 자영업계에 위협적이다. 앞서 거론한 배달서비스, 승차공유서비스, 배송서비스 시장 등에서 기업적인 플랫폼 서비스가 확산되고 있다.

자영업자가 영위하고 있는 서비스업에서 혁신이 빠르게 진행되면서 생산성과 부가가치가 높아지는 기대감이 있는 동시에 이들 서비스업이 더 이상 자영업의 영역이 아니라는 위기감이 공존하고 있는 것이다.

이미 시장에서는 자영업자와 기업형 사업자 간의 이해상충으로 곳곳에서 갈등현상이 빚어지고 있다. 승차공유서비스 시장에서 벌어지고 있는 플랫폼사업자와 자영업자인 택시 업계 간의 첨예한 갈등이 대표적인 사례다. 숙박공유서비스의 확산은 소규모 숙박업을 운영하는 자영업자들의 생존을 위협하고 있다. 온라인 배송업의 확산은 재래점포나 슈퍼마켓은 물론이고 이들로부터 시장을 빼앗아 성장한 대형마트에 이르기까지 오프라인 사업자 전반에 걸쳐 타격을 준다.

자영업 영역으로 플랫폼사업자가 침투하는 것에 대응해 오프라인 자영업만이 줄 수 있는 차별화된 가치를 만들어 내는 것이 자영업에 주어진 숙제다. 최근 중형 규모 체인 형태의 동네 슈퍼마켓이 즉시 배송과 가성비 높은 상품을 무기로 부활하는 양상은 플랫폼사업자와 경쟁하는 자영업의 생존 방식으로 눈 여겨 볼 만한 움직임이다. 플랫폼사업자와 동네 슈퍼마켓이 합작하는 상생 플랫폼 모델도 생각해 볼 수 있다. 자영업 영역으로의 플랫폼사업자 침투가 자영업자에게는 분명 위기이지만 플랫폼경제의 확산이 피할 수 없는 시대의 흐름이라면 이를 역으로 활용해 적극적으로 플랫폼경제에 동참해 상생하는 전략을 고민하는 것이 현명한 대응이다.

플랫폼 서비스 이용 수수료 문제도 자영업자와 플랫폼사업자 간 갈등의 대표적 이슈다. 플랫폼경제의 확산으로 자영업은 플랫폼 서비스를 사용하지 않고서는 사업을 영위할 수 없는 환경으로 내몰리고 있다. 플랫폼 의존도가 심화되는 사업환경은 불가분 플랫폼의 사용 대가를 두고 플랫폼을 사용하는 자영업자와 플랫폼사업자 간의 갈등을 불러온다. 문제는 플랫폼 사업이라는 것이 특성상 소수의 사업자가 시장을 장악하는 독점적 성격을 가지기 때문에 가격 책정 등에서 독점의 폐해가 나타날 수 있는 시장이라는 점이다. 이런 우려는 이미 현실에서도 나타나고 있고 갈등 양상도 확대되고 있다.

민간 플랫폼 서비스의 독점적 폐해에 대응해 지방정부 등 공공부문이 직접 플랫폼을 개발해 자영업에 지원하는 움직임까지 나타나고 있을 정도다. 하지만 공공부문이 민간의 시장에 직접 참여하는 대응은 효율성 면에서 바람직하지 않을 뿐더러 지속가능성 면에서도 근본적 대책이 될 수 없다.

바람직한 방향은 플랫폼을 사용하는 자영업자와 플랫폼사업자가 갈등관계를 상생의 관계로 발전시켜 나가는 것이다. 상생관계를 위해서는 독점력의 사용을 자제하는 플랫폼사업자의 성숙된 태도도 필요하고 플랫폼사업자의 독점력 사용을 억제하도록 만드는 자영업계 내부의 정치협력과 사업협력 역량도 필요하다. 여기에 더해 독점력 남용을 억제하는 법적 제도적 장치가 마련되는 것도 요구된다.

플랫폼 업계의 공동 노력이 필요하겠지만 그 중에서도 자영업계 내부의 노력이 기본이 되어야 한다. 업계 내부에서 스스로 플랫폼 과잉경쟁을 조절하는 사업협력과 독점의 폐해를 부각시키는 정치협력 등의 활동이 조직적으로 이루어져야 한다. 스스로의 이익을 지키는 노력이 없으면 언제든 왕따 신세가 될 수 있음을 지금까지의 자영업 수난의 역사가 보여준다.

플랫폼 서비스 공급자인 플랫폼사업자와 상생구조를 모색하는 것이 수동적인 전략이라고 한다면 자영업계가 플랫폼 서비스 수요자에서 머물지 말고 스스로 플랫폼 서비스의 공급자가 되고자 하는 적극적인 전략도 필요하다. 자영업계의 사업협력 역량이 충분하다면 자영업계 스스로 플랫폼 공급자가 되기를 시도해 보는 것도 훌륭한 방책이 될 수 있다. 예를 들어 자영업자는 플랫폼의 수요자로서 플랫폼의 활용도를 누구보다 잘 알고 있으므로 자영업계에서 플랫폼 협동조합을 설립해 운영하는 시도를 해봄 직 하다.[1] 플랫폼경제가 앞으로 자영업에 미칠 강력하고도 광범위한 영향력을 감안한다면 자영업계 내부의 협력체계를 통해 스스로 사용할

1 실제로 국내외에서 플랫폼 협동조합을 설립해 운영하는 사례들이 나타나고 있다. 미국의 가사 서비스 플랫폼 협동조합 업앤고(Up & Go)가 대표적이고, 한국에서도 유사한 모델로 라이프매직케어 협동조합이 플랫폼 협동조합을 추구하고 있다.

플랫폼을 구축하는 시도가 득이 될 수 있을 것이다. 물론 플랫폼 구축을 위해 필요한 기술과 자금 등을 감안하면 자영업계 스스로 플랫폼을 개발해 운용한다는 것이 결코 쉬운 일은 아니겠지만 적어도 공공부문이 시도하는 것보다는 성공확률이 높을 것이다. 공공부문은 직접 나서서 플랫폼 사업을 하기보다는 자영업계가 협력을 통해 플랫폼 사업을 구축할 수 있도록 간접적으로 도움을 주는 형태의 지원이 올바른 방향이다.

자영업자와 플랫폼사업자 간 갈등의 또 다른 이슈는 플랫폼노동자 문제다. 플랫폼경제의 특성 상 플랫폼사업자의 사업에 기존 시장에서 종사하던 자영업자가 플랫폼노동자의 형태로 참여하는 상황이 일반적으로 발생하는데 이 과정에서 플랫폼사업자와 플랫폼노동자 간에 갈등의 소지가 생기게 된다. 이들 간에 갈등관계를 줄이고 상생관계를 조성하기 위해서는 특히 플랫폼노동자의 노동환경을 개선하고 법적 지위를 명확히 하는 제도적 정비가 중요하다. 과거에 없던 새로운 형태의 플랫폼노동자 일자리가 생겨나 빠르게 확산되고 있는데 이들에 적용할 제도는 미비해 이들이 법의 사각지대에 머물러 있기 때문이다.

대표적인 예가 승차공유서비스 시장에서 벌어지고 있는 플랫폼 노동자와 플랫폼사업자 간의 갈등이다. 이 시장에서 플랫폼사업자와 플랫폼노동자 간에 갈등구조를 극복하고 상생구조를 만들어 낼 수 있는지가 시험대에 올라 있다. 시험의 핵심은 기존 자영업 업계의 피해 문제 해결과 플랫폼노동자를 제도권으로 흡수하는 과제다. 두 가지 모두 해결이 결코 간단하지 않은 과제들이라는 점에서 플랫폼사업자와 자영업자 간 상생구조 구축을 시험하는 시금석이 될 것이다.

승차공유서비스 시장의 갈등구조와 상생구조

자영업자와 플랫폼사업자 간의 대표적 갈등 사례로 택시 업계와 승차공유서비스 업계 간의 갈등을 들 수 있다. 우버 등 승차공유서비스 사업자가 등장하면서 이들의 사업허가 여부를 두고 세계 각지에서 홍역을 치르고 있다. 택시업게 입장에서는 갑자기 새로운 경쟁자가 불쑥 시장에 들어온 셈이기 때문이다. 승차공유서비스를 허용하는 나라도 있고 불허하는 나라도 있으며, 한 나라 안에서도 도시마다 허용하기도 불허하기도 한다. 우리나라도 예외는 아니어서 승차공유서비스의 허용 여부를 두고 첨예한 갈등이 빚어지고 있다.

특히 우리나라는 택시업계에서 개인택시 운전자 비중이 높은 데다 승차공유서비스업이 공유서비스라는 원래의 취지와는 다른 형태의 사업구조로 변형되어 갈등은 더욱 심하다. 신규 승객운송사업자는 허가하지 않으면서 승차공유서비스 사업자라는 명분을 가지고 실질적으로는 승객운송서비스 시상에 진출한 것이라는 주장에 대해 혁신은 과거에 연연해서는 이루어질 수 없다는 미래지향적 주장이 맞서면서 갈등이 증폭되었다.

한국 승객운송서비스 시장에서 승차공유서비스의 도입이 상생구조가 되려면 궁극적으로 승차공유서비스의 도입이 한편으로는 운송서비스의 질적 개선 및 실질운임 상승을 가져오고 다른 한편으로는 운송서비스 시장 종사자들의 소득을 개선시켜 줄 수 있어야 한다. 그래야 사업자는 이익을 창출하고 종사자는 소득이 오르며 승객은 개선된 서비스를 받음으로써 이해관계자 모두에게 상생의 결과를 가져다 줄 수 있다.

승차공유서비스 논쟁의 시발점이 근본적으로 운송서비스의 질이 열악하다는 데서 출발한 만큼 서비스 질 개선의 명분이 실제로 실현되는 방향으로 혁신이 진행될 것이라는 데는 이견이 없는 듯하다. 문제는 승차공유서비스의 도입이 운송서비스의 질은 개선시켜 줄 것으로 기대되지만 운송서비스 시장 종사자들의 소득 개선에는 의문부호가 달리는데 있다. 이 의문부호를 제거하려면 새로운 사업자가 승객운송서비스 시장에 들어옴으로써 발생하는 기존 운송서비스 종사자들의 피해 문제와 승차공유서비스 시장에 종사하는 플랫폼노동자의 노동환경 문제를 해결해야 한다.

승차공유서비스 시장의 확대가 피할 수 없는 시대적 흐름이라면 그에 상응해 기존 승객운송서비스 종사자의 출구를 마련해 주는 한편으로 승차공유서비스 시장에 종사하는 플랫폼노동자들의 법적 지위를 명확히 하는 제도적 정비를 병행해야 이해당사자 모두에게 상생의 결과를 가져다 줄 수 있을 것이다.

자영업자와 플랫폼사업자 간에 상생구조를 구축하기 위해 풀어야 할 핵심적인 사안이 플랫폼노동자의 제도권 흡수나 플랫폼사업자의 독점적 지위 남용 억제 등 제도적인 이슈라는 점에서 정부와 정치권의 역할이 중요하다. 자영업과 플랫폼사업자 간 갈등을 봉합하는 수준의 임기응변적 정책대응이 아니라 상생구조를 구축하는 차원의 근본적 제도 설계를 통해 모처럼 만들어진 혁신 환경이 자영업자를 비롯한 모두에게 상생의 새로운 기회가 될 수 있도록 해야 한다. 물론 정부의 역할이 중요하다 해도 이런 기회를 주체적으로 만들어 나가야 할 당사자가 자영업계 스스로임에는 변함이 없다.

자영업 '정보플랫폼' 생태계를 구축하자

플랫폼경제는 자영업의 세계에 위기와 기회를 동시에 준다. 플랫폼경제를 기회로 삼기 위해서는 플랫폼경제에 올라타서 플랫폼을 적극적으로 활용할 수 있어야 한다. 그러자면 자영업자 스스로 플랫폼경제 시대에 동참할 수 있는 경쟁력을 갖추고 변화와 혁신에 대응해야 한다.

그렇다면 이렇게 중요한 플랫폼경제에 자영업자들이 어떻게 동참할 수 있을까? 가장 우선적인 방법은 자신의 사업과 관련된 플랫폼 서비스를 효과적으로 활용하는 것이다. 그러기 위해서는 지금까지 논의했던 플랫폼사업자와의 상생구조를 만들어 가는 것이 필요하다. 하지만 플랫폼경제에 올라타는 방법이 거래용 '사업

플랫폼'을 활용하는 것만 있는 것은 아니다. 자영업계가 자신이 속한 업종에서 활용할 '정보플랫폼'을 스스로 만들고 업계 내에 종사하는 자영업자들이 이를 운영하고 활용하는 것도 플랫폼경제를 활용하는 훌륭한 방법이다.

한국의 자영업은 시장 진출입이 매우 활발하고 사업의 유행성이 높은 특징을 가지고 있다. 앞서 1장에서 살펴본 것처럼 자영업자가 많이 종사하는 음식업, 개인서비스업, 교육서비스업 등은 창업률이 높다. 이들 업종은 창업한지 1년이 안된 기업이 20%에 육박한다. 물론 창업 형태는 98% 이상이 자영업 형태다. 창업하는 기업이 많은 만큼 소멸하는 기업도 많다. 음식업이나 소매업은 전체 업종 중에서 창업기업도 가장 많지만 폐업하는 기업도 가장 많다.

자영업에서는 하던 사업을 접고 다른 사업을 하는 사례가 빈번하다. 사업 아이템도 유행에 민감하다. 2019년 통계청이 업종을 전환한 자영업자를 대상으로 업종을 전환하게 된 이유를 조사한 바에 의하면 '수익이 더 나을 것 같은 업종으로 바꾸기 위해서' 라는 응답이 전체 응답의 39%를 차지했다. 여기에 '원래 하던 사업의 전망이 없어서'라는 응답 12%를 포함하면 사업 전망에 대한 기대 변화가 업종전환 사유의 50%에 달하는 것으로 나타난다.[2] 매년 조사에서 이 비율은 큰 변화가 없다. '적성에 맞는 다른 사업을 하기

2 통계청, 비임금근로 및 비경제활동인구 부가조사 결과(2018).

위해서'와 같은 응답은 10% 정도에 불과하다.

유행하는 업종이나 아이템에 새로이 진입하기 위해서는 새로운 투자가 필요하다. 유행성이 크다 보니 기존에 가지고 있는 사업자산은 새롭게 유행하는 사업에는 무용지물인 경우가 많다. 한국 자영업의 이런 특징으로 인해 사업에 들어가는 매몰비용Sunk Cost은 높은데 사업영위 기간은 짧아 결과적으로 사업 수익성이 떨어진다. 한마디로 사업 리스크는 높은데 기대수익은 낮은 것이다. 자영업의 경영성과를 나쁘게 하는 주요 원인 중의 하나다.

유행성이 높은 것이 반드시 단점인 것만은 아니고 장점이 될 수도 있다. 사업환경의 변화를 빨리 읽고 변화에 신속하게 대응하는 것도 하나의 혁신활동이라 할 수 있다. 특히 4차 산업혁명의 시기에 발 빠른 대응은 생존의 필수 요소이기도 하다. 하지만 부작용 또한 만만치 않다. 유행에 따른 빈번한 진출입은 필연적으로 과잉경쟁과 사업실패의 확률을 높인다. 유행이 되는 사업에 너도나도 뛰어들면서 과잉경쟁 상태가 되고 유행이 식으면 과잉경쟁은 사업실패자를 양산하는 결과를 낳는다.

자영업시장이 과잉경쟁 시장인 데다 유행성까지 높다 보니 자영업에 뛰어드는 사업자들이 사업의사 결정을 하는데 혼란을 겪고 마침내 합리성이 결여된 판단을 하는 경우가 빈번하게 발생한다. 잘못된 판단은 곧 실패확률을 높이고 자영업자들을 더욱 어려운 상황으로 내몰곤 한다.

이런 한국 특유의 자영업 환경에서 시장에 대한 지식을 실시간으로 얻고 트렌드를 신속하고 정확하게 파악하는 것은 사업실패 확률을 낮추는 지름길이다. 정확하고 신속하게 공급되는 정보는 유행을 쫓되 유행에 휘둘리지 않고 합리적인 의사결정을 하는데 도움을 주고 이는 곧 사업의 성공가능성을 높여 준다.

이런 상황에 대응해 자영업자에게 실질적 도움을 주기 위해 필요한 것이 자영업 정보인프라다. 정보인프라는 자영업 관련 정보에 쉽고 빠르게 접근할 수 있도록 함으로써 합리적 의사결정을 하고 사업실패 확률을 낮추는 데 기여한다. 정보인프라의 활용을 통해 자영업 시장의 지식과 트렌드를 신속하고 정확하게 알 수 있다면 좀 더 합리적이고 계획적인 판단과 의사결정을 하는데 도움이 될 것이다.

하지만 웬만큼 사업규모가 크지 않고서는 자체적인 정보인프라를 갖추는 것은 불가능하다. 더욱이 인공지능 기술의 확산으로 사업적 판단을 위해 필요한 정보의 양은 급격하게 늘어나고 점점 더 고도화된 정보분석 능력이 요구되고 있다. 규모가 큰 대기업조차 자체 정보화 체계로 한계를 느끼고 외부 역량을 끌어다 쓰는 추세다. 하물며 소규모 자영업자들에게 정보인프라를 구축한다는 일은 언감생심 남의 얘기다.

이런 딜레마를 해결해 줄 실마리가 플랫폼경제에 있다. 자영업 정보인프라의 근간을 자영업 시장 스스로가 정보를 공급하고 수요하는 온라인 '정보플랫폼'이 담당하는 것이다. 정보플랫폼이란 공급자와 수요자가 자발적으로 참여해 교류와 상호작용을 하면서 각자 얻고자 하는 정보를 교환할 수 있도록 구축된 생태계다. 구글, 페이스북, 네이버 등이 정보플랫폼의 대표적인 모습이다. 이 정보플랫폼 생태계를 자영업 정보인프라의 근간으로 구축하자는 것이다. 정보플랫폼의 핵심이 될 정보의 공급자와 수요자는 자영업 시장에 풍부하게 존재한다. 수백만 자영업자와 그 배후에 있는 잠재적 자영업자들이 정보의 공급자이자 수요자다. 이들은 자영업 시장에 대해 많은 정보를 가지고 있는 동시에 새로운 정보에 대해 목말라 하는 이중적 존재다. 이들이 서로 연결하고 상호작용을 할 수 있는 정보플랫폼 생태계가 만들어진다면 훌륭한 자영업 정보인프라로 작동할 수 있을 것이다.

이런 '정보플랫폼'이 이미 구축돼 사용되고 있는 자영업 분야도 있다. 하나의 사례로 대표적인 자영업 분야인 커피사업 분야 온라인 플랫폼 「더컵the-CUP」을 들 수 있다. 「더컵」은 커피라는 공통된 관심사를 가진 사람들끼리 정보를 공유하는 플랫폼 생태계다. 플랫폼 운영자가 일방적으로 정보를 공급하기도 하지만 생태계 참여자들이 정보를 공급하고 수요하는 커뮤니티 형식의 정보교류 기능도 갖추고 있다. 플랫폼 참여자들이 자발적으로 서로 정보를 공급하고 수요하면서 각자 얻고자 하는 정보를 교환하는 장으로 활용된다. 온라인 정보플랫폼 「더컵」의 사례는 아직 초기단계에 불과하지만 정보플랫폼이 자영업 시장의 정보인프라로서 안성맞춤이 될 수 있는 잠재력을 보여준다.

「더컵」의 사례는 정보플랫폼이 자영업의 정보인프라로 자리

온라인 정보 플랫폼 「더컵」 사례

온라인 커피 플랫폼 「더컵」은 커피에 대한 트렌드, 사업에 대한 이야기, 커피 자영업자들이 필요로 하는 정보, 마케팅 도구 등 다양한 정보가 공유되는 장이다. 커피 관련 전문잡지 월간「Coffee」가 플랫폼 운영자다. 플랫폼 운영자는 축적된 커피관련 정보와 지식을 바탕으로 커피관련 사업자에게 유용한 정보를 플랫폼에 지속적으로 공급한다. 이들 정보는 플랫폼 참여자를 유인하는 핵심적인 장치다.

「더컵」이 다른 온라인 사이트와 차별되는 것은 정보의 질과 커뮤니티 기능이다. 단순한 형태의 정보뿐만 아니라 소셜 빅데이터 분석을 기반으로 한 정보를 제공하는 기능이 있다. 이제 시작단계로 실질적 정보의 축적은 일천하지만 그런 기능을 탑재했다는 것 자체에 큰 의미를 둘 수 있다.

「더컵」은 커뮤니티 플랫폼이다. 플랫폼 참여자는 플랫폼 운영자가 제공하는 정보의 수요자인 동시에 커뮤니티 기능을 통해 정보의 공급자 역할도 수행한다. 서로 정보를 올리고 제공받는 쌍방향 플랫폼이다. 사업자들끼리 서로 정보를 주고받으면서 교류와 상호작용을 한다.

「더컵」의 플랫폼 운영자가 공공재적 성격인 플랫폼을 운영하는데 정부도 일조한다. 정부는 데이터 바우처Voucher 지원사업[3]을 통해 소셜 빅데이터 분석에 필요한 데이터 구입용 바우처를 플랫폼 운영자에게 무상으로 공급하고 있다.

잡기 위해서는 플랫폼 운영자의 역할이 중요하다는 것을 보여준다. 「더컵」의 경우 커피업계에 대한 정보가 잘 축적돼 있는 월간 「Coffee」가 플랫폼 운영자 역할을 함으로써 플랫폼 생태계 구축이 가능했다. 하지만 이런 형태의 자영업 플랫폼 구축에 자영업의 모든 업종에서 역량있는 플랫폼 운영자가 나타날 것을 기대하기는 어렵다. 자영업 업종이 워낙 많고 다양한 반면 공공재적 성격을 띤 플랫폼에 선뜻 투자에 나설 민간주체가 흔한 것은 아니기 때문이다. 다른 자영업 부문에서도 역량 있는 플랫폼 운영자가 등장해야 하는 숙제가 있다.

이와 관련해 「더컵」의 사례는 자영업 정보플랫폼 구축을 위한 정부의 역할에 대해서도 힌트를 준다. 「더컵」의 경우 소셜 빅데이터 분석 등 커피시장 분석을 위해 데이터가 필요한데, 정부는 이 데이터를 구입하는데 사용할 수 있는 데이터 바우처를 플랫폼 운영자에게 무상으로 공급하는 등의 간접적인 지원 역할을 수행하고 있다. 잘 하고 있는 일이다. 정부나 공공기관이 직접 나서 플랫폼 운영자 역할을 잘 해내기는 불가능에 가깝다. 시장을 정확하게 이해하지 못하기 때문이다. 플랫폼의 성공 여부는 생태계 참여자들이 자발적으로 참여할 유인장치가 있느냐 여부에 달려 있는데 참

---

3 데이터 바우처 지원사업은 한국데이터진흥원, 데이터 수요기업, 데이터 공급기업 3자 간에 협약을 체결하고, 데이터 수요기업이 필요한 데이터 또는 가공서비스를 사전 협약한 데이터 공급기업으로부터 공급받고 그 대가는 한국데이터진흥원이 무상으로 공급한 바우처를 활용해 공급기업에 비용이 지급되는 시스템

여자들이 무엇을 원하는지에 대한 이해가 부족한 정부나 공공기관으로서는 이런 유인장치를 마련하는 역량에 한계가 있을 수밖에 없다. 따라서 자영업 정보플랫폼을 구축하는 일에 정부가 직접 관여하기 보다는 간접적인 지원 역할을 충실히 하는 것이 바람직하다.

역량 있는 플랫폼 운영자가 매력있는 플랫폼 공간을 마련하고 정부는 플랫폼 공간에 정보가 잘 쌓일 수 있도록 간접적인 지원을 해주고 그 바탕위에 민간에서 스스로 정보를 공급하고 수요하는 상호작용을 통해 자영업 정보플랫폼 생태계는 구축되고 번성할 수 있다. 플랫폼 운영자와 정부 그리고 플랫폼 참여자들이 유기적으로 연결되어 플랫폼 생태계를 구축해 나가야 비로소 정보 인프라로서 훌륭한 역할을 할 수 있다. 수많은 자영업 분야에서 이런 형태의 플랫폼이 구축되고 더 나아가 플랫폼들 간에도 연결고리가

그림 6-4. 자영업 정보플랫폼 생태계

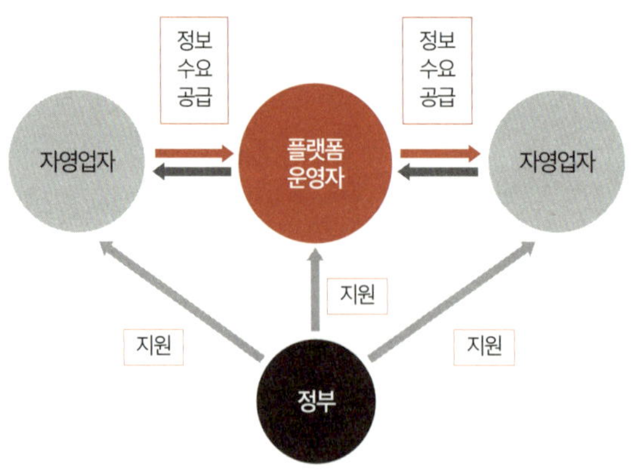

만들어진다면 거대한 자영업 플랫폼 생태계가 구축되는 이상적인 모습을 그려 볼 수도 있을 것이다.

정부는 정보플랫폼 생태계 발전을 지원

지금까지 자영업에 대한 정부차원의 지원은 재래시장 인프라 개선 등 물리적 인프라 지원에 집중돼 왔었다. 향후에는 물리적 인프라 지원과 함께 자영업에 필요한 소프트 인프라 구축에 투자가 확대될 필요가 있는데 소프트 인프라의 대표적인 사례로 자영업 정보플랫폼을 들 수 있다. 잘 구축된 자영업 정보플랫폼은 자영업 참여자들의 합리적 의사결정을 지원함으로써 직접적으로는 자영업 실패비용을 줄이고 궁극적으로는 시장효율을 높이고 사회적 비용을 낮추는 긍정적 역할을 수행한다.

도로, 경찰, 국방 등과 같은 전통적인 공공재는 정부가 이들에 대한 충분한 지식과 정보를 가지고 민간보다 더 잘 공급할 수 있는 비교우위가 있는 분야다. 하지만 자영업 시장은 다르다. 정부가 자영업 시장에 대해 민간보다 더 잘 아는 것은 불가능하다. 당연히 자영업 시장의 정보플랫폼을 어떻게 구축할 것인가라는 물음에 정부가 잘 답변할 수 있을 것으로 기대하기 어렵다. 변화무쌍한 자영업 시장에서 활용될 정보플랫폼을 구축하는 것은 정부가 비교우위를 가지고 잘 할 수 있는 분야가 아니다.

그렇다고 정보플랫폼 구축에 정부의 역할이 없어서도 안된다. 자영업 정보플랫폼은 공공재적 성격을 갖는다. 사용료를 지불하지 않아도 누구나 사용할 수 있어야 한다. 이런 정보플랫폼의 공공재적 성격은 곧 정부나 공공기관이 정보플랫폼 구축 작업에 참여하지 않을 수 없다는 것을 의미한다. 공공재는 그 특성 상 민간에 맡기면 시장에서 필요로 하는 만큼의 충분한 양이 공급되지 않기 때문이다.

정보플랫폼 구축에 정부가 참여하는 것이 불가피하기는 하지만 그렇다고 정부가 주도적으로 나설 수는 없는 딜레마에 빠지게 된다. 딜레마의 해결책은 결국 정부가 민간에서 이루어지는 정보플랫폼의 구축 활동을 독려하고 지원하되 정보플랫폼이 실제로 개발되고 발전하는 과정은 민간에서 담당하는 역할분담이다. 민간의 정보플랫폼 개발과 발전을 촉진하기 위한 인센티브 시스템을 도입하는 한편으로 정부도 자신이 잘 할 수 있는 지원 역할을 개발해 나가야 한다.

정보플랫폼 개발과 발전을 위해 정부가 가장 잘 할 수 있는 분야는 자영업 관련 데이터와 정보를 수집하고 가공하는 일이다. 예를 들어 정부가 가지고 있는 빅데이터 기반의 소비정보나 정부만이 제공할 수 있는 자영업 관련 통계를 자영업 정보플랫폼을 직접 만들고자 하는 개발자 및 운영자들에게 제공하는 것이다. 플랫폼에 축적되는 정보는 물론 민간의 플랫폼 참여자들에 의해 주도적으로 공급되는 것이지만 정부도 일정부분 정보 공급원 역할을 해야 한다. 플랫폼 안에서 유용하게 사용될 내용으로서 공공 데이터와 공공 정보의 공급을 확대할 필요가 있다. 개인정보 보호나 법적 비밀보호가 필요한 정보를 제외하고는 원칙적으로 공공 데이터는 국민 일반에 공개하도록 해야 한다.

더 나아가 공공부문의 기능을 통해서만 수집이 가능한 데이터나 정보를 발굴하고 가공해서 자영업 정보플랫폼에 공급한다면 플랫폼의 유용성은 더욱 높아질 수 있다. 특히 자영업이 전국에 산재해 있는 특성상 자영업 데이터와 정보를 수집하고 가공하는 데 정부의 기능이 유용하게 활용될 수 있다.

정보플랫폼 운영자의 역량과 정부의 지원이 자영업 정보플랫폼 생태계 구축의 필요조건이라고 한다면 정보플랫폼 생태계가 번성하기 위한 충분조건은 자영업자 스스로 이를 활용할 능력을 갖추고 플랫폼 생태계에서 활발히 활동하는 것이다. 플랫폼 생태계가 잘 준비돼 있더라도 자영업자 스스로 이를 활용할 능력이 부족하면 플랫폼 생태계가 발전하고 번성할 수 없다. 정보플랫폼 생태계의 발전은 궁극적으로 플랫폼 참여자들의 정보 공급과 수요에 기반하기 때문이다. 자영업 정보플랫폼이 디지털 경쟁력을 갖춘 자영업자들의 놀이터가 될 때 플랫폼 생태계는 풍성해진다. 풍성한 플랫폼 생태계에서 자영업자들은 사업에 필요한 정보를 얻기도 하고 새로운 사업을 구현하는 도구로 활용하기도 한다. 기존의 플랫폼을 활용하기도 하고 스스로 새로운 플랫폼을 만들어 사업화할 수도 있다. 결국 자영업 정보플랫폼 생태계 번성의 열쇠는 자영업자 스스로 쥐고 있는 셈이다.

그렇다면 자영업자나 잠재적 자영업자들이 정보플랫폼 생태계의 주인이 될 수 있도록 하는 역량은 어떻게 키울 수 있을까? 근본적인 방법은 국민적 기반의 디지털 역량을 강화하는 것이다. 4차 산업혁명이 무르익는 미래의 시대는 디지털 데이터 혁명의 시대다. 빅데이터를 인공지능(AI)이 분석하고 이를 사물인터넷(IoT)을 통해 실시간으로 활용하는 시대가 시작되었다. 이런 디지털 데이터 혁명의 환경에서 무수히 많은 사업기회들이 창출되고 있고 또 창출될 것이다. 디지털 데이터를 활용할 줄 아느냐 모르느냐가 개인의 경쟁력은 물론이고 국가의 경쟁력을 좌우한다.

국민 디지털 교육을 강화하는 것이 근본적인 방법이기는 하지만 효과를 보자면 시간이 많이 걸리는 장기적인 방법이다. 지금 당장 자영업자의 디지털 역량을 높이기 위한 단기적 대응도 병행되어야 한다.

우선 정보플랫폼 활용자로서 자영업자나 잠재적 자영업자의 플랫폼 사용 비용을 낮추어 주어야 한다. 직접적인 방법은 인터넷과 모바일 사용 비용을 낮추어 주는 것이다. 특히 비용때문에 인터넷이나 모바일 접근이 어려운 영세 자영업자에 대한 지원이 있어야 하고, 인터넷 활용능력이 떨어지는 중고령층 자영업자에 대한 교육서비스 지원도 필요하다. 인터넷 교육도 막연하게 인터넷 활용능력을 키우는 것보다 눈에 보이는 목적의식을 가지고 온라인 정보플랫폼을 교육에 활용한다면 교육효과가 훨씬 더 좋을 것이다.

자영업자나 잠재적 자영업자가 정보플랫폼을 활용하도록 유도하는 방향으로 자영업 정보플랫폼 운영자를 지원하는 것도 국민 디지털 역량 강화를 도모하는 유용한 방법이다. 예를 들어 자영업자들의 정보플랫폼 활용도에 비례에 해당 플랫폼 운영자에 대한 보상을 함으로써 플랫폼 운영자들이 적극적으로 나서서 자영업자의 정보플랫폼 활용을 유도하는 효과를 기대할 수 있다.

지식-협력-혁신이 미래 자영업 경쟁력의 키워드

지금까지의 논의를 종합하면 미래의 자영업은 더 이상 과거의 자영업이어서는 안된다.

자영업은 이제 혁신산업이다. 혁신과는 거리가 멀어도 한참 멀 것 같던 자영업이 4차 산업혁명의 혁신환경에 빠르게 휩쓸려 들어가고 있다. 듣기에도 생소한 플랫폼경제가 급속히 확산되면서 자영업을 둘러싼 환경에 과거 어느때도 볼 수 없었던 변화와 혁신의 소용돌이가 몰아치고 있다. 자영업계에 몰아치고 있는 혁신의 흐름을 이해하고 이를 제대로 활용할 수 있어야 혁신의 물결에 휩쓸려 떠내려가지 않을 수 있다.

자영업은 지식산업이다. 4차 산업혁명의 혁신 바람이 몰아치면서 그렇지 않아도 변화무쌍한 한국자영업의 세계는 더욱 혼돈스러운 시대로 접어들고 있다. 플랫폼경제 확산에 따른 시장구조와 고객욕구의 변화는 자영업 트렌드의 변화 속도를 더욱 빠르게 할 것이다. 트렌드 변화를 읽는 능력이 이전에도 중요했지만 미래에는 더욱 중요해 진다. 트렌드를 제대로 읽기 위한 가장 훌륭한 방법은 지식습득을 통해 변화를 읽어내는 역량을 키우는 것이다. 과거 지식습득의 주된 수단이 오프라인에 있었다면 미래 지식습득 수단의 중심은 온라인에 있다. 인터넷 포털Portal이나 각종 SNS는 기본이고 '정보플랫폼' 등 다양한 온라인 지식 창구를 효과적으로 활용할 줄 알아야 경쟁력 있는 자영업자가 될 수 있다.

그림 6-5. 미래의 자영업

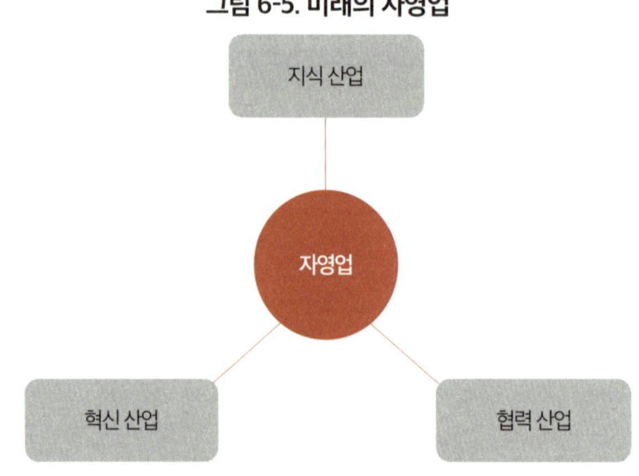

자영업은 협력산업이다. 자영업은 이제 더 이상 홀로 경영하는 업이 되어서는 안된다. 자영업자의 경쟁자는 더 이상 동료 자영업자가 아니다. 자영업자의 경쟁자는 기업형 사업자이고 플랫폼 사업자이다. 자영업이 이들과 경쟁하려면 자영업자끼리 협력해야 한다. 혼자 힘으로는 역부족이다. 협동조합이나 지역협력 등 협력조직을 만들어야 그나마 경쟁해 볼만 하다. 프랜차이즈 분야에서도 가맹점주들 간 협력이 필요하다. 가맹사업자와의 협상을 위한 협력의 힘이 필요하고 구매 협력 조직이나 협동조합을 조직하는데도 협력이 필요하다.

혁신산업이고 지식산업이며 협력산업인 자영업을 영위하는 일은 생각만 해도 쉬워 보이지 않는다. 혼자만 열심히 한다고 해서 생존을 보장받지 못한다. 부단히 배우고 변화하며 협력해야 살아남을 수 있다. 자영업자도 이제 이런 환경 변화에 상응하는 역량을 갖추어야 한다. 주먹구구식 장사가 아닌 체계적 경영을 해야 한다. 자신이 속한 업종에 대한 이해는 물론이고 산업과 경제의 흐름까지도 이해할 수 있어야 한다. 자영업자에게 너무 많은 것을 요구하는 것 아니냐고 해도 어쩔 수 없다. 혁신의 시대에 살아남기 위해서는 지식과 협력으로 무장하고 혁신으로 대응하는 것 만이 최선의 전략이다. 4차 산업혁명 시대 플랫폼경제의 혁신환경에 올라타서 이를 적극 활용하면 혁신의 과실을 얻을 것이요 그렇지 못하면 또 고단한 신세가 될 것이다.

7장

자영업 경쟁력 높이기

- 누가 자영업 편인지를 정확히 이해하는 것이 왕따 당하지 않는 출발점이다.
- 자영업의 경쟁자는 더 이상 동료 자영업자가 아니다. 기업형 사업자와 온라인 플랫폼 사업자가 경쟁자다.
- 자영업자는 만능선수가 아니다. 혼자서 열일해서는 성공하기 힘들다. 협력의 기술을 익혀야 한다.
- 플랫폼경제 확산에 따른 시장구조와 고객욕구의 변화는 트렌드 변화 속도를 더욱 빠르게 한다. 트렌드를 읽는 능력이 이전에도 중요했지만 미래에는 더욱 중요하다.
- 홀로 독립적으로 경영하는 자영업의 세계에서 자영업자의 경영 역량은 매우 중요하다. 부단히 학습해 경영 역량을 끌어올리면 그만큼 사업 성공확률은 높아진다.
- 자영업도 서비스혁명의 거센 물결을 피할 수 없다. 그렇다면 서비스혁명의 혁신 대열에 올라타 품질을 업그레이드하는 기회로 삼는 발상의 전환이 필요하다.
- '어쩔 수 없는 창업'이 '묻지마 창업'이 되어서는 안된다. 치밀하고 체계적인 창업 준비과정이 필요하다.

지금까지 자영업 수난의 역사와 실상, 그리고 수난으로부터 벗어나기 위한 해법에 대해 살펴보았다. 지금 자영업이 겪고 있는 어려움은 일시적인 것이 아니다. 이대로 라면 자영업의 수난은 앞으로도 계속 이어질 것이다. 자영업 수난의 이면에는 자영업을 소외시키는 구조적인 문제가 자리잡고 있기 때문이다. 자영업의 어려움은 시간이 지나면 자연히 해결될 문제가 아니다. 그래서 자영업이 수난에서 벗어나기 위한 방책들을 살펴보았다. 방책들 중에는 정부가 정책적으로 접근해 풀어야 할 것들도 있고 자영업계 스스로 해법을 찾아야 할 것들도 있다. 해법을 찾기 위해서는 그에 필요한 역량이 있어야 한다. 이 장에서는 자영업 스스로 해법을 찾는 역량을 키우기 위해 자영업계와 자영업자가 무엇을 해야 하는지에 대해 고민해 보도록 한다.

왕따를 벗어나라

자영업 수난의 역사는 왕따의 역사다. 자영업 수난의 역사 이면에는 모든 세력으로부터 소외되고 어떤 세력으로부터도 도움을 받지 못한 왕따 신세가 자리잡고 있다. 1980년대 후반 '87년 체제'가 자리잡은 이래 줄곧 비임금노동자로서 자영업자는 정규직 임금노동자의 그늘에 가려 정치적으로 항상 뒷전으로 밀려나 있었다. 정규직 임금노동자가 정치적 영향력을 확대하며 자신의 이익을 확대하는 과정은 자영업자와 잠재적 자영업자로서 비정규직 임금노동자의 희생이 확대되는 과정에 다름 아니었다.

자영업은 수출주도형 경제성장 정책의 피해자이기도 했다. 지난 수십 년간의 수출주도형 경제에서 국내물가 안정에 기반한 수출가격경쟁력을 유지하기 위해 자영업자들이 공급하는 품목들에 대한 가격통제 시도가 지속적으로 이루어졌다. 이런 수출산업 중심의 경제정책은 자영업이 경제성장의 과실을 적절하게 분배받지 못하게 하는 결과를 낳았다. 여기에 최근의 최저임금 인상정책은 가뜩이나 어려운 자영업을 빈사상태로까지 몰고 갔다.

자본과 노동, 정부와 정치권 등 모든 세력은 자신들의 이익을 위해 정치적으로 힘이 없는 자영업을 소외시켰다. 심정적으로는 자영업을 위했는 지 몰라도 실체적 진실은 그렇지 않다. 일반적으로 생각하는 것처럼 한국의 임금수준은 경제수준 대비 낮지 않았음에도 임금이 낮은 것으로 인식시키는데 성공했다. 기업은 임금상승 압력과 노동시장의 경직성에 대응해 과소고용과 과잉노동 전략으로 대응했다. 정부는 수출경쟁력 강화라는 명분 아래 국내물가 특히 자영업이 대부분 종사하는 서비스물가 안정정책을 강하게 밀어붙였다. 모두 자영업에 불리한 정책과 전략들이었다.

자영업이 철저하게 왕따를 당한 것은 자영업이 본질적으로 정치적 영향력이 없는 모래알 같은 존재였기 때문이다. 자신들에게 불리한 정책이 도입되는 것을 막지 못했다. 아니 정확하게 얘기하면 막지 못했다고 하기 보다는 불리한 정책이란 것을 인지조차 하지 못했다. 그러는 사이 자영업은 생산성과 소득이 낮은 열악한 부문으로 전락했다. 성장의 과실을 제대로 분배 받지 못함으로써 한국경제의 아킬레스건이 되었다. 자본과 노동과 정부가 각자도생하는 사이 자영업은 자신도 모르는 사이에 소외된 존재가 되어 버렸다.

이제 자영업이 수난의 질곡에서 벗어나 다른 세력과 동등한 대우를 받기 위해서는 무엇을 해야 하나? 답은 명확하다. 왕따를 당하지 말아야 한다. 왕따를 당하지 않으려면 어떻게 해야 하나? 답은 명확하다. 세력을 형성해야 한다. 다른 세력이 항상 자영업을 염려해 주고 도와주고 있다고? 과거부터 지금까지 보여준 자영업 지원대책을 보면 정부가 자영업에 얼마나 우호적인지를 알 수 있다고? 이 책을 읽은 독자라면 이런 주장이 옳지 않다는 것 쯤은 이제 알 것이다. 어려울 때 도움을 주는 것은 그 자체로서는 평가할 일이지만 이는 미봉책에 불과할 뿐 근본적인 대책이 될 수 없다. 때마다 자영업 지원대책으로 빠지지 않고 등장하는 대출지원은 종국에는 결과적으로 자영업자의 빚만 늘렸다. 자영업의 본질적인 문제를 다루지 않는다면 진정한 도움이라고 평가할 수 없다.

자영업을 수난의 질곡에서 벗어나게 하려면 근본적 제도의 개혁이 필요하다. 자영업을 수난으로 빠지게 한 임금노동자와 수출기업 중심 제도의 근본적 개혁이 필요하다. 기업이 고용을 늘려 자영업으로 유입되는 인력을 줄이도록 기업부문과 노동부문의 개혁이 필요하다. 자영업을 빈사상태로 빠지게 한 최저임금 인상정책도 수정이 필요하다.

이런 제도 개혁은 어떻게 이루어질 수 있을까? 답은 명확하다. 제도는 정치의 영역이다. 제도 개혁은 정치적 영향력을 발휘할 때 가능하다. 경제제도들이 수출중심 또는 임금노동자 중심으로 이루어진 배경에는 관련 이익집단의 정치적 영향력이 있었기 때문에 가능한 것이었다. 자영업을 왕따시켰던 제도들을 바꾸는 데는 당연히 자영업계의 정치적 영향력이 요구된다.

그렇다면 자영업계는 어떻게 정치적 영향력을 가질 수 있을까? 어려운 질문이다. 정치적 영향력을 가지려면 세력화가 필요하다. 자영업은 세력화할 수 있는 양적 조건은 충분히 갖추고 있다. 앞서 살펴본 것처럼 무급가족종사자를 포함한 자영업자가 700만 명에 육박하고 관련 종사자까지 포함하면 그 규모가 1,000만 명이 넘는다. 하지만 자영업은 모래알이다. 자영업이라는 것이 본질적으로 홀로 경영하는 업이다 보니 현실적으로 세력화하기 어려운 특성을 갖는다.

여기에 딜레마가 있다. 양적 규모는 상당한데 질적 규모는 왜소한 것이다. 이 문제를 풀어야 자영업은 수난시대를 벗어나 새로운 기회를 찾을 수 있다. 어떻게 해야 할까? 가장 기본적인 방법은 자영업자들이 자영업 단체활동을 늘리는 것이다. 양적 규모를 질적 영향력 확대로 이끌어 내기 위해서는 세력화를 가능하게 하는 단체의 기능이 강화되어야 한다. 자영업계도 느슨하기는 하지만 다양한 형태의 단체들이 있다. 소상공인연합회, 외식업중앙회, 프랜차이즈가맹점협의회, 배달라이더협회 등 각종 협회 조직이 있고 지역단위의 상인회 등도 광범위하게 존재한다. 이들 단체에 자영업자들의 참여도가 높아져야 한다. 이들 단체들의 활동에 부족한 점이 있더라도 참여도를 늘리면서 역량을 높여 가야 한다.

자영업 단체의 역할 확대와 역량 강화에 가장 필요한 것은 역시 자금이다. 자본가의 정치적 영향력이 자금에 의해 뒷받침되는 것은 물론이고 정규직 임금노동자의 정치적 영향력 확대 역시 노동조합의 자금력이 있어야 가능하다. 풍부한 자금은 각 세력의 정치적 영향력을 높이기 위한 활동에 필수 요소다.

양적 측면으로 본다면 자영업도 자금원은 충분하다. 700만 가까운 자영업자들이 십시일반 한다면 무시못할 규모가 된다. 현실은 자영업계의 단체활동 참여도는 낮고 그러다 보니 단체들의 활동과 역량이 부족하고 미흡하다. 역량이 부족하니 참여도는 또 낮아진다. 악순환이다. 풀어야 할 숙제다. 자영업 종사자들은 현실의 어려움에도 불구하고 살기 위해 단체활동 참여도를 높여야 한다. 당장에 버티기도 힘든데 무슨 한가한 소리냐라고 해도 백 번 이해되는 자영업의 현실이지만 그래도 변해야 한다. 자영업이 살기 위해서는 스스로 왕따 신세를 벗어나야 한다. 자영업계도 뭉쳐야 살 수 있다.

자영업자의 정치적 영향력 확대의 핵심은 직접적인 정치행위 참여다. 정치적 목소리를 내는 것이다. 마침 자영업계 출신의 정계 진입이 늘어나고 있다. 고무적인 변화다. 더 나아가 자영업 관련 조직의 정치활동 참여도 늘어나야 한다. 현실은 정치활동을 할 수 없는 상황이지만 바뀌어야 한다. 현실 정치활동을 통해 자영업과 관련된 정책들에 대한 감시가 이루어져야 한다. 자영업 상황에 대한 이해가 부족한 정치권도 자영업 문제에 대해 관심을 더 가지고 이해도를 높여야 한다. 지금까지와 같이 자영업에 치명적인 영향을 주는 정책과 제도들이 자영업계의 참여없이 결정되고 시행되어 자영업계가 무방비 상태로 피해를 당하는 일이 앞으로는 일어나지 않도록 해야 한다.

한 발 물러서 현실적으로 자영업자가 스스로 세력을 형성할 수 없다면 차선책으로 철저하게 자영업계에 이익이 되는 세력의 편에 서야 한다. 그러기 위해서는 누가 자영업 편인지 정확하게 이해하고 판단할 수 있어야 한다. 누가 자영업 편인지를 구분하는데 이 책에서 지금까지 논의해 왔던 내용들이 도움이 될 것이다. 선거 때만 반짝 자영업을 위하는 듯한 백화점식 선물 보따리 말고 자영업 수난의 근본 원인이 된 구조적 문제들을 개혁하려는 세력이 진짜 자영업 편이다. 필요할 때만 미봉책의 지원으로 자영업의 목숨만 연명하게 하는 정책을 펴는 세력은 진정한 자영업 편이 아니다. 누가 자영업에 도움을 주는 세력인지를 정확하게 인지하고 이들의 세력을 지지하는 것이 자영업이 왕따를 당하지 않는 기본적 방책이 될 것이다.

경쟁자를 이해하라

자영업의 경쟁자는 누구일까? 이게 무슨 뚱딴지 같은 질문인가. 경쟁이 치열한 자영업 시장에서 경쟁자는 당연히 주변의 동료 자영업자가 아니고 누구겠는가. 시장은 작은데 종사하는 인구는 많아 항상 과잉경쟁에 시달리고 있는 자영업 시장에서 동료 자영업자는 항상 경쟁의 대상이다. 주변에 있는 동료 자영업자들이 위협적인 경쟁자라는 데는 의문의 여지가 없다. 주변의 동료 자영업자들은 직접 물리적으로 가까운 공간에서 한정된 고객을 상대로 경쟁한다는 점에서 항상 부담스러운 경쟁자임에는 틀림없다.

하지만 정말 위협적인 경쟁자는 따로 있다. 기업형 사업자와 온라인 사업자, 플랫폼 사업자가 그들이다. 기업형 사업자의 대표적인 예는 대형마트나 프랜차이즈 사업자다. 2000년대 대형마트의 확산은 재래점포를 운영하는 자영업자들에게 큰 타격을 주었고 여기에 더해 프랜차이즈 편의점의 확산은 이미 크게 위축된 재래점포 자영업에게 또 한 번 타격을 주었다. 기존의 동료 자영업자가 서로 경쟁을 하면서도 상생을 꾀하는 존재였다면 대형마트나 프랜차이즈 사업자는 상생의 여지를 주지 않는 차원이 다른 경쟁자다. 결국 기업형 사업자의 확산 이후 재래점포 형태의 자영업은 크게 위축되었다. 대형마트의 위력에 놀란 나머지 재래점포 보호를 위한 다양한 조치들이 쏟아져 나왔다. 하지만 기업형 사업자의 등장이라는 근본적 환경변화를 거스를 수는 없는 노릇이다. 여러 조치에도 불구하고 재래점포를 중심으로 하는 자영업자의 타격을 막을 수는 없었다.

하지만 이것이 끝이 아니다. 더욱 위협적인 경쟁자가 등장했으니 바로 온라인 사업자가 그들이다. 2000년대 대형마트는 유통업계의 최강자였다. 대형마트의 오픈은 주변 자영업들을 초토화시켰다. 대형마트의 위력이 끝 모를 것 같았다. 하지만 위세 등등하던 대형마트의 위력은 그리 오래 가지 못하고 시들고 있다. 대형마트의 침체 현상이 뚜렷하게 나타나고 있다. 2010년대 이후 전체 소매업 매출에서 차지하는 대형마트의 비중은 정체 상태를 보이고 있다. 이미 성장세가 꺾인 것이다.

기세 등등한 대형마트를 굴복시키고 있는 것이 바로 온라인 시장이다. 오프라인 시장은 위축되고 온라인 시장이 빠르게 확대되고 있다. 오프라인 시장이 위축되는 근본적인 환경 변화에 오프라인 시장에서 최강자의 지위를 누리던 대형마트 조차도 속수무책이다. 온라인 무점포판매업은 2010년대를 걸쳐 유통업의 여러 업태 중 매출비중이 가장 높아진 업태다. 온라인 무점포판매 비중이 2010년 11.1%에서 2018년 19.3%로 두 배 가까이 늘었을 정도다.

온라인 시장의 확대는 이제 시작에 불과하다. 앞으로 더욱 확대될 것이다. 온라인 시장의 확대를 가속시키는 역할을 하는 것이 플랫폼경제다. 그렇지 않아도 온라인 시장이 빠르게 확대되고 있는 상황에서 플랫폼 기술의 발달은 온라인 시장 확산 속도를 더욱 빠르게 하고 있다. 온라인 배송서비스, 배달 플랫폼 서비스, 승차공유서비스, 공유숙박서비스 등이 플랫폼경제의 단면이다. 플랫폼경제는 자영업자에게 플랫폼 사업자라는 경쟁자 아닌 경쟁자를 선사

했다. 자영업자가 플랫폼 서비스를 받기 위해서는 플랫폼 사용 비용을 지불해야 한다. 직접적인 상품판매 경쟁자는 아니지만 사업의 밸류체인 상에서 부가가치를 나누어 가져야 하는 경쟁자가 된 것이다.

고객이 온라인 구매를 선호하는 사회적 변화에 온라인 구매의 편의성을 보장하는 기술적 대응이 가능해지자 온라인 플랫폼을 통한 구매가 폭발적으로 증가하고 있다. 이제 오프라인 플랫폼의 시대는 저물고 온라인 플랫폼 시대가 본격적으로 도래하고 있다.

이런 상황에서 자영업의 경쟁자는 더 이상 동료 자영업자가 아니다. 기업형 사업자가 경쟁자고 온라인 플랫폼 사업자가 경쟁자다. 경쟁자를 정확하게 이해하지 않고서는 자영업의 미래는 없다. 유감스럽게도 지금까지 자영업계는 경쟁자에 대한 이해가 부족했다. 새로운 경쟁자가 등장하는 것에 무지했다. 2000년대 대형마트가 등장한 초기에 그 여파의 심각성에 대해 이해하지 못했다. 이미 확대될 정도로 확대된 이후에야 충격의 심각성을 알아차렸으나 때는 이미 늦었다. 2010년대 온라인 사업자가 확대될 때는 그래도 일부 자영업자들이 온라인 시장에 같이 동참하는 등으로 대응하기도 했지만 전반적인 양상은 되지 못했다. 전통적인 재래점포들은 속수무책으로 매출 감소를 감내해야만 했다.

앞으로 본격적인 플랫폼경제 시대가 도래하고 온라인 플랫폼 사업자가 유통망을 더욱 장악해 갈 가능성이 크다. 이런 환경에 대한 이해가 필요하다. 누누이 강조했듯이 4차 산업혁명의 한 축은 플랫폼경제에 기반한 서비스 유통혁명이다. 플랫폼경제의 영향을 가늠할 수 없다. 플랫폼경제와 플랫폼 사업자에 대한 이해와 대응이 중요하다. 이미 큰 충격을 받고 나중에 그 실체를 알아봐야 소용없다. 지금까지 자영업자의 경쟁자는 주변의 동료 자영업자나 대형 마트였다. 하지만 시대가 변하고 있다. 미래 자영업자의 가장 위협적인 경쟁상대는 오프라인 경쟁자가 아니라 플랫폼으로 무장한 온라인 경쟁자다.

자영업이 살기 위해서는 진짜 경쟁자가 누구이고 어떤 특성을 갖는지 이해해야 한다. 경쟁자를 이해하려면 경쟁자를 연구해야 한다. 경쟁자가 어떤 강점과 비교우위를 가지고 있는지를 파악해야 한다. 그래야 그 강점과 비교우위를 무력화시킬 수 있는 방법을 찾을 수 있다. 아니 현실적으로 무력화시킬 수는 없겠지만 그 힘을 약화시켜 충격을 줄이고 생존할 수 있는 여지라도 찾아낼 수 있다.

2000년대 대형마트는 규모의 경제 효과와 네트워크 효과의 강점을 바탕으로 소매 유통시장을 장악했다. 소규모 재래점포에게는 없는 강점들이었다. 자영업자는 속수무책 당할 수밖에 없었다. 2010년대 상황은 또 바뀌었다. 1인 가구 확대, 맞벌이 부부 증가 등의 사회적 환경 변화는 오프라인 대형마트에서 시간을 들여 대량 구매하는 쇼핑의 효용을 떨어뜨렸다. 시간을 들이지 않고 그때그때 필요한 상품만 구매할 수 있는 온라인 쇼핑이 대형마트의 약점을 비집고 들어왔다. 온라인 시장은 그 전에도 성장하던 시장이었으나 모바일 기술의 발달 등 기술적 편의성이 개선되자 이전 보다 훨씬 빠른 속도로 폭발적인 성장세를 보이고 있다. 짧은 시간에 필요한 것만 저렴하게 구매할 수 있는 온라인 쇼핑의 강점이 새로운 사회환경에 딱 맞아 떨어진 것이다.

소매 자영업자는 자신의 진짜 경쟁자가 동료 자영업자가 아닌 대형마트이고 온라인 사업자라는 것을 인식하고 이들이 왜 성장하고 쇠퇴하는지를 이해해야 한다. 그리고 그 이해를 바탕으로 자영업도 어떻게 하면 그 성장 요인을 갖출 수 있는 지 방도를 찾아 내야 한다. 대형마트가 가지고 있는 규모의 경제 효과나 네트워크 효과를 어떻게 얻을 수 있는지, 온라인 시장이 가지고 있는 시간 절약적 효율 구매의 강점을 어떻게 만들어 낼 수 있는지 고민해야 한다. 경쟁자가 주는 효용을 주지 못하면 경쟁에서 밀려나 도태될 수 밖에 없다.

요즘 중형규모의 체인형 동네 마트가 인기를 얻는 양상은 소매 유통 자영업 시장에 시사하는 바가 있다. 동네에 위치해 있어서 1인 가구나 맞벌이 부부의 퇴근 길 쇼핑과 신속배달이 가능하다. 일명 '홈 어라운드Home-around 소비'다. 온라인 쇼핑의 강점인 시간 절약적 효율 구매에 대응할 수 있는 서비스다. 대형마트의 규모의 경제 효과에 비하면 부족하기는 하지만 목표고객이 명확하다면 체인 형태의 중형규모 경영으로 어느 정도 대응이 가능하다. 대형마트나 온라인 쇼핑과 경쟁할 수 있는 기본적 경쟁력을 확보할 수 있는 것이다. 여기에 품질에 대한 신뢰와 친절이라는 오프라인 거래의 강점이 더해진다면 경쟁력은 더욱 올라간다.

앞서 1장에서 살펴보았듯이 한국 소매업은 아주 영세적이다. 일본과 비교해 보면 일본의 소매업은 상대적으로 영세성이 덜한데 그 가장 큰 이유는 중형 소매 사업체가 많기 때문이다. 소매업 중 종사자 수 기준 10~49인의 중형 사업체에서 일하는 사업체와 종사자 비중이 한국이 2.0%와 13.7%에 불과한 반면 일본의 경우 16.9%와 41.2%로 상당히 높다. 종사자 수로 보면 전체 소매업 종사자의 절반 가까운 인력이 중형 사업체에서 일한다. 한국 소매업의 생산성이 낮은 가장 큰 원인이 영세성에 있는 만큼 중형규모의 마트가 경쟁력을 가지고 확대되는 것은 소매업 전체를 위해서도 바람직하다.

자영업계 내에서 경쟁자를 정확하게 이해하고 그들에 비해 비교우위를 가질 수 있는 방안들이 끊임없이 모색될 때 자영업의 생존과 함께 생산성과 소득이 오르는 과실이 따라올 수 있을 것이다.

협력의 기술을 익혀라

자영업 종사자의 가장 큰 애로사항은 뭐든지 혼자서 다 해야 한다는 것이다. 구매에서 판매까지 모든 일을 혼자 처리해야 한다. 인사와 재무도 혼자 해야 한다. 만능선수가 되어야 한다. 열 일 하는 것이 자영업자다. 그러니 매일 바쁘다. 이런 저런 일에 바쁘다 보니 정작 중요한 일에 소홀하다. 새로운 지식을 습득하고 일에 적용해 생산성을 올리는 일 같은 것은 엄두도 내지 못한다. 그러니 생산성이 낮고 경쟁력이 떨어진다.

열 일 하는 자영업자라도 잘하는 일이 있고 못하는 일이 있다. 구매에는 소질이 있는데 판매에는 약한 자영업자도 있고 판매하는 것은 잘 하지만 관리에는 영 소질이 없는 자영업자도 있다. 기업이라면 적재적소에 사람을 배치해 쓰면 될 일이지만 자영업은 잘 하는 일 못하는 일 가릴 것 없이 자영업자 혼자 다 해야 한다. 어느 하나라도 일이 잘 안되면 사업의 경쟁력은 떨어진다. 자영업자는 만능선수가 돼야 성공할 수 있다. 자영업자의 숙명이다. 하지만 만능선수가 얼마나 되겠는가? 그러니 자영업을 해서 성공하기 어려운 것이다.

혼자서 열 일 다해서는 그 만큼 성공하기 어렵다. 혼자서 일할수록 일만 고단할 뿐 성공확률은 낮아진다. 그런데 혼자 일하는 것이 자영업이다. 자영업의 딜레마다. 해법은 없을까? 물론 있다. 도움을 받으면 된다. 자영업자 자신이 잘 하지 못하는 일은 외부로부터 도움을 받으면 된다. 하지만 쉽지 않다. 외부의 도움을 받으려면 당연히 비용을 지불해야 할 텐데 혼자서 벌어도 수입이 부족한

데 그 비용을 어떻게 감당하란 말인가? 그렇다. 일방적으로 도움을 받으면 비용이 든다. 그래서 도움을 받되 도움도 주는 방법 즉 서로 협력하는 형태로 도움을 받으면 된다. 서로 협력하면 된다. 서로 도움을 주고받을 수 있는 대상을 찾아 협력의 구조를 만드는 것이다.

그런데 홀로 경영하는 업인 자영업이 누구와 협력할 수 있을까? 혼자 일하는 것에 익숙한 자영업이 어떻게 협력이라는 것을 할 수 있을까? 자영업자에게는 다른 누구와 협력적 관계를 설정하는 것이 생소하고도 어려운 일이다. 하지만 자영업의 약점을 보완하고 성공의 확률을 조금이라도 높이려면 이 생소하고 어려운 일을 해내야 한다. 누구와 어떻게 협력할 것인가라는 질문에 답을 찾아야 한다.

가장 직접적이고 구체적인 협력의 방법은 자영업 협동조합을 활용하는 것이다. 자영업 협동조합은 자영업자들이 모여 협력하는 수단으로 안성맞춤이다. 자영업 협동조합은 열 일을 해야 하는 자영업자의 약점을 보완하는 다양성 효과Diversity Effect를 기대할 수 있다. 서로 다른 경력과 재능을 가진 자영업자들이 모여 서로에게 부족한 능력을 제공함으로써 자영업자 혼자라면 얻을 수 없는 양질의 경영을 할 수 있게 해준다. 사업실패의 위험을 줄여주는 효과도 기대할 수 있다. 자영업은 철저하게 개인 역량에 의해 사업의 성패가 결정된다. 홀로 의사결정을 하다 보면 실수할 일도 생긴다. 자영업자 간 상호 협력과 교류는 이런 잘못된 판단을 할 위험성을 낮춰줄 수 있다.

하지만 협동조합을 통한 협력체계가 항상 바람직한 결과만 가져다 주는 것은 아니다. 협력으로부터 얻는 효용이 있으려면 조합원 서로 간에 약점을 보완하고 강점을 증진시키는 시너지 효과가 확실해야 한다. 시너지 효과가 확실히 발현되기 위해서는 조합원 각자가 갖는 역할과 가치가 명확해야 한다. 역할이 모호하면 협력의 효용이 발생하지 않는다. 협력으로부터 시너지가 생기지 않는 역할이 모호한 상황이 발생하면 협력체계는 위기를 맞는다. 여기에 역할 갈등까지 생기면 협력의 효용이 아니라 오히려 비효용이 생긴다. 역할모호나 역할갈등 등은 협동조합 조직에 치명적이다. 협동조합 실패의 가장 큰 이유 중 하나다. 홀로 일하는 데 익숙한 자영업자가 모여서 협동조합을 협력적으로 운영하는 것은 생각만큼 쉬운 일이 아니다. 협력의 기술을 익혀야 하는 이유다. 협동조합을 설립할 때 구성 조합원이 과연 협력의 시너지효과를 충분히 얻을 수 있을 만큼 역할이 명확한가에 대한 분석이 치밀하게 이루어져야 한다. 조합원 역할의 명확성이 협동조합 성공의 가장 중요한 전제조건이다.

자영업자가 하는 일의 일부를 외부 협력을 받아 수행하는 것도 협력의 한 기술이다. 대표적인 것이 구매협동조합에 가입하는 것이다. 구매협동조합을 이용하면 자영업자가 혼자서 구매할 때는 얻을 수 없는 규모의 경제 효과를 누릴 수 있다. 자영업자 스스로 구매하는 경우보다 더 질 좋은 제품을 더 저렴하게 구입할 수 있는 이점이 생기는 것이다.

구매하는 품목이 동일한 자영업자들은 이 효과가 더 크게 나타날 수 있다. 프랜차이즈 가맹점들이 모여 구매협동조합을 만드는 경우가 여기에 해당한다. 미국 프랜차이즈 가맹점의 경우가 대표적인 사례다. 미국에서도 프랜차이즈 사업구조가 등장한 초기에는 가맹본부가 가맹점에 직접 물품 공급을 하는 것이 일반적이었으나 지금은 가맹점들이 가맹본부로부터 제품을 공급받는 데서 탈피해 스스로 물류협동조합을 조직해 물품을 자체 조달하는 형태가 널리 활용되고 있다. 구매 방식의 이런 변화로 가맹점들은 가맹본부와의 물류마진 갈등을 해소하는 한편으로 저렴하면서도 질 좋은 재료를 공급받을 수 있는 길을 열 수 있었다. 물론 이런 방식이 성공하기 위해서는 가맹점들이 모여 물류협동조합을 효율적으로 운영하는 능력을 보여주는 전제조건이 필요하다. 한국에서도 프랜차이즈 가맹점들이 모여 구매협동조합을 추진하는 시도를 해봄직 하다. 프랜차이즈 업계의 고질적인 물류마진 갈등을 해소하는 데 기여할 뿐 아니라 자영업계도 협력할 수 있음을 보여주는 훌륭한 사례가 될 수 있을 것이다.

협력의 기술과 관련해 자영업자들 간 협력의 구심적 역할을 하는 자영업 단체들의 역량도 중요하다. 자영업자가 아무리 협력이 필요한 이슈가 있다 하더라도 혼자서 일하는 자영업의 특성 상 직접 협력의 장을 만들기는 어렵다. 이 때 필요한 것이 자영업의 공동이익을 대변하는 자영업 단체다.

자영업 단체의 조직적인 협력활동과 관련해 '전미레스토랑협회National Restaurant Association'의 활동은 좋은 사례다. NRA는 50만개 이상의 레스토랑이 회원으로 가입하고 있는 미국 최대의 외식업 관련 단체다. 1917년 달걀 중개업자의 폭리에 맞서서 캔서스Kansas 지역의 레스토랑 협회가 불매운동을 한 것을 계기로 창설되었다. 애초 자영업자들의 공동 대응을 위한 협력을 이끌어 내는 역할을 하면서 창설이 된 셈이다. NRA는 자신의 가장 중요한 미션은 외식업계의 영향력을 높이는 것이라고 공언하고 업계의 이익을 대변하는 로비활동을 공개적으로 한다. 업계의 이익에 필요한 이슈를 끌어내 회원들의 의견을 수렴해 공론화하고 정치적 쟁점화까지 한다. 대표적인 예로 정부의 최저임금 인상 정책에 강하게 반대의 목소리를 내고 조직적으로 정부와 의회에 로비활동을 해 뜻을 관철시킨 것을 들 수 있다. 자영업자들이 직접 협력의 장을 만드는 대신 협력체계를 조직화해서 만든 것이 자영업 단체들인 만큼 이들이 얼마나 역량을 발휘하느냐가 자영업 협력의 역량을 결정하는 중요한 요소가 될 것이다.

자영업 협력의 기술은 지역단위의 소규모 시장에서도 발견된다. 지역단위 시장에서 조직적이고 체계적으로 이루어지는 협력활동은 상권 활성화에 큰 도움이 될 수 있다. 예를 들어 침체된 지역 상권에 활력을 불어넣기 위한 키테넌트Key Tenant 전략은 시장 내 상인들간 긴밀한 협력이 있어야만 성공할 수 있는 전략이다. 작은 단위의 시장일수록 키테넌트의 역할과 효과가 큰데 그럴수록 키테넌트와 상인 또는 상인회 간 갈등 관계가 형성될 수 있다. 갈등관계를 해소하고 유기적 협력 관계를 유지하는 협력의 기술이 존재하느냐 여부가 키테넌트 전략의 성과를 가름한다.

자영업 협력은 오프라인 뿐만 아니라 온라인 상에서도 가능하다. 온라인 정보플랫폼의 커뮤니티 기능을 활용하면 공간제약을 넘어서 공통의 관심을 가진 어느 누구와도 사업과 관련된 지식을 공유하고 당면 문제에 대해 토론하며 문제해결을 위한 협력을 구할 수 있다. 이런 커뮤니티 기능이 활성화되면 될수록 협력의 질은 높아진다. 물리적 공간에서 홀로 일할 수밖에 없는 자영업자에게 온라인 커뮤니티 공간은 같이 일할 수 있는 기회를 제공하는 요긴한 협력수단이다.

자영업이 홀로 경영하는 독립적인 사업이다 보니 '협력'활동이 쉬운 일은 아니지만 그래도 어떻게든 협력기술을 익혀야 한다. 외부환경이 갈수록 자영업 혼자 힘만으로는 대처하기 힘들어지고 있다. 자영업은 협력하지 못하고 있는데 힘이 있는 세력들은 오히려 협력을 더욱 강화해 힘을 더 키우고 있다. 그럴수록 세력도 영향력도 없는 자영업의 상황은 반대로 더욱 나빠진다. 자영업 스스로를 지키기 위한 협력의 기술을 익히지 못한다면 자영업의 미래는 수난의 시대를 벗어나지 못할 것이다.

트렌드를 읽어라

한국은 모든 것이 빨리 변한다. 사람들은 유행에 민감하고 갑작스러운 변화에 거부감이 별로 없다. 여전히 '빨리빨리' 문화에 익숙하다. 이전처럼 고도성상 경제도 아닌데 변화의 속도는 줄어들 줄 모르고 여전히 빠르다. 자영업 부문이라고 예외는 아니다. 변화무쌍한 정도가 다른 부문에 비해 더하면 더했지 덜하지 않다. 어제 유행했던 업종이나 아이템이 내일 시들해 지는게 자영업 시장이다.

이런 변화무쌍함을 어떻게 해석해야 할까? 긍정적인 시각으로 본다면 창의성을 바탕으로 새로운 업종이나 아이템이 지속적으로 등장하면서 자영업 생태계에 생명력을 불어넣어 주고 있다는 해석도 가능하다. 하지만 유감스럽게도 자영업 시장에서 나타나는 빠른 변화는 긍정적 의미로 해석하기는 어려워 보인다. 변화의 원천이 창조나 혁신에 의한 것이 아니기 때문이다. 자영업 부문에서 새로운 상품이나 서비스가 자주 등장하는 것은 경쟁에서 밀려난 망한 자리 또는 망한 사업 부문에 새로운 상품과 서비스가 등장하기 때문이다.

하나의 선도 브랜드가 히트를 치면 후속 브랜드들이 기하급수적으로 생겨나면서 유행을 만들어 낸다. 업체들 간의 경쟁이 치열해 진다. 이런 경쟁 행태는 소비자의 효용을 증대시켜 주기도 하지만 경쟁에서 밀려난 자영업자의 도산을 양산하기도 한다. 이렇게 도산한 자리에는 트렌드를 선도하는 또 다른 형태의 상품과 서비스가 등장하고 이는 새로운 트렌드로 또 이어진다. 자영업 시장에서 나타나는 반복적인 트렌드 경쟁은 짧은 트렌드 경쟁에서 밀려난 자영업자의 도산을 남긴다. 트렌드에 민감한 한국 자영업 시장은 실패한 자영업자가 양산되는 구조적인 문제를 안고 있는 것이다.

변화무쌍한 자영업의 엄혹한 환경에 비해 자영업자들이나 잠재적 자영업자들이 트렌드 변화를 파악하고 이해하는데 들이는 노력은 부족하다. 많은 자영업자들이 여유가 없다거나 자신이 이미 잘 알고 있다는 이유를 들어 사업환경의 흐름을 파악하는 것을 게을리 한다. 사업경력이 오래된 자영업자가 오랜 동안 한 우물을 팠기 때문에 자신의 업종은 자신이 가장 잘 안다고 생각하는 것은 오산이다.

예를 들어 보자. 한국에서도 이제 가부좌 즉, 양반다리를 하는 좌식문화가 많이 사라지고 있다. 젊은 층은 물론이고 중장년 층에서도 식당에서 좌식보다는 테이블에 앉는 입식을 선호한다. 식당을 예약할 때 식당구조가 좌식인지 입식인지를 묻고 좌식이면 가지 않는 경우도 있다. 2018년 평창올림픽 때 많은 식당이 좌식구조를 바꾸지 않아 외국 관광객이 외면했다는 얘기가 회자되기도 했다. 오랜 경력의 식당 운영자는 좌식 구조가 외면받는 상황에 둔감할 수 있다. 고객이 줄어드는 이유 중의 하나라는 생각을 하지 않는다. 환경변화에 둔감한 것이다.

또 다른 예를 들어 보자. 1인 가구가 급격하게 증가하고 있다. 한국 전체 가구 중 1인 가구가 30%에 달한다. 열 가구 중 세 가구는 혼자 산다. 혼자 식사하는 생활 패턴도 크게 늘었다. 혼자서 살고 혼자서 식사하는 사회문화적 변화는 일본이 훨씬 앞서 경험했다. 그래서 일본에서는 1인 식당이 사업 아이템으로 등장해 인기를 끌고 있다. 남과 어울리기 보다는 혼자 있는 시간을 가치 있게 여기는 새로운 부류의 사람들이 많아졌으니 이들을 고객으로 유인하기 위한 전문 식당이 등장하는 것도 당연하다. 오랜 경력의 식당 운영자라도 이런 변화의 중요성을 인지하지 못할 수 있다. 혼자 식사하러 들어와서는 눈치를 보며 불편하게 식사를 하고 나가서 다시는 오지 않는 고객이 늘어가는 상황에 둔감하다.

자영업자들은 대부분 창업을 통해 현재의 자영업을 영위한다. 창업을 하는 과정에서 많은 정보를 취득하고 의사결정을 하지만, 막상 창업 후에는 자신의 업종에서 트렌드의 변화를 파악하는데 게을러진다. 그러나 창업시점에서의 정보가 중요한 것이 아니라 창업 이후의 정보가 더 중요하다. 새로운 경쟁자는 계속해서 새로운 상품과 서비스를 시장에 내놓으며 소비자에게 가깝게 다가갈 수 있는 차별화된 전략을 구사하기 때문이다. 눈 깜빡하는 사이에 자신의 상품과 서비스가 올드패션이 될 수 있다.

트렌드를 쫓는 변화무쌍한 한국 자영업의 세계에서 자영업자에게 필요한 것이 트렌드를 신속하게 읽고 정확하게 파악하는 능력이다. 더욱이 플랫폼경제 확산에 따른 시장구조와 고객욕구의 변화는 트렌드 변화 속도를 더욱 빠르게 한다. 트렌드를 읽는 능력이 이전에도 중요했지만 미래에는 더욱 중요해 진다. 과잉경쟁 시장인 데다 유행성까지 높은 자영업 시장에서 트렌드를 읽지 못한다는 것은 곧 사업실패 확률을 높이는 지름길이다. 자영업자들은 유행에 휘둘려 합리성이 결여된 판단을 하지 않는 것이 무엇보다 중요하고 그러기 위해서는 트렌드를 읽는 능력은 아주 중요하다. 유행에 민감하고 변화 속도가 빠른 시장에 적응하고 생존하기 위해서는 자영업자 스스로 변화의 트렌드를 읽어내는 능력을 키워야 한다. 그렇다면 트렌드를 읽는 능력은 어떻게 키울 수 있을까?

트렌드를 빨리 그리고 잘 읽기 위한 가장 훌륭한 방법은 정보 습득을 통해 변화를 읽어내는 역량을 키우는 것이다. 고객과 경쟁자가 바뀌고 업종과 관련된 정책도 순식간에 바뀌는 것이 현실이다. 이들 모두가 사업환경에 중요한 영향을 미치는 변수들이다. 이들 변수들이 어떻게 움직이고 있는지 변화의 트렌드를 잘 읽어 내기 위해서는 업종 내 흐름은 물론이고 경제 사회 변화의 흐름을 이해할 수 있는 정보습득 역량이 필요하다. 그렇다면 트렌드를 읽는 정보는 어디서 어떻게 습득할 수 있을까?

트렌드를 읽는 정보를 얻는 채널은 다양하다. 가장 전통적인 채널은 고객이다. 고객이 소비하는 현장에서 고객의 반응으로부터 고객의 니즈를 파악하고 트렌드의 변화를 발견하는 것이다. 자영업자는 대부분 물리적 공간을 두고 영업을 하는 경우가 많다. 본인이 운영하는 사업장에서 고객의 반응을 살피는 데 유리하다. 항상 신경쓰고 예민하게 안테나를 올리고 있기만 한다면 소비트렌드를 정확하게 인지하고 파악해서 대응하는 속도는 기업형 사업자나 온라인 사업자에 비해 훨씬 빠를 수 있다. 자영업자가 트렌드 변화를 읽는데 가장 큰 비교우위를 가지고 있는 채널은 고객이다.

하지만 현 시대에 트렌드를 읽는 생생한 정보를 얻는데 오프라인 채널 이상으로 중요한 것은 역시 온라인 채널이다. 온라인 채널은 실시간 정보와 지식이 흘러 다니는 정보의 보고다. 과거 소비동향에 대한 정보를 얻는 방법은 극히 제한적이었다. 목표고객이 되는 소비자를 대상으로 설문조사를 하거나 전문가에 대한 인터뷰가 대부분이었다. 그러나 이렇게 구한 정보는 대부분 측정오차 Measurement Error를 가진다. 설문의 경우 표본추출이라는 한계가 있고 또 표본소비자가 작성한 설문도 소비자가 설문에 응답한 정보일 뿐이어서 객관적 사실과는 거리가 있을 수 있다. 전문가 인터뷰 정보는 전문가 자신의 편견이 개입될 여지가 있다. 물론 이러한 방식들이 필요한 경우도 있지만 많은 경우 SNS 정보에 비해 객관성이나 경제성면에서 뒤쳐진다. SNS 정보는 소비자의 즉각적인 반응에 기반한 정보이다. 또한 큰 노력을 들이지 않고도 목표고객을 비교적 명확히 확인할 수 있다. 뿐만 아니라 다양한 형태 즉 텍스트와 이미지 그리고 동영상 형태의 데이터이기 때문에 이해하고 해석하기가 쉬운 장점까지 있다. 최근에는 SNS의 양상이 텍스트 위주의 블로그나 커뮤니티 형태를 넘어서 이미지나 동영상 기반의 인스타그램이나 유튜브 활동으로 진화 발전하고 있다. SNS는 이제 그 어느 채널보다도 트렌드를 파악할 수 있는 가장 강력한 도구다. 이런 유용한 도구를 이용하는 데 비용이 거의 들지 않는 것은 SNS가 자영업자에게 준 축복이다.

한편 특정 업종에 특화된 온라인 전문 정보플랫폼을 활용하면 일반적인 SNS에 비해 좀 더 깊이 있고 전문적인 정보와 지식을 얻을 수도 있다. 전문 정보플랫폼에서 커뮤니티 참여를 통한 양방향 정보교류 활동은 전문지식을 습득하고 깊이 있게 트렌드를 이해하는데 도움이 될 수 있다. 여기에 더해 시간을 더 투입할 수 있다면 오프라인 박람회나 세미나 등에 참석하는 발품을 팔아 업종과 관련된 종합적이고 전문적인 정보와 지식을 얻는 노력을 하면 더욱 좋다.

다양한 경로로 습득한 정보와 지식을 바탕으로 트렌드를 읽어냈다면 그것을 자신의 사업에 활용하는 일이 남았다. 읽어 낸 사업과 관련된 트렌드를 자신의 사업에 어떻게 반영할 것인가를 고민해야 한다. 트렌드를 읽는 이유는 고생해서 읽어낸 트렌드를 사업전략이나 상품전략 등에 활용하기 위함이다. 이 정도면 이제 자영업도 단순히 물건을 파는 '장사'의 수준을 넘어 사업을 하는 '경영'의 수준이 된다. 자영업도 이제 그 정도는 되어야 경쟁에서 살아남을 수 있다.

학습을 하라

자영업 시장은 양극화가 심하다. 일부 고소득 자영업자가 있는가 하면 다수의 저소득 영세 자영업자들이 존재한다. 자영업자의 사업소득과 임금노동자의 근로소득을 비교하면 자영업자가 평균소득은 낮고 소득의 편차는 큰 것으로 나타난다. 자영업은 저소득일 뿐만 아니라 소득불균형까지 높은 것이다. 그 만큼 낮은 소득에 시달리는 자영업자들이 많다는 의미다. 자영업에서 나타나는 양극화를 줄이기 위한 좋은 방책 중 하나가 학습이다.

자영업은 특성 상 학습의 효과가 크게 나타날 수 있는 시장이다. 혼자서 모든 것을 해야 하는 업이다 보니 다방면의 지식을 골고루 가지고 있어야 한다. 기업의 임금노동자라면 자기 분야 중심의 지식이면 업무를 처리하는데 무리가 없지만 자영업자는 구매부터 판매, 인사부터 재무 업무까지 모든 것을 혼자 다 해야 한다. 물론 규모가 작아 기업 단위 규모에서 필요로 하는 고도의 지식까지 필요한 것은 아니지만 그래도 사업을 운영하는데 필요한 다양한 지식의 유무는 사업 성과에 큰 영향을 줄 수 있다.

자영업자 자신이 의사결정을 하면 곧 실행으로 이어지기 때문에 자영업자의 의사결정 역량은 자영업 사업의 성과에 결정적으로 중요한 요소다. 사업에 대한 의사결정 역량은 하루 아침에 몇 가지 정보를 가지고 얻어지는 것이 아니라 사업에 대한 직접적인 지식은 물론이고 다양한 관련 지식을 오랜 기간 쌓은 것이 토대가 되어 형성된다. 일부 타고난 사업가적 능력이 있는 자영업자의 성공 스토리도 있을 수 있겠지만 대다수 자영업자에게는 해당되지 않는 이야기다. 타고난 사업가적 '능력Capability'이 부족하다면 부단한 학습을 통해 사업가로서의 '역량Competency'을 키워야 한다.

자영업자에게 필요한 이러한 학습의 중요성에 비해 실제 자영업자가 실행하는 학습의 양은 많이 부족하다. 열 일 하는 자영업자 스스로 학습의 여유가 없기도 하거니와 무엇을 어떻게 학습해야 하는지도 알기 어려워 학습을 하려는 마음은 있어도 실행에 옮기기 쉽지 않다. 이런 자영업의 현실을 감안할 때 우선 접근 가능성이 높은 방법부터 활용해 학습을 시작하는 것이 좋다.

예를 들어 자영업자가 매일 사용하는 POSPoint Of Sales 시스템을 활용해 숫자 경영에 대한 학습에 접근하는 것도 좋은 방법이 될 수 있다. POS 시스템은 단순히 매출에 관한 정보만을 제공하는 것이 아니다. POS 시스템은 제품별, 요일별, 시간대별 매출을 상세히 제공하는 등 사업과 관련된 상당량의 숫자 정보를 매일 매일 생산해 낸다. 그런 POS 시스템을 단순히 매출 확인과 영수증 출력용으로 활용하지 말고 그로부터 나오는 숫자를 가지고 학습을 할 수 있다. POS 시스템이 생산해 내는 숫자는 재무와 관련된 학습은 기본이고 마케팅이나 전략과 관련된 학습에도 도움이 될 수 있다.

숫자를 활용하는데 익숙해지는 것은 의사결정 역량을 높이는데 필수적이다. 숫자를 가지고 의사결정을 하고 그 결과도 숫자로 확인하는 것이 좋다. 숫자를 습관적으로 다루는 과정에서 자신도 모르게 체계적이고 합리적인 의사결정 역량이 높아지는 것을 발견하게 될 것이다. 사업규모가 작을수록 숫자가 제공하는 양질의 정보를 무시하고 직관적 의사결정을 해도 된다는 막연한 생각을 하게 되는데 이것이 직접적으로는 잘못된 의사결정을 할 확률을 높일 뿐만 아니라 길게 보면 사업가적 역량을 키우는 좋은 기회를 스스로 박탈하는 결과를 낳게 된다.

다른 한편으로 온라인 채널을 단순 정보를 습득하는 용도로 활용하는데 그치는 것이 아니라 전문적인 지식을 획득하는 학습의 장으로 활용할 수 있다. 예를 들어 온라인 정보플랫폼에서 업종 관련 전문적인 지식을 넓히고 커뮤니티 활동을 통해 지식 네트워크를 쌓아갈 수도 있다. 시간을 내 오프라인 외부 모임을 하기 어려운 자영업의 특성 상 온라인 상에서 관련 업종 종사자끼리 지식 네트워크를 쌓고 토론하는 것은 살아있는 학습 기회를 제공해 준다. 더욱이 이런 학습 채널은 지루하고 재미없는 학습의 시간을 즐거운 시간으로 만들 수 있는 장점을 가진 훌륭한 학습의 장이 될 수 있다.

접근이 쉽고 흥미를 유발하는 채널을 통해 일상적인 학습을 하되 이것 만으로는 부족하니 보다 전문적인 학습의 기회를 찾는 것도 필요하다. 기업형 사업자의 자영업 시장 침투가 확산되고 자영업에도 혁신의 소용돌이가 몰아치는 환경에 대응하려면 자영업도 이제 장사의 수준을 넘어 경영의 수준이 되는 사업가 역량을 갖추어야 한다. 장사가 아닌 경영을 하는 사업가 역량을 갖추기 위해 필요한 것은 경영의 기술을 습득하는 것이다. 아마추어와 프로를 가름하는 것이 기술의 차이에 있듯이 장사와 경영을 가름하는 것 역시 경영기술의 차이다. 경영을 하기 위해서는 경영의 기술을 알아야 한다. 전략, 인사, 재무, 마케팅, 생산관리 등이 우리가 알고 있는 경영의 주요 기술들이다. 이런 경영기술들을 모두 잘 알고 활용하면 좋겠지만 자영업자에게는 현실적으로 불가능한 일일 뿐더러 조그만 사업을 하는데 그럴 필요도 없다. 하지만 많은 경영기술들 중에 자영업자들에게도 꼭 필요한 기술들이 요소요소에 있는 것도 사실이다. 자영업자에게 필요한 이런 성격의 경영기술을 학습해야 한다.

이런 눈높이 경영기술을 학습하는데 지역상권을 중심으로 운영되고 있는 상인대학이 적합한 채널이 될 수 있다. 상인대학은 전국의 지역상권을 중심으로 자영업 관련 종사자에게 필요한 지식을 제공할 목적으로 운영되고 있는 교육과정이다. 상인대학은 지역상권을 중심으로 운영되고 있고 교육 프로그램도 자영업자나 소상공인에게 적합하도록 짜여져 있어 자영업자가 경영기술을 학습하기에 안성맞춤인 학습 채널이다. 특히 상인대학 교육 과정의 운영에 해당지역 대학이 참여하는 경우도 있는데 이런 움직임이 더욱 활성화되면 자영업자에게 꼭 필요한 경영지식들을 체계적으로 학습하는데 요긴하게 활용될 수 있을 것이다.

소상공인시장진흥공단이나 지방자치단체 등 공공기관에서 지원하는 교육 프로그램을 활용하는 것도 자영업자의 학습 채널로서 유용하다. 소상공인시장진흥공단은 소상공인 지식배움터를 운영하면서 소상공인 경영교육이나 사이버 평생교육원 등 다양한 프로그램을 통해 자영업자에게 필요한 경영지식을 제공하고 있다.

이처럼 자영업자들이 의지만 있다면 학습기회를 얻을 수 있는 채널은 다양하게 존재한다. 다시 한번 강조하지만 홀로 독립적으로 경영하는 자영업의 세계에서 자영업자의 경영 역량은 매우 중요하다. 자영업자는 사업에서 발생하는 대부분의 의사결정을 혼자서 행하기 때문에 자영업자 스스로 역량에 부족함을 느끼는 순간 사업의 성공확률은 낮아진다. 자영업은 누구나 할 수 있지만 누구나 성공을 이끌어 내는 것은 아니다. 부단히 학습해 경영 역량을 끌어올리면 그 만큼 성공확률은 높아질 것이다. 자영업 경쟁력 높이기 7가지 과제 중 가장 중요한 것 하나를 고르라면 바로 학습이다.

양Quantity이 아닌 질Quality로 승부하라

자영업자가 종사하는 직업은 대부분 내수 업종이다. 내수 업종이기 때문에 소비 수요는 기본적으로 내수시장에 한정된다. 그런데 한국 내수시장은 규모가 작다. 인구가 5천만 명 정도로 크지 않은 데다 경제에서 차지하는 소비지출 비중이 낮기까지 해 내수시장 규모를 제약하고 있다. 내수시장 크기는 제한적인 반면 내수시장을 상대로 하는 사업자는 많다. 특히 자영업자 수가 많다. 한국의 자영업 종사자 비중은 전세계 최고 수준이다. 내수시장 규모는 작은데 그 작은 시장에서 사업을 영위하는 자영업 종사자는 많으니 한국 자영업 시장에서의 생존경쟁은 치열할 수밖에 없다.

자영업자가 종사하는 분야는 내수 업종인 동시에 주로 서비스 업종이다. 자영업자 중 제조업 종사자는 7.5%에 불과하다. 내수서비스에 대한 소비수요는 제조업 내구재 소비수요에 비해 소득 비탄력적이다. 소득이 높아졌다고 하루 세끼보다 더 많이 식사를 하는 것은 아니다. 물론 제조업 제품도 소득에 비례해 소비가 무한정 늘어나는 것은 아니지만 서비스 소비에 비해서는 탄력적으로 늘어난다. 더욱이 제조업 제품에 대한 수요는 내수시장에만 국한되지 않는다. 수출 길이 열려 있다. 이런 이유들로 인해 제조업 제품에 비해 자영업자가 주로 종사하는 내수서비스업의 소비수요 증가는 상대적으로 제약적일 수밖에 없다.

그 동안 내수시장 규모 확대의 일등공신이었던 인구증가도 이제 더 이상 기대할 수 없게 되었다. 앞으로는 오히려 인구가 줄어들며 내수시장을 축소시키는 요인이 될 것이다. 지금까지는 시간이 지남에 따라 내수시장 규모가 양적으로 늘어나는 것이 당연하게 여겨졌다면 앞으로는 그렇지 않을 것이다. 양적 팽창의 시대가 저물어가고 있다.

자영업자는 지금의 내수시장에서도 충분한 매출을 올리지 못하고 있는데 시장수요가 줄어들면 상황은 더욱 어려워질 것이다. 그렇다면 내수시장에 전적으로 의존하고 있는 자영업은 어떻게 해야 하나? 답은 명확하다. 매출의 양적 확대가 어려운데 매출액을 늘리려면 판매가격을 올리는 수밖에 없다. 같은 양을 팔더라도 가격을 올려 받으면 전체 매출은 늘어난다. 수요량이 한정된 시장에서 모든 자영업자들이 판매량을 늘리는 것은 원천적으로 불가능하지만 판매하는 상품이나 서비스의 가격이 오르면 모든 자영업자들의 수입이 늘어날 수 있다. 즉 업계 전체의 자영업자 소득이 늘어나려면 자영업자가 공급하는 상품이나 서비스 물가가 오르는 수밖에 없다.

하지만 경쟁이 치열한 시장에서 가격을 올려 받는다는 것은 더 많은 양을 파는 것만큼이나 어려운 일이다. 과잉경쟁 시장에서 치열한 가격경쟁은 불가피하다. 가격을 올리면 부득불 판매량은 줄어들 것이다. 여기에 더해 정부는 물가안정을 내세우며 내수 상품이나 서비스 가격을 억제하는 정책을 고수하고 있다. 이런 환경에서 판매량에 영향을 받지 않으며 판매 가격을 올리기는 여간 어려운 일이 아니다. 그렇다면 어떻게 하면 가격을 올려 받을 수 있나? 답은 품질에 있다. 상품이나 서비스의 품질을 높여 소비자가 더 높은 효용을 경험하게 함으로써 더 높은 가격을 기꺼이 지불하도록 하면 된다. 양적 경쟁이 아니라 품질 경쟁을 해야 하는 이유다.

품질을 높이는 것이 말처럼 쉬운 것은 아니다. 누군들 품질을 높이기 위한 고민과 노력을 하지 않았겠는가? 실제로 품질 개선 노력의 결과 과거에 비해 음식점의 음식은 더 맛있어지고 숙박업소는 청결해 졌으며 소매점에서의 쇼핑은 편리해 졌다. 한국의 소비자라면 누구나 과거에 비해 이런 서비스의 품질이 높아졌다는 것을 피부로 느낄 것이다. 자영업자들의 품질 개선 노력으로 소비자들의 효용이 그만큼 늘어났고 소비자들은 그에 상응해 이전에 비해 더 높은 가격을 지불해 소비하고 있다. 하지만 그럼에도 불구하고 2장에서도 살펴보았듯이 경제성장과 경제 전체의 소득증가에 비해 자영업자가 공급하는 서비스 가격은 충분히 상승하지 못했다. 이들 가격이 충분히 상승하지 못한데는 자영업을 왕따시킨 구조적인 문제가 자리잡고 있다. 그래서 이런 구조적인 문제를 해소하는 것에 대해 이 책에서 많은 논의를 했다. 하지만 그런 해결 노력은 해가되 다른 한편으로는 자영업계도 더 치열한 품질 업그레이드 노력을 하는 것 또한 필요하다.

마침 4차 산업혁명 시대로 접어들면서 서비스업 부문에서 혁신활동이 거세게 일어나고 있다. 4차 산업혁명의 한 축은 IT 기반의 생산혁명이지민 다른 한 축은 플랫폼 기반의 서비스혁명이다. 이런 서비스혁명은 업종 대부분이 서비스업인 자영업에게는 남의 일이 아니다. 자영업도 서비스혁명의 거센 물결을 피할 수 없다. 아니 피할 수 없는 것이 아니라 오히려 서비스혁명의 혁신 대열에 올라타서 품질을 획기적으로 업그레이드하는 기회로 삼는 발상의 전환이 필요하다.

예를 들어 첨예한 갈등 이슈인 승차공유서비스 시장도 품질 혁신의 기회라는 발상의 전환 시각에서 바라볼 필요가 있다. 택시서비스의 열악한 상황을 그대로 두고는 택시서비스 요금을 택시운전자의 안정적 생활을 보장해 줄만큼 충분히 올리는 데는 한계가 있다. 서비스의 질적 개선이 동반되지 않는 요금 상승은 소비자가 용납하지 않는다. 소비자가 용납하지 않는다는 뜻은 택시 이용을 줄인다는 뜻이다. 서비스의 질적 개선이 동반된 요금 인상이라야 소비자는 수요를 줄이지 않고 받아들일 수 있다. 충분할 만큼 택시서비스 요금이 오르기 위해서는 택시 서비스의 질이 획기적으로 개선되어야 한다. 이것을 승차공유서비스가 해결하겠다고 나선 것이다. 승차공유서비스가 공유서비스라는 원래의 취지와는 다른 형태의 사업구조로 변형되어 갈등을 확산시키기는 존재가 되었지만 서비스 품질을 획기적으로 개선하겠다는 시도 자체가 훼손돼서는 안된다. 이제 승차공유서비스 사업의 허가 여부와 관계없이 택시 업계가 혁신의 물결을 피해갈 수 없다는 것은 자명하다. 따라서 택시 업계가 서비스 품질을 획기적으로 올리지 않고서는 생존할 수 없다는 것 또한 자명하다. 승차공유서비스 갈등을 계기로 삼아 택시 업계도 품질 업그레이드를 위한 고민과 노력을 쏟아야 한다. 그래야 혁신의 환경에서 경쟁에서도 살아남고 소득도 올리는 두 마리 토끼를 잡을 수 있다.

자영업의 품질 업그레이드는 혼자 열심히 하는 노력 만으로는 안되고 플랫폼경제 혁신의 도구를 활용하고 동료 자영업자와 협력하는 지혜도 필요하다. 자영업의 경쟁자는 이제 동료 자영업자가 아니라 기업형 사업자다. 이들과 경쟁하려면 이들이 제공하는 서비스를 똑 같이 제공하거나 그것이 어려우면 이들이 제공할 수 없는 차별화된 서비스를 제공할 수 있어야 한다. 이를 위해서는 지금까지 이 장에서 제시한 내용들을 실천하는 것이 필요하다. 부단히 학습해 경쟁자를 이해하고 트렌드를 잘 읽으며 동료 자영업자와 협력하는 기술을 익혀야 한다. 이런 노력들이 모여 차별화되고 품질 좋은 상품과 서비스를 공급할 수 있는 역량이 생기게 된다.

품질 업그레이드에 필요한 마지막 중요한 요소는 역시 진심이 담긴 서비스가 아닐까 한다. 자영업이 기업형 사업자나 온라인 사업자와 차별화된 서비스를 제공할 수 있는 잠재적 비교우위는 사업체 오너로서 자영업자가 오프라인에서 직접 소비자를 대면해 접할 수 있다는 점이다. 기업형 사업자의 직원이 접하는 것도 아니고 온라인 상의 비대면 접촉도 아니다. 자영업자에게는 소비자인 고객에게 책임의식을 가지고 직접 대면하면서 진심으로 대할 수 있는 장점이 있다. 아무리 작은 규모의 사업체라도 오너로서 자영업자의 책임 있고 진심이 담긴 서비스는 분명 다른 경쟁자가 제공할 수 없는 비교우위 요소가 될 것이다.

'묻지마 창업' 하지 마라

자영업 창업의 열 중 일곱은 실패한다. 정확히 말하면 창업한 열 개 자영업 중 71.7%는 5년 내에 망한다. 5년 생존율[1]이 28.3%에 그친다. 2년 생존율도 52%에 그친다. 자영업 창업의 절반은 창

1 생존율은 신생기업이 시간경과에 따라 생존한 비율. 예를 들어 1년 생존율은 (t-1)년 신생기업 중 (t)년까지 생존한 기업 수 / (t-1)년 신생기업 수×100

업한 지 2년 안에 문을 닫는다는 의미다. 2017년 기준 신생 자영업 사업체 수가 84.5만개이니 이중 절반 정도인 40만개가 2년 안에 폐업하고 61만개가 5년 안에 폐업한다. 5년이 지나서 생존해 있는 업체 수는 24만개에 불과하다.

그림 7-1. 자영업 신생기업 생존율(%)

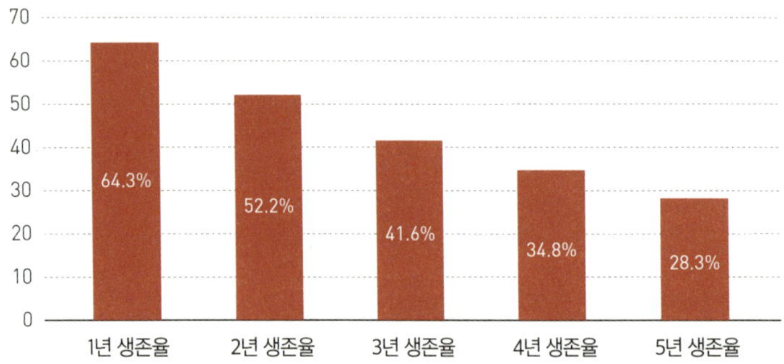

70
60
50
40
30
20
10
0
64.3%
52.2%
41.6%
34.8%
28.3%
1년 생존율
2년 생존율
3년 생존율
4년 생존율
5년 생존율

자료원: 통계청, 기업생멸행정통계 (2017년)

자영업 중에서도 특히 음식숙박업이나 도소매업, 여가관련 서비스업 등의 생존율은 더욱 낮다. 숙박 및 음식업의 경우 2년 생존율은 44%에 불과하고 5년 생존율은 19%로 열 중에 여덟은 문을 닫는다. 같은 자영업이라도 5년 생존율이 37%에 이르는 제조업과 비교해 보면 5년 후 살아남는 업체 수 비율은 절반에 불과하다.

자영업은 왜 이렇게 많이 망하는가? 소셜데이터Social Data를 분석해보면 항상 창업과 연계되어 가장 많이 등장하는 단어가 폐업

그림 7-2. 업종별 자영업 창업률 및 신생기업 5년 생존율(%)

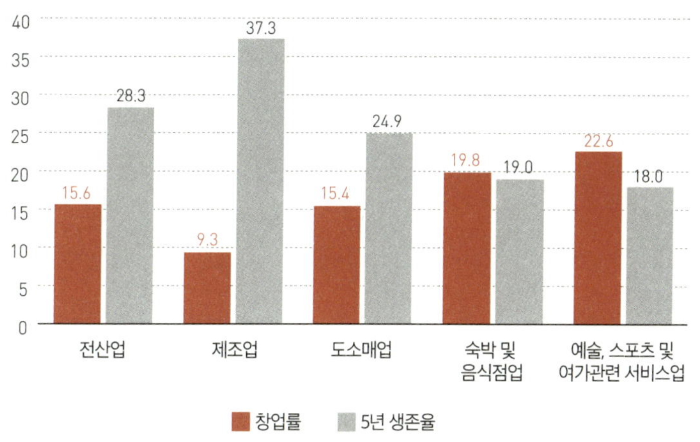

주: 창업률은 당해년도 신생기업수/활동기업수

자료원: 통계청, 기업생멸행정통계 (2017년)

과 자영업이다. 창업단계에서 이미 폐업의 그림자가 어른거리고 있다. 5년 생존율이 가장 낮은 두 업종인 음식숙박업과 여가관련 서비스업은 공통적으로 자영업 창업률이 가장 높은 업종이기도 하다. 둘 다 창업률이 거의 20%에 달한다. 기존에 존재하는 자영업 기업의 20%에 달하는 기업이 매년 새로 생기는 것이다. 창업활동이 아주 왕성하다. 기존에 활동하고 있는 자영업 사업체 수가 가장 많은 도소매업의 경우도 창업률은 평균 수준이지만 사업체 수로는 매년 20만개 정도가 새로 창업된다. 사업체 수로만 보면 가장 왕성한 창업활동이 이루어지고 있는 업종이다.

업종별 상황을 분석해 보면 이들 창업활동이 왕성한 업종에서 생존율이 낮다는 사실을 발견할 수 있다.[2] 창업이 많이 이루어지면 그 만큼 폐업을 하는 기업도 많다는 것을 의미하는 것이다. 묻지마 창업이라는 말이 있을 정도로 자영업에서 치밀한 준비 없는 창업이 이루어지고 결국에는 얼마 못 가 문을 닫는 현상이 이런 통계로 뒷받침된다. 예를 들어 음식업의 경우 별다른 법적 진입규제가 없고 평소에도 주위에 친숙하게 존재하고 있어 특별한 기술이 없어도 경영할 수 있다고 수월하게 생각하는 경향이 있다. 이런 경향이 높은 창업률과 낮은 생존율을 가져오는 것으로 보인다. 쉽게 창업하는 만큼 사업에 실패하고 폐업하는 비율 또한 높은 것이다. 경쟁이 치열한 자영업 시장에서 묻지마 창업은 아주 위험한 행동이다. 경계해야 한다.

청년창업과 노년창업이 증가하고 있는 것도 경계해야 한다. 청년 일자리 부족을 반영해 청년창업이 크게 증가하고 있다. 다른 연령층에 비해 30대 미만 청년 연령층에서의 신생기업 증가율이 압도적으로 높다. 위험한 창업이다. 청년층은 창업률도 가장 높지만 폐업률도 가장 높고 생존율은 가장 낮다. 실패확률이 높은 것이다. '젊었을 때 고생은 사서도 한다'는 말로 치부하기에는 상황이 심각하다. 사회에 나와 처음 사업을 시작해서 실패할 수도 있겠으나 그 현상이 지나치다. 과거 경제가 고도성장하던 시기에는 사업이 실

2 회귀분석 결과 자영업의 경우 창업률과 5년 생존율 간에 강한 음(-)의 상관관계가 있는 것으로 나타났다. 이는 창업률이 높은 업종일수록 5년 생존율이 낮다는 것을 의미한다.

패하더라도 어렵지 않게 재기의 기회가 주어졌다고 한다면 지금과 같은 저성장 시대에는 그 마저도 쉽지 않다. 아무리 청년의 시기가 도전의 시기라 하더라도 묻지마 창업은 위험하다.

표 7-1. 30대 미만 연령의 청년창업 및 폐업 현황(%)

연령	신생기업 증가율	창업률	폐업률	5년생존율
전 연령	5.3	15.6	12.1	28.3
30대 미만	12.4	42.1	22.0	19.0

주: 신생기업 증가율은 2016년 신생기업 수 대비 2018년 신생기업 수 증가율

자료원: 통계청, 기업생멸행정통계(2017년)

노년창업이 크게 증가하고 있는 것도 문제다. 60대 이상 노년층에서 창업이 크게 증가하고 있다.[3] 급격한 인구고령화로 인해 나타나는 현상이다. 60세가 넘어도 소득을 얻기 위해 경제활동을 해야만 하기 때문이다. 특히 베이비부머 세대의 노령층 진입이 이런 현상을 심화시키고 있다. 노령층의 경우 한번 사업에 실패하면 재기가 어렵고 남아 있는 인생이 곤궁한 처지가 된다는 점에서 치명적이다. 묻지마 창업은 절대로 안 된다.

자영업 시장은 자신의 노력만으로 성공을 확신하기에는 경쟁이 치열하고 불확실성이 큰 시장이다. 이런 시장에서는 노력을 무

3 2016년 대비 2018년 자영업 신생기업 수 증가율을 창업자 연령대 별로 비교해보면 60대 이상 노년층 신생기업 증가율이 17.6%로 어느 연령대보다 압도적으로 높은 것으로 나타난다.

력화시키는 외부적 요인들이 곳곳에 존재한다. 창업을 고려할 때 장미빛 수익보다 회색빛 위험을 더 중요하게 살펴보아야 한다. 창업 당시에는 자기 사업의 위험이 잘 보이지 않는다고 한다. 자신이 하려고 하는 사업에 대한 긍정적인 확증편향Confirmation Bias 때문이다. 이런 확증편향을 경계하고 '묻지마 창업'이 되지 않으려면 적어도 다음의 3가지 요소를 자신이 충분히 가지고 있는지를 먼저 자문해 보는 것이 좋겠다. 그리고 그 자문에 스스로 긍정적 답변을 할 수 있을 때 자영업의 세계에 뛰어드는 것이 그나마 치열한 경쟁의 시장에서 실패를 줄이고 성공확률을 높이는 길이 될 것이다.

첫째, '업'에 대한 지식과 관심이다. 예를 들어 휴대폰대리점을 창업하려 할 경우 휴대폰과 관련된 다양한 형태의 지식을 보유하는 것이 중요하다. 휴대폰의 일반적인 기능은 물론이고 어느 정도의 기술지식이나 관련 산업에 대한 지식이 풍부할수록 좋다. 물론 전문적인 기술적 수준의 지식까지 필요한 것은 아니지만 '업'과 관련된 다양하고 풍부한 지식은 사업 운영에 직간접적으로 도움을 주는 가장 중요한 자산이다. 이런 형태의 지식은 해당 업에 대한 관심과 애정이 있을 때 잘 쌓을 수 있다. 자신이 좋아하고 취향에 맞는 업을 선택해야 성공가능성을 높일 수 있는 이유다.

둘째 '업'과 연관된 경험이다. 사업하고자 하는 해당 업종과 연관된 경험이 있으면 좋다. 직접 사업을 하기 전에 자신이 하고자 하는 사업을 간접적으로 경험할 것을 권한다. 예를 들어 카페를 창업하기로 마음 먹었으면 카페에 고용되어서 일해 보는 것이다. 자신이 하려는 카페 컨셉이나 비즈니스 모델이 유사한 곳에서 일할 수 있으면 더 좋을 것이다. 그러한 경험은 사업의 문제점을 파악하고 개선방안을 생각해보는 기회가 될 뿐만 아니라 사업과 관련된 네트워크 형성에도 도움이 된다.

마지막으로 기업가정신Entrepreneurship이다. 위키피디아의 정의에 의하면 기업가정신은 "외부환경 변화에 민감하게 대응하면서 항상 기회를 추구하고, 그 기회를 잡기 위해 혁신적인 사고와 행동을 하고, 그로 인해 시장에 새로운 가치를 창조하고자 하는 생각과 의지"다. 기업가정신의 핵심 단어는 변화대응, 기회추구, 혁신, 가치창조 등이다. 지금 자영업의 세계에서 벌어지고 있는 현상을 설명하기에 손색이 없다. 한국의 자영업은 트렌드가 수시로 변하는 변화무쌍한 세계다. 변화가 많아 위험도 많지만 기회도 많다. 지금 자영업은 서비스혁명 시대를 맞아 새로운 가치를 추구하는 혁신의 소용돌이로 빠져들고 있다. 이런 자영업 환경에 뛰어들려 한다면 그 전제로 기업가정신으로 단단히 무장한 창업가로서의 면모를 가지고 있어야 한다. 기업가정신이 자영업 성공의 문을 여는 기본 열쇠다.

현실적으로 기업가정신-지식-경험의 요소를 모두 완벽하게 갖춘 후에 창업하는 것이 쉬운 일은 아닐 것이다. 하지만 창업자 자신이 어느 요소가 부족한 지를 인식하고 부족한 부분을 채우려는 부단한 노력은 반드시 필요하다. 많은 사람들이 '어쩔 수 없는 창업'으로 내몰리고 있는 시대적 상황에서 창업이 '묻지마 창업'이 되지 않도록 하기 위해서는 보다 치밀하고 체계적인 창업 준비과정이 필요하다.

에필로그

자영업의 회생을 고대하며…

자영업은 한국경제의 아킬레스건이다. 소득양극화의 진원지이고 저생산성의 발원지다. 자영업의 생산성 향상과 소득 개선 없이는 한국경제는 건강한 선진경제의 모습을 갖출 수 없다. 자영업이 살아야 한국경제가 살 수 있는 것이다.

그런데 자영업을 살리는 방법이 간단치 않다. 단순히 겉가지 몇 개의 정책으로는 어림도 없다. 자영업을 살리기 위해서는 한국경제의 근본 개혁이 필요하다. 너무 거창한 것 아니냐 하는 의구심을 가질 수도 있겠으나 이 책을 읽은 독자라면 그렇지 않다는 것을 알 것이다. 한국경제에서 자영업의 문제는 자영업만의 문제가 아니다. 노동과 자본의 고래싸움에 새우등이 터져 생긴게 자영업 문제다. 그러니 고래싸움에 관여하지 않고서는 자영업 문제는 해결되지 않는다. 고래의 당사자인 노동과 자본 양대 부문의 개혁이 필요한 이유다.

한국의 노동시장은 양극화되고 경직된 시장이다. 정규직 노동시장에 편입된 임금노동자 그룹은 높은 임금과 안정된 직장을 보장받는 반면 그 반대편의 자영업자와 비정규직 노동자는 낮은 소득과 불안정한 노동환경에 놓여있다. 임금노동자의 임금상승이 자영업자를 어렵게 할 수 있음을 지난 몇 년간의 급격한 최저임금 인상 실험에서 명확하게 경험했다. 정규직 임금노동자에 주어지는 배타적 혜택은 자영업자와 잠재적 자영업자로서 비정규직 임금노동자의 희생을 대가로 한 것이다. 임금노동자를 대변하는 노동조합이 심정적으로는 자영업을 돕고 싶어 한다 하더라도 현실에서 실제로 그러하기를 기대하기는 어렵다. 임금노동시장의 경직성 완화나 최저임금 인상 억제와 같이 임금노동자와 자영업자 간에 이해관계가 상충하는 문제에 맞닥뜨리게 되면 오히려 자영업과 대립각을 세우는 갈등 관계가 불가피하기 때문이다.

이런 노동시장을 개혁하기 위해서는 임금노동자와 자영업계가 머리를 맞대고 상호 이해관계를 조율하면서 최적의 제도를 찾아 나가야 한다. 그러기 위해서는 힘이 모자라는 자영업계는 자신의 이익을 지키기 위한 힘을 키워야 하고, 힘이 센 노동자 단체는 자신과 상대방의 이해관계를 균형 있게 다루는 성숙된 힘의 사용을 할 수 있어야 하며, 정부는 둘 사이의 갈등을 중립적 위치에서 조정할 수 있어야 한다. 과연 이런 일을 한국의 노동시장 이해 당사자들이 해낼 수 있을까?

자본의 개혁은 재벌시스템을 중심으로 하는 기업의 개혁이다. 지난 수십 년 간 한국경제 고도성장을 주도적으로 이끌었던 재벌 시스템이 한계에 봉착하며 노쇠해지고 있다. 재벌 시스템의 강점은 약점으로 변질됐다. 후발 개발도상국에서 새로운 산업들을 창출하고 글로벌 기업들을 배출해내는 데 탁월한 역량을 발휘했던 선단식 경영의 장점은 빛이 바래고 오히려 그룹리스크를 높이는 부작용이 커지고 있다. 창업 후 3~4세대 승계가 이루어지면서 기업가정신으로 무장한 오너경영의 장점은 줄어들고 오너리스크가 높아지고 있다. 왕성하게 일자리를 만들어내던 기업들이 이제 노동시장의 유연성 부족을 이유로 과소고용과 과잉노동 전략을 당연한 것으로 치부한다.

지난 수십 년 동안 한국경제를 이끌었던 재벌 시스템의 시대적 소명은 다해 가는데 이를 대체할 만한 기업지배구조는 등장할 기미조차 보이지 않는다. 재벌 시스템을 대체한답시고 도입한 어설픈 전문경영인 실험은 성공적이지 않다. 전문경영인을 오너 개인의 대리인 정도로 취급하는 기업 오너나 주인 없는 기업은 청탁의 대상이라는 정치권의 사고방식에 전문경영인의 설 자리는 없다. 기업의 세습경영은 비판하면서 정작 종교 마저도 교권을 세습하는 것이 대한민국의 문화다.

재벌 시스템을 근간으로 하는 기업지배구조를 개혁하는 일은 기업 개혁은 물론이고 정치, 사회, 문화 모든 방면에서 개혁이 이루어져야 가능한 일이다. 기업 오너는 오너리스크를 낳는 세습경영을 스스로 제어해야 하고, 정치권은 기업에 대한 간섭과 이권 개입을 중지해야 하며, 사회는 세습문화를 개선해야 한다. 과연 이런 일을 한국의 정치, 경제, 사회가 해낼 수 있을까?

불행하게도 지금까지의 개혁 실험들은 실패다. 그래도 계속해야 한다. 한국경제의 아킬레스건인 경직된 노동시장 구조를 개선하고 기업지배구조 리스크를 줄이면 한국경제는 지금보다 훨씬 건강하고 성숙한 경제로 거듭날 수 있다. 자영업을 살리기 위한 개혁이 동시에 한국경제를 살리는 비책인 것이다.

노동과 자본의 개혁이 자영업이 살기 위한 기본조건이라고 한다면, 자영업이 살기 위한 충분조건은 자영업 스스로 변화와 혁신을 통해 경쟁력을 갖추고 생산성을 높이는 것이다. 그 방책으로 이 책에서 강조한 것이 '협력'과 '혁신'의 역량을 키우는 것이다. 한국 자영업은 지금 한편으로는 외로운 왕따 신세이면서 다른 한편으로는 4차 산업혁명 시대 혁신의 소용돌이에 빨려 들어가고 있는 혼돈의 상황에 놓여 있다. 이런 환경에 대응해 자영업이 살기 위해 해야 할 일은 왕따 신세를 면하기 위한 협력 역량을 키우는 것과 4차 산업혁명 시대를 기회로 활용하기 위한 혁신 환경 대응 역량을 갖추는 것이다.

원천적으로 협력 DNA가 부족한 자영업이 과연 협력 역량을 키울 수 있을까? 다른 세력으로부터 왕따 당하는 신세를 면하기 위한 정치협력 기능이 필요하고 자영업자에게는 없는 규모의 경제와 네트워크 효과 등 시너지 효과를 얻기 위한 사업협력 기능도 필요하다. 정치협력과 사업협력 기능이 자영업계 내에서 내생적으로 구축되고 지속성을 가지고 발전할 수 있도록 지원하는 지식협력 기능도 필요하다. 이렇게 생소하기 짝이 없는 '협력' 체계를 구축하는 일을 독립적으로 일하는데 익숙한 자영업계가 해낼 수 있을까?

자영업이 곤궁한 처지를 벗어나기 위한 방책으로서 협력 역량만큼이나 중요한 것이 혁신 환경에 대응하는 역량을 갖추는 것이다. 플랫폼경제가 빠르게 확산되면서 자영업을 둘러싼 환경에 과거 어느때도 볼 수 없었던 변화와 혁신의 소용돌이가 몰아치고 있다. 이런 혁신 환경이 자영업계에 위기가 아닌 기회의 존재가 되기 위해서는 자영업과 플랫폼경제 간에 불가피하게 형성되는 갈등구조를 상생구조로 풀어내는 지혜가 필요하다.

자영업자는 플랫폼사업자와 합작하는 상생모델을 만들어 나가면서 적극적으로 플랫폼경제에 동참하는 혁신의 자세가 필요하고, 플랫폼 사업자는 독점력의 사용을 자제하는 성숙된 태도가 필요하며, 정부와 정치권은 플랫폼 사업자의 독점력 남용을 억제하는 제도적 장치를 구축해야 한다. 지금은 플랫폼경제의 시발점이다. 첫 단추를 잘 꿰어야 한다. 갈등을 봉합하는 수준의 임기응변적 정책대응이 아니라 상생구조를 구축하는 차원의 근본적 제도설계를 통해 모처럼 만들어진 혁신 환경이 자영업자를 비롯한 모두에게 상생의 새로운 기회가 될 수 있도록 해야 한다. 이런 일들을 관련 이해당사자들이 모두 잘 해낼 수 있을까?

자영업을 살리기 위한 해법으로서 경제개혁 과제와 자영업 혁신 과제들 어느 것 하나 수월한 것이 없다. 이런 문제들 모두 이해 관계자가 얽히고 설켜 해법의 실타래를 풀기 어렵다. 자영업의 문제는 자영업 만의 문제가 아니라 한국경제 전체의 문제다. 과연 갈등의 나라 대한민국이 이런 갈등의 문제들을 풀어낼 수 있을까?

갈등을 푸는 과정은 각 세력이 각자의 권리를 주장하는 것에 상응하는 만큼의 사회적 책임 의식을 가지는 것에서 출발해야 한다. 노동계는 정규직 노동자보다 열악한 위치에 있는 자영업자와 비정규직 노동자에 대한 사회적 책임 의식을 가져야 하고, 기업은 고용에 대한 사회적 책임 의식을 가져야 하며, 기업 오너는 기업의 이익을 오너 개인의 이익에 앞세우는 사회적 책임 의식을 가져야 하고, 자영업자는 한국경제 저생산성의 진원지에서 벗어나려는 사회적 책임 의식을 가져야 한다. 여기에 더해 정부와 정치권은 정치적 이해관계보다 한국경제의 이익을 앞세우는 국가적 책임 의식을 가져야 한다. 이런 성숙된 책임 의식을 바탕으로 한 갈등해소 과정들이 과연 지금 한국에서 일어날 수 있을까? 낙관은 할 수 없지만 그렇다고 비관만 할 일도 아니다. 자영업이 살기 위한 문제를 풀어나가는 과정은 한국의 정치, 경제, 사회가 질적으로 한 단계 더 성숙해 가는 과정에 다름 아니다.

이 책을 마치면서 다시 한번 강조하고 싶은 것은 자영업 문제가 진영논리로 재단되는 것을 경계해야 한다는 것이다. 자영업을 살리기 위한 방책으로서 개혁의 과제는 세력들간 이해관계가 첨예한 정치적으로 아주 민감한 이슈다. 자칫 진보와 보수의 진영논리에 의해 양쪽에서 모두 배척당할 수 있다. 하지만 자영업은 진보와 보수 어느 진영에도 속해 있지 않은 그저 왕따의 존재일 뿐이다. 그래서 자영업을 살리는 방책에는 진영논리가 비집고 들어올 자리가 없다. 오로지 자영업과 한국경제를 살리는 논리 만이 있을 뿐이다. 어떤 진영논리로도 자영업을 살리는 방책이 마음대로 재단되어서는 안된다.

자영업을 둘러싼 이런 지난한 문제들을 풀어냄으로써 한편으로는 경제개혁을 바탕으로 자영업 과잉이 해소되는 자영업 친화적 환경이 만들어지고, 다른 한편으로는 자영업 스스로 생산성을 높이는 혁신 역량을 갖추어 나갈 때 자영업은 수난시대를 마감하고 새로운 기회의 시대로 들어설 수 있을 것이다.

참고문헌

1장

- 국세청, "국세통계로 보는 전문 · 의료 · 교육 서비스업 현황," 보도자료, 2015.3.18.
- 김선빈, 김정근, 손민중, "생계형 자영업의 실태와 활로," CEO Information 제840호, 삼성경제연구소, 2012.
- 김성태, "우리나라 영세자영업자 실태 및 결정요인 분석,"한국 재정학회 추계 학술대회, 2013.
- 김영태, 강기우, 『도소매업의 구조변화가 우리경제에 미치는 영향 및 시사점』, 한국은행, 2007.
- 최병근, 『한국과 일본의 소매유통 구조에 관한 비교연구』, 동의대학교, 2010.
- 통계청, 『운수업 조사보고서』, 2018.

2장

- 고용노동부, 『기업체노동비용조사 보고서』, 각 년호.
- 김기승, 조준모, "자영업에 관한 유인가설과 구축가설에 대한 검증: 월간 단기패널을 이용한 실증분석,"『국제경제연구』, Vol.12, No.2, 2006, pp.163-189.
- 김창욱, 김정근, "한국 자영업 부문의 현황과 구조적 특성: 경쟁의 성격을 중심으로," 이영훈 편, 『한국형 시장경제체제』, 서울대학교 출판문화원, 2014.
- 지은정, "경기변동이 자영업이행에 미치는 영향의 연령집단별 차이: 구축가설과 유인가설을 중심으로," 『사회복지연구』, 제43권 제2호, 2012년 여름, pp.141-178.
- 통계청, "자영업 현황 분석,"보도자료, 2016.12.22.
- 한국은행, "금융안정상황," 보도자료, 2019.9.26.

3장

- 금재호, 김기승, 조동훈, 조준모, 『자영업 노동시장 연구(Ⅰ)』, 한국노동연구원, 2009.
- 박창귀, "우리나라 자영업의 과도기적 특성 연구," 『경제연구』, 제34권 제1호, 2016, pp.163~191.
- 지은정, "자영업 근로소득의 불평등 요인과 변화,"『한국사회복지학』, Vol. 64, No. 2, 2012.5, pp.55-83.
- 최현경, 전현배, 이윤수, 『기업의 진입퇴출이 서비스산업 생산성에 미치는 영향분석』, 산업연구원, 2014.

4장

- 강명헌, "진화론적 경제조직론의 재해석,"『사회과학논평』, 제17호, 1999, pp.85-100.
- 김성진, "재벌개혁을 위한 입법과제," 새벌지배구조의 문제 진단과 개선을 위한 입법토론회 발표자료, 2016.12.1.
- 조성재, 정준호, 황선웅, 『한국경제와 노동체제의 변화』, 한국노동연구원, 2008.
- 최영기, 이장원, 『'87년 이후 20년 노동체제의 평가와 미래구상』, 한국노동연구원, 2008.
- 홍종학, "재벌문제에 관한 두 가지 견해: 진화가설 대 암세포가설," 『응용경제』, 2권 2호, 2000, pp.93-131.
- OECD, Entrepreneurship at a Glance 2017, 2018.

5장

- 공정거래위원회, "프랜차이즈 브랜드 6천개, 가맹점 24만개 시대 돌입," 보도자료, 2019.2.21.
- 기획재정부, "제3차 협동조합 실태조사 결과," 보도자료, 2018.2.13.
- 김준영, 권혜자, 최기성, 연보라, 박비곤, 『플랫폼경제종사자 규모 추정과 특성 분석』, 한국고용정보원, 2018.
- 박범용, 『앗! 이것도 협동조합』, 한국협동조합연구소, 2012.
- 박은영, "영세자영업자 공동구매 현황과 사업모델 개발에 관한 연구," 『아시아무

역연구』, Vol. 1, No.1, December 2014, pp.27-38.
• 산업통상자원부, "2018년 프랜차이즈 산업 실태조사 결과," 보도자료, 2019.4.9.
• 소상공인시장진흥공단, 『2019 소상공인협동조합 우수사례집』, 2019.
• 양지혜, 『골목상권에서 소비의 변화를 짚어보다』, 메리츠종금증권, 2018.
• 이병희, 박찬임, 오상봉, 강병구, 김숙경, 『자영업자 문제와 사회적 보호』, 한국노동연구원, 2016.
• 이승렬, 김종일, 박찬임, 이덕재, 홍민기, 『자영업 노동시장 연구(Ⅱ)』, 한국노동연구원, 2009.
• 전인우, 『소상공인의 조직화 · 협업화 모델 제시와 정책방향』, 중소기업연구원, 2007.
• 한인상, 신동윤, "플랫폼노동의 주요 현안과 향후 과제,"NARS 현안분석 Vol. 76, 국회입법조사처, 2019.
• 허재준, 최규완, 방도형, 『음식서비스분야 건전한 프랜차이즈 고용모델 발굴』, 한국노동연구원, 2018.
• Borkin, Simon, Platform co-operatives – solving the capital conundrum, Nesta, 2019. [김봉재, 유은희 역,『플랫폼경제, 협동조합을 만나다』, 착한책가게, 2019.]
• California Legislative Information, "AB-5 Worker status: employees and independent contractors," 2019.9.19.; http://leginfo.legislature.ca.gov/faces/billTextClient.xhtml?bill_id=201920200AB5.
• IHS Markit Economics, Franchise Business Economic Outlook for 2018, Franchise Education and Research Foundation, 2018.
• NDCP, https://nationaldcp.com.
• Wikipedia, https://en.wikipedia.org/wiki/Chicken_Delight.
• Wikipedia, https://en.wikipedia.org/wiki/KaleidoScoops.
• JFA, "2018년年度「JFAフランチャイズ゛チエーン 統計調査」報告,"日本フランチャイズ゛チエ-ン協會, 2019.

6장

• 김기웅, 『소상공인 디지털 전환 지원 방안 연구』, 중소기업연구원, 2019.
• 더컵(the-cup), https://www.the-cup.co.kr/.

• 통계청, "비임금근로 및 비경제활동인구 부가조사 결과,"「경제활동인구조사」보도자료, 2018.
• Moazed, Alex, "Platform Businesses Account for 20% of S&P500 Returns," APPLICO, 2019.; https://www.applicoinc.com/blog/platform-businesses-account-for-20-of-sp-500-returns/.

웹사이트 통계

• 고용노동부, 「고용노동통계」, http://laborstat.moel.go.kr/.
• 전국택시운송사업조합연합회, 「택시통계」, http://www.taxi.or.kr/.
• 통계청, 「국가통계포털(KOSIS)」, http://kosis.kr/.
• 통계청, 「MDIS」, https://mdis.kostat.go.kr/.
• 한국거래소,「Marketdata」, http://marketdata.krx.co.kr/.
• 한국무역협회, 「K-stat」, http://stat.kita.net/.
• 한국사회적기업진흥원, 「협동조합」, http://www.coop.go.kr/COOP/.
• 한국은행, 「경제통계시스템(ECOS)」, http://ecos.bok.or.kr/.
• OECD, 「OECD.Stat」, https://stats.oecd.org/.
• 日本 經濟產業省, https://www.meti.go.jp/statistics/.
• 日本 財務省, https://www.mof.go.jp/statistics/.

자영업이 살아야 한국경제가 산다

소득주도성장론의 새로운 해법을 찾아서

2020년 7월 15일 초판 1쇄 발행
2021년 6월 7일 초판 2쇄 발행

지은이 권순우, 최규완
펴낸이 홍성대
편집 홍유정
표지디자인 나래(GRAEY)
내지디자인 디자인다은
마케팅 홍준기, 이현석

펴낸곳 아이비라인
출판등록 2001년 12월 27일 제311-2003-00049호
주소 (04321) 서울시 용산구 한강대로 295 남영빌딩 5층 506호
전화 (02) 388-5061 **팩스** (02) 388-9880
홈페이지 www.the-cup.co.kr

ISBN 978-89-93461-54-1

· 이 도서의 국립중앙도서관 출판시도서목록(CIP)은 서지정보유통지원시스템 홈페이지 (http://seoji.nl.go.kr)와 국가자료공동목록시스템(http://www.nl.go.kr/kolisnet)에서 이용하실 수 있습니다.